清華
汇智文库
QINGHUA
HUIZHI WENKU

聚学术精粹·汇天下智慧

清华文库

QINGHUA
JHUAZHI WENKU

聚学术精粹 · 汇天下智慧

清华
汇智文库
QINGHUA
HUIZHI WENKU

数字经济下互联网社区
开源创新的理论与实践

| 陈晓红　周源⊙著

清华大学出版社
北京

图书在版编目（CIP）数据

数字经济下互联网社区开源创新的理论与实践 / 陈晓红，周源著.
北京 ：清华大学出版社, 2025.9. -- (清华汇智文库).
ISBN 978-7-302-29796-3

Ⅰ. C916.2-39

中国国家版本馆 CIP 数据核字第 2025PX9827 号

责任编辑：付潭蛟
封面设计：汉风唐韵
责任校对：王荣静
责任印制：曹婉颖
出版发行：清华大学出版社
    网 址：https://www.tup.com.cn, https://www.wqxuetang.com
    地 址：北京清华大学学研大厦 A 座   邮 编：100084
    社 总 机：010-83470000   邮 购：010-62786544
    投稿与读者服务：010-62776969, c-service@tup.tsinghua.edu.cn
    质 量 反 馈：010-62772015, zhiliang@tup.tsinghua.edu.cn
印 装 者：北京鑫海金澳胶印有限公司
经 销：全国新华书店
开 本：170mm×230mm 印 张：14 插 页：1 字 数：248 千字
版 次：2025 年 9 月第 1 版   印 次：2025 年 9 月第 1 次印刷
定 价：128.00 元

产品编号：111050-01

摘 要

《中华人民共和国国民经济和社会发展第十四个五年规划和2035年远景目标纲要》(简称"十四五"规划)第五篇第十五章"打造数字经济新优势"明确提出"支持数字技术开源社区等创新联合体发展",以推动开源软件产业的发展。目前,全球97%的软件开发员和99%的企业使用开源软件,超过70%的新软件项目采用开源创新,人工智能、云计算、大数据等新兴技术也广泛采用开源方式。可以说,开源已成为数字生态下的主流开发和创新模式,也是建设数字中国、发展数字经济和新质生产力的重要支撑。

我国开源软件产业实践早于理论发展,尽管已有学者对开源软件进行了相关研究,但整体体系化程度不高,系统性研究更是极其匮乏。基于此,本书拟以"数字经济下互联网社区开源创新的理论与实践"为主题,系统、全面、深入地阐释开源互联网社区的创新合作本质,从理论根基、演进、产业实践调研及定量论证等多角度、多方法地解构和理解开源创新。全书共10章,其中前4章为理论探究,后6章为基于实践调研,综合定性和定量方法的实证研究。

理论层面,第1章绪论简要介绍了开源创新的理论背景和现实背景,对重点、关键概念进行界定并系统介绍本书章节结构。第2章重点阐释了开源的理论突破,从知识产权、公共物品、合作治理三个视角阐明为什么开源的存在为学术界带来了新的理论冲击和挑战。第3章以文献计量学为基础,深入探究了开源软件的创新合作本质,对组织和创新视角的演进进行了分析,并对现有基于合作和竞争的主流研究视角深入进行了阐释,对相关的合作与竞争模式、影响要素及机制进行了理论剖析。第4章以开源软件技术研发社区为例,阐释了实体企业与虚拟社区互补性合作的理论基础,数实融合不同于实体企业合作的特质以及企业如何通过开源协同战略影响双方互补性合作行为,进而影响合作项目创新绩效的理论机制。

实践层面,第5章运用内容分析法,通过结构化访谈、参与式观察、档案和文献,基于扎根理论开放式编码、关联式编码、核心式编码和理论饱和度阐释,提出了开发员和用户开源创新知识共享的模型。第 6 章运用案例研究方法，通过案例内和案例间比较研究，进一步丰富和完善了分析框架，系统回答了为什么开发员愿意花费时间提供免费的开源社区。第 7 章基于文献，结合第 6 章的分析框架建构了细化的概念框架和研究假设，运用问卷调查的研究方法，通过对大样本问卷进行多元回归，实证性地分析了影响开源软件项目绩效的要素及作用机制。第 8 章以 GitHub 开源社区为例，通过机器挖掘和数据爬取，基于社会网络视角，对网络集群密度、地理多样性、结构多样性、开放多样性进行了实证剖析。第 9 章运用元分析的研究方法，全面探究了开源合作与虚拟社区价值共创合作绩效的整体效应，深入挖掘了开源合作的个体层、交互层、环境层与虚拟社区价值共创的关系，并运用亚组分析探究调节变量在两者关系中的调节效应。第 10 章从政策角度阐释了美国、英国等国家开源软件政策制定情况，并运用政策工具的分析方法对国内政策文本进行了选择和编码，剖析了中国开源软件政策在供给型、需求型、环境型政策工具方面的选择、问题及细化的政策建议。

本书通过系统阐释，带来了理论、实践、方法三个维度的研究贡献。理论方面，弥补了数字经济下互联网社区开源创新的理论研究缺口，揭示了开源创新的合作本质，以及基于合作和竞争等不同视角下的理论根基及演进，同时从企业和社区数实融合的现状出发，探究了不同主体的合作特质及机理，从多个维度打开了开源创新的理论黑箱。实践方面，通过对开发员、用户、开源软件项目、开源软件社区、多元主体开源创新合作绩效等不同对象的多角度分析，对于提升开发员和社区管理绩效、促进虚拟社区技术创新研发效能和合作效果带来了有益的指导、借鉴和参考。方法方面，运用了参与式观察、访谈、调查问卷以及基于大数据的机器挖掘和数据爬取等数据获取方式，融合了文献计量、内容分析法、多案例研究、定量实证、元分析、政策工具等不同类型的定性和定量研究方法，涉及管理学、计算机科学、经济学、心理学等多学科，为开源共同体带来了方法借鉴。

综上，本书无论是对从事数字经济、虚拟社区治理、开源创新等的研究学者，还是专攻技术创新的开发员、经营互联网社区的管理者、从事数字经济的公司运营者，或是致力于信息产业政策制定的政府决策者，都提供了多维的分析视角和研究素材，带来了可操作性的管理洞见和实践启发。

目 录

第 1 章

绪　论

1.1　研　究　背　景

1.1.1　理论背景：开源对于传统理论的挑战与突破

1. 左版权（Copyleft）与右版权（Copyright）之争

1976 年，比尔·盖茨（Bill Gates）在《致电脑爱好者的一封信》中提出："谁会从事专业的软件开发而分文无获？哪有业余爱好者花费 3 年时间去编写软件，修改软件却免费供别人使用？"盖茨用不公开源代码的软件私有制缔造出 20 世纪最强大的知识霸权帝国 Windows。自由软件运动的发起人，理查德·斯托曼（Richard Stallman）在《GNU 宣言》中反击，以不公开源代码的方式进行软件的商业化，是阻碍开发员学习和帮助他人的不道德行为。

两个宣言分别代表两条对立的道路：向右走下去，是"知识产权"，路标上显示的是 Copyright（右版权）；向左走下去，是"知识共享"，路标上显示的是 Copyleft（左版权）。Copyright 与 Copyleft 针锋相对，成为 21 世纪信息社会的争论核心。前者的表现形式是闭源的商业软件，以确立私有产权的方式鼓励知识生产，但以有条件的使用限制了代码共享和使用的自由；Copyleft 反其道而行之，以产权共有阻止个人私有的形式保护知识共享。具体的做法就是，源代码免费开放，保障任何人对作品及其派生品使用、修改、发布的权利，唯一的前提就是以 Copyleft 许可发布。简单地说，就是"源码共享，私有必究；知识共享，私有必究"。

如果说 Copyright 意味着控制和垄断，Copyleft 则意味着自由和共享。互联网时代的到来，使得对"知识产权"的讨论变得更加激烈。哈佛大学法学院教授劳伦斯·莱斯格（Lawrence Lessig）坚决反对"知识产权的原教旨主义"，认为将现实社会的产权保护体系复制到网络社会，那无疑会将互联网由开放变为封闭，在摧毁信息化的同时，阻碍人类文明的进程和文化的繁荣与创新。代码作为互联网的心脏，是网络创新的公共资源，本应该在成员之间共享，如果 Copyright 被作为商业利益的障眼法用在网络社会，那么以 Copyleft 为制度设计的开源软件就是最有力的回击。

2. 对知识产权理论与公共物品理论的挑战与突破

第一，开源软件许可证的制度设计，将产权共有——打破了传统的知识产权只保护专有产权的观点，是对原有知识产权理论的丰富与跨越。

传统的知识产权通过法律保护私人对劳动成果所享有的专有产权，任何人需要以有条件的许可，比如付费等形式获得产品的使用权。以享有专有产权的商业软件和产权共有的开源软件进行对比（见表 1.1），其中蕴含的核心假说在于：在私人供给模式中，任何私人知识成果的"外泄"都会导致其收益的下降，因此大多数的私人供给者会尽量地减少知识共享，并以知识产权的形式保护个人对产品的专有产权。

表 1.1　商业软件和开源软件产权权利结构对比

软件类型	商业软件（专有产权）	开源软件（产权共有）
占有权	私人占有	向所有人开放，不被任何私人占有
使用权	以有条件的许可为前提，被许可人自由使用	任何人可以免费使用、修改和发布软件
收益权	以占有权为基础，版权人通过出售软件获得收入	以使用权为基础，生产者通过使用软件获得收益
处分权	生产者可以自由许可或者转让软件	生产者必须开放许可，不存在软件的转让

开源软件以许可证的形式，使得任何人都可以免费地使用、修改以及发布源代码软件，产品权利完全对外开放，产权共有。许可证的制度设计打破了传统的知识产权认知误区：以为产权共有的开源软件不需要版权的保护，这是错误的。许可证保护开源软件版权的方式，就在于有效地避免共有知识产品被私人占有。开发员对于参与贡献有一定的稳定预期，因而能够激励其持续地志愿贡献，从而解决动力不足的问题。

第二，开源软件以左版权（Copyleft，又称"逆版权"或"著佐权"）许可证的传导性质，严格控制产品的后续发布，保证源代码永久开放，实现了公共物品的私人供给——挑战和丰富了原有的公共物品理论。

知识具有公有性。根据公共物品理论，传统的知识供给模式主要分为私人供给模式（Private Investment Model）和公共供给模式（Collective Action Model）两种模式。私人供给主要是指由私人提供，并且通过知识产权，如专利、版权、商业机密等赋予物品的专有产权，获得排他性的收益，以此来保护和鼓励个人的知识创新。公共供给主要是指基于市场失灵，由公共部门提供非竞争性和非排他性的公共物品。由于任何人都可以无条件地过度使用，很容易出现私人供给的动力不足，以及"搭便车"的问题——"公地悲剧"就产生了。开源软件打破了传统的公共物品理论，实现了知识供给的第三种模式——公共物品的私人供给：开发员通过个人的志愿活动，提供免费的开放源代码，而产品可以供任何人使用、修改和发布。开源软件的出现，成功地解决了公共物品的私人供给不足，以及"搭便车"的问题——是反"公地悲剧"，创造"公地喜剧"的最佳代表。开源软件中左版权的传导性质，能够较好地解决集体活动中的"搭便车"问题。原因在于，参与者意识到，他们之间的博弈不是处于某一阶段，而是无限阶段的博弈，短期的产权专有软件并不能使其长久获益，相反，因为左版权机制使得开源软件不可能被私有，开发员愿意在集体活动中采取合作，互相信任，从而放弃短期搭便车的机会主义行为。

3. 左版权制度设计的关键：知识共享

无论是开源软件许可证的制度设计，还是采用左版权的传导性机制，都在强调一件事：知识的共享与公有。知识是开源软件的核心内容，涉及系统、程序、商业规则等多方面。只有当知识在个人之间实现流动和共享时，其价值才能够得到最大程度的发挥。软件开发的本质是开发员对自身掌握知识进行分享并整合的过程，因此，有效的知识共享是推动开源软件项目发展的关键。

已有研究认为，知识共享是开源软件发展的关键，然而具体影响开源软件项目内成员间知识共享的要素是什么，以及各个要素之间通过何种机制发挥作用，缺少大量的理论分析和实证调研，这为本书提供了丰富的研究空间。

1.1.2 现实背景：开源是中国软件产业创新的战略选择

1. 云计算、大数据的热潮推动开源技术的发展

随着大数据时代的到来，云计算、大数据得到业界、学界以及政府官员的高度关注，而二者发展的主要动因就来自开源，特别是云计算，其倡导的开放基因更是与开源技术完全契合。以目前国内热门的几大开源技术 Hadoop、OpenStack、CloudStack 等为例，都伴随着云计算和大数据的热潮而迅速发展起来。

开源本是基于开发员自愿，自发发展起来的社区运行项目，为了迎合市场需

要，越来越多的企业也加入开源，从公司的战略高度支持开源的发展，比如华为、百度、腾讯、阿里等纷纷成立开源事业部。特别是以阿里为代表掀起的"去 IOE 运动"[①]，更是以开源为助力，在促进设备国产化的同时，也积极推动互联网企业的发展。

2. 开源助力中国软件产业实现创新赶超

中国发展开源软件产业，不仅仅是为了摆脱以美国微软为代表的软件垄断，减少政府采购成本；更主要的是从政务办公出发，提高国家信息安全水平。事实上，很多国家早已制定相关政策来促进开源的应用和发展。以美国为例，2012 年 5 月 23 日，时任总统奥巴马签署题为"建立 21 世纪的智能政府"决议，在提出"开放政府"的同时，明确鼓励政府积极利用开源开放平台，促进开源技术的发展。

开源之于中国，是帮助国家软件产业自主创新，实现赶超式发展的必要途径。2012 年 4 月，工信部在《软件和信息技术服务业"十二五"发展规划》中指出，"支持开源软件开发和应用推广，加快形成基于开源模式的产业生态系统"。2014 年，随着 Windows XP 系统停服，以及中央机关在政府采购中明确要求"所有计算机类产品不允许安装 Windows 8 操作系统"措施的发布，中国发展开源软件产业已迫在眉睫。

1.2 研 究 问 题

本书缘起于开源对于传统理论（公共物品理论、知识产权理论）的挑战和突破。现实生活中，开源软件的出现，成功地解决了公共物品的私人供给动力不足和"搭便车"问题，是克服"公地悲剧"并实现"公地喜剧"的典型代表。随着对世界软件产业的影响，发展开源已经成为中国产业技术创新的战略选择。

基于此，本书拟从理论和实践两大方面研究数字经济下互联网社区的开源创新。第 4 章（含）以前，主要从理论维度探究开源创新的理论突破（第 2 章）、基于合作和竞争视角的开源创新合作本质及理论演进（第 3 章）、企业与虚拟社区数实融合的理论框架及未来展望（第 4 章）。从第 5 章开始，运用定性和定量相结合的混合研究方法，具体探究开源社区创新的相关实践及其机制。主要运用内容分析法建构影响开源社区创新的模型框架（第 5 章）、运用探索性案例研究方法提出研究命题（第 6 章）、基于多元回归开展定量实证检验（第 7 章）、以 GitHub 开源

---

① "去 IOE 运动"是阿里巴巴提出的概念，本义是指，在阿里巴巴的 IT 架构中，去掉 IBM 的小型机、Oracle 数据库、EMC 存储设备，代之以自己在开源软件基础上开发的系统。

社区为例探究数智时代虚拟社区创新绩效的影响因素及机制（第 8 章）、运用元分析研究方法探究开源合作影响虚拟社区价值共创（第 9 章）、从政策工具角度分析数字经济时代下开源软件科技创新及治理（第 10 章）。

1.3　重要概念界定

开源软件（Open Source Software，OSS），亦称"开放源代码软件"，最初由 Bruce Perens（1999）解释如下：①自由再散布；②原始码；③衍生著作；④原创作者程式原始码的完整性；⑤不得对任何人或团体实行差别待遇；⑥对程式在任何领域内的利用不得有差别待遇；⑦散布授权条款；⑧授权条款不得专属于特定产品；⑨授权条款不得限制其他软件；⑩授权条款必须技术中立。开源软件有效地保障了软件用户使用、接触、修改、复制以及再分发的权利（OSI，1998），其所具备的源代码免费、产品质量优势、技术创新周期短、信息安全保证等特征，受到了学术界、产业界及政府的一致肯定。Linux 操作系统、Mozilla 以及 Chromium 网络浏览器等都是历史上具有代表性的开源软件。

开源软件项目（Open Source Software Project，以下简称"开源项目"或"项目"），旨在强调有意愿和有能力的人，以开发开源软件为目的而共同参与的项目；参与主体主要分为两类成员：开发员（Developer）和用户（User）。前者根据项目角色分为核心成员、积极成员和外围成员。核心成员一般数量有限，可以是项目的作者或创始人，对项目负有决策权。积极成员主要负责项目中的故障修复、代码提交、文档编写等。外围成员多基于共同兴趣聚集在开源项目，对项目进行微小修复。开发员根据自身知识背景和特长，自由参与项目和分享贡献。后者作为用户，从严格意义上说，并不直接参与开源项目的实体构建工作，但用户体验及其对项目的反馈，对于开发工作具有直接影响。

开源软件社区（Open Source Software Community），是指由拥有共同兴趣爱好的成员，根据相应的开源软件许可证协议，组成的自由交流和学习的网络平台，是开源软件开发的重要平台。国外如 GitHub、OpenSource，国内如 Linux 中国、开源中国社区都是有名的开源软件社区。开源软件、开源软件项目、开源软件社区三者之间的关系可以概括为：开源软件项目是开源软件的孵化器，开源软件社区则是开源软件的知识库和平台；开源软件社区为开源软件项目提供支持，而开源软件项目最终产生开源软件。

和开源软件概念相近的是"自由软件"（Free Software），相对的是"闭源软件"（Proprietary Software）。一般来说，自由软件更强调精神和哲学层面的自由，是要求更为严格的开源软件。闭源软件多为"商业软件"（Commercial Software），与开源软件主要的区别在于两个方面：一是技术上的源代码是否开放；二是知识产权权利安排体系。

　　围绕开源软件的合作研发，学术界常用"开源合作"来指开发员、公司、社区或基金会等多元主体之间的开源软件合作开发方式，其有时又被称为"开源合作生产"；而"开源创新"作为一种创新的生产方式属于开放式创新的一部分，由于国家战略与竞争因素，并非适用于所有领域，但在开源软件开发流程中，存在于开源软件输入、过程、输出的全流程，涉及软件开发、应用、不同参与主体合作等的方方面面。

第 2 章

开源的理论突破

2.1 新的知识产权制度安排

2.1.1 右版权（Copyright），还是左版权（Copyleft）

Copyright 与 Copyleft，是 21 世纪信息社会的争论核心，两者处于相互对立的两条道路，一条向右，一条向左，分别代表了"知识产权"（见图 2.1）和"知识共享"（见图 2.2）。前者培植出世界上最大的知识霸权帝国 Windows，也影响了物质世界的首富比尔·盖茨；后者创造出最卓绝的知识共享代表 Linux，也缔造出自由世界的精神领袖理查德·斯托曼。

图 2.1　Copyright（右版权）　　　图 2.2　Copyleft（左版权）

斯托曼为开源软件做出了重要贡献，是自由软件运动的创始人，他反对以不公开源代码的形式进行软件的商业化交易，认为这是阻止用户学习和帮助他人的不道德行为。自由软件运动是一场政治运动，斯托曼强调精神层次的"自由"，将开放的源代码命名为"Free Software"，当中的"Free"并非指价格上的"免费"，而是指分享上的"自由"。他在 *What is copyleft?* 中以黑客特有的风格戏谑地提出，Copyleft 正是与 Copyright 针锋相对而应运而生——Copyright 以确立私有产权的方式鼓励知识生产，但以有条件的使用限制了知识共享的自由；自由软件运动正是

要通过 Copyleft 来保护知识共享，以产权共有的形式阻止个人私有。具体的做法就是，保障任何人对作品及其派生品使用、修改、发布的权利，唯一的前提就是以 Copyleft 许可发布。

然而，Copyleft 批判 Copyright，但不反叛 Copyright。这就间接地回答了前文隐含的一个疑问：开源软件是否具备版权？回答是肯定的——Copyleft 作品仍然拥有 Copyright，Copyleft 的存在以承认 Copyright 为前提，只是添加了作品的分发条款，即使其他人在对 Copyleft 作品不使用和不修改的情况下，其派生作品和发布也必须按照 Copyleft 规则运行，这一做法的目的就是防止共有产权的作品中途被私人持有，从而保证产品的无限使用、分享和回馈他人，否则就是违背了 Copyright 的侵权行为。

2.1.2 Copyleft 的成功案例：Creative Commons（知识共享）

Creative Commons，简称"CC"，由哈佛大学法学院教授劳伦斯·莱斯格（Lawrence Lessig）于 2001 年提出，是一个旨在增加创意作品流通可及性的非营利组织，其于 2006 年被中国大陆引进，命名为"知识共享"，在中国台湾地区被称作"创作共用"。CC 许可协议是基于 Copyleft 下的成功的授权许可协议，目前在教育领域内被很多国外大学网络课程所使用。该许可协议有四项授权要素（见表 2.1），可以形成 6 种不同的协议组合。

表 2.1 知识共享协议核心授权标识及含义

名　　称	英　　文	缩写	说　　明
署名	Attribution	BY	必须提到原作者
非商业用途	Non-commercial	NC	不得用于营利性目的
禁止演绎	No Derivative Works	ND	不得修改原作品，不得再创作
相同方式共享	Share Alike	SA	允许修改原作品，但必须使用相同的许可证发布

资料来源：维基百科，https://zh.wikipedia.org/wiki/知识共享。

CC 许可协议之所以能够运行成功，就在于其背后潜藏的知识产权变迁：从"作者权体系"到"版权体系"的过渡，从"著作人身权"到"财产权"的转变。之所以号召尊重著作权，原因就在于其带有作者的人格和思想，用现在法学的观点解释为"著作人身权"。然而，随着信息社会的发展，互联网自由使得作品的传播及其影响关系发生变化。比如，当被侵权的作品被一夜之间自由传播之时，著作人身权的损害程度也随之加大。如果要追溯侵权人的行为，会变得比传统社会更加复杂。加之网络的虚拟性，该作品被篡改是出于"主观故意"还是"无意"也变得无从说起。因此，在这种情况下，CC 许可协议的出现在肯定著作人身权的同时，将其酌情转变为财产权，成员可以在保留原作者署名的情况下，以不同的授权许可协议保护作者的权益，同时保护用户的权益。CC 许可协议更符合信息社会的特点，也体现了知识产权的实用主义价值观。

CC 许可协议的广泛使用，是 Copyleft 模式下知识共享和知识产权（Copyright）并存的成功案例，充分说明了 Copyleft 批判但不反叛 Copyright 的特点，Copyleft 的出现使得现有的知识产权体系更为完整，是对 Copyright 存在缺陷的补充。

2.1.3　开源的实用主义：以 BSD 许可为代表的混合所有制

如果说商业软件代表的是 Copyright，体现的是知识产权在网络社会的强化和极致追求；自由软件作为更为严格的开源软件，代表的是 Copyleft，体现的是对传统产权保护弊端的批判与叛逆；那么，开源软件则更符合实用主义，既是对自由软件的回归，又是对商业软件的异化。

开源软件的许可证分为左版权许可和非左版权许可（Non-Copyleft），前者以 GPL 许可的自由软件为代表，后者则以 BSD 许可的商业友好型软件为代表，软件创建者既可以将代码免费公布及发放，也可以允许二次发布者将其商业化，即以 BSD 等混合所有制软件的修改和演绎版本既可以是开源软件，也可以是商业软件。

2.2　新的公共物品供给模式

2.2.1　为什么能够存在公共物品的私人供给

开源软件打破了传统的公共物品理论，突破了传统的私人供给和公共供给的模式，实现了知识供给的第三种模式——公共物品的私人供给：开发员通过个人的志愿活动，提供免费的开放源代码，产品可以供任何人使用、修改和发布。

事实上，这样的供给行为是能够找到理论支撑和现实溯源的。Goldin 将公共物品的消费行为分为"平等进入"（Equal Access）和"选择性进入"（Selective Access）两种类型，前者是指公共物品对任何人无限制，后者是指在满足一定的约束性条件后，如付费才可以消费。科斯研究发现，虽然灯塔是一种典型的公共物品，但 17 世纪英国的灯塔是由私人提供的。私人提供者从英国皇家获得修建灯塔的专利权，以收取港口代理费的形式来排除免费的搭便车者。科斯的研究进一步验证了私人通过排他性的技术来供给公共物品的可能性。吕恒立以科斯的研究为例，进一步分析了私人供给公共物品的条件：①公共物品具有排他性技术；②能够在制度上保证私人对公共物品的产权，从而保证私人供给公共物品的动机。

综上，公共物品的私人供给，主要是指私人通过对公共物品排他性的技术排除搭便车者，进而实现私人供给者的收益。但这种情况下供给的公共物品，并非纯的公共物品，因为其具备排他性。因此，就开源软件而言，本身也并不是纯的公共物品。

2.2.2　为什么"公地悲剧"能够成为"公地喜剧"

传统的公共物品理论有三种影响力模型，分别是哈丁的"公地悲剧"、奥尔森的"集体行动的逻辑"以及奥斯特罗姆的"公共事务的治理之道"。其中，"公地悲剧"和"集体行动的逻辑"认为，个人的理性会导致集体行动中的不合作，从而造成集体悲剧。"公共事务的治理之道"则相对客观地表明公共物品的供给可以通过自治组织的管理而实现。开源软件项目就是"公地悲剧"的反证，是创造"公地喜剧"的最佳证明。其在供给公共物品过程中嵌入并实现私人动机，处于私人供给与公共物品供给模式的中间层，是对传统公共物品理论的突破。

那么，开源软件项目为什么能够将"公地悲剧"转化为"公地喜剧"呢？从经济学模型分析，原因在于不同能力者选择了非左版权或左版权进行生产，实现了开源软件合作开发的分离均衡。

许可证是开源软件制度设计的关键，能够从制度上保证产品产权共有，这与传统的知识产权保护私有产权不同。开源软件内部许可证种类众多，但总体可以分为左版权许可证（Copyleft License）和非左版权许可证（Non-Copyleft License）。两者都将产权公有，具备以下相同点：①从占有权来说，产品向所有人开放，不被任何私人占有；②从使用权来说，任何人可以免费使用、修改和发布软件；③从收益权来说，以使用权为基础，生产者通过使用软件获得收益；④从处分权来说，生产者必须开放许可，不存在软件的转让。区别在于（见表 2.2）：①在后续产品发布及其产权来说，左版权许可证由于具备传导机制，后续发布产品必须永久开源，产权依然公有，比如要求最为严格的 GPL 许可证；非左版权许可对于开源软件后续发布是否一定开源，诸如申请私有产权是不设限制的，比如商业友好型的

表 2.2　左版权和非左版权许可下的成本收益比较

许可证类型	产品产权	后续产品产权	成本对产品控制权的影响	成本对生产者收益的影响
左版权许可证	共有产权	公有产权	小	小
非左版权许可证	共有产权	申请私有产权不受限制	大	大

BSD 许可证。②从投资成本对于产品控制权影响来说，左版权许可的影响相对较小，后者影响相对较大。③从投资成本对于生产者收益影响来说，左版权许可影响较小，后者影响相对较大。

根据成本收益曲线，左版权许可和非左版权许可形成两种不同的契约关系。采取左版权许可的开源软件投资成本和收益相对较小，成本收益曲线 P_1 相对较缓（见图 2.3）；采取非左版权许可的产品随着后期投资成本的增加，风险也不断增加。由于非左版权许可的产品有被转为私有的可能，后续会受到其他生产者的阻止或者外部竞争，因而不确定性更强，成本收益曲线 P_2 更陡。在平衡点 P 以下，左版权许可的成本和收益高于非左版权许可产品；在平衡点 P 以上，左版权许可的成本和收益低于非左版权许可产品。

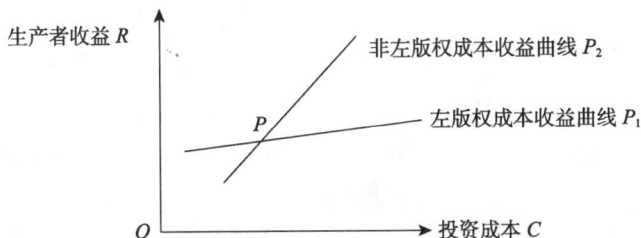

图 2.3 左版权与非左版权许可的生产合同

假设在只有左版权许可证的情况下，成本收益曲线为 P_1，相对低能力生产者无差异曲线 $A1$ 会与 $P1$ 相切于点 A。假设在只有非左版权许可的情况下，成本曲线为 $P2$，高能力生产者无差异曲线 $D1$ 与 $P2$ 相切于点 D，相对低能力生产者无差异曲线 $B1$ 与 $P2$ 相切于点 B。假设在左版权许可证 $P1$ 与非左版权许可证 $P2$ 同时存在的情况下，存在高能力生产者曲线无差异 $D1$ 与低能力生产者无差异曲线 $A1$ 同时存在且不相交；或者相对 $B1$，高能力生产者无差异曲线 $D1$ 与低能力生产者无差异曲线 $B1$ 同时存在的情况。

由于不同能力的开发员处于开源项目当中，一方的收益不会以另一方的成本为代价，另一方的收益不会与其他人的收益产生冲突，因此双方在集体开发中会选择以"合作对合作"，而非"不合作对不合作"。

因此，开源软件项目中 Copyleft 与 Non-Copyleft 同时存在的情况下，所带来的最大的好处就在于能够最大限度地吸引生产者的参与，"众智"的程度更高，从而软件产品质量更高的可能性也就更大，这也是在开源软件的集体行动中，合作会更容易成功的原因（见图 2.4）。

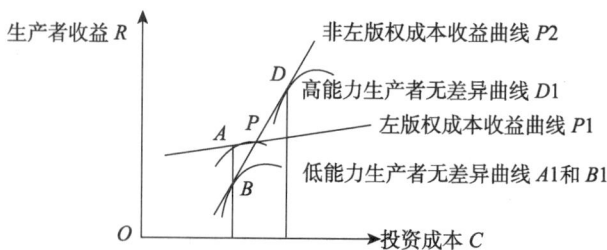

图 2.4   高能力和低能力生产者的分离均衡

2.2.3   如何解决私人供给的动力不足

开源软件的许可证从制度上解决了合作者在集体活动中动力不足的问题，是对私人供给模式核心假说的突破。在开源项目中，任何私人的贡献不会导致收益的下降，反而会随着网络效应的扩大促进知识生产与创新，并使个体不断地体会学习的乐趣与提升开发的技能。

第一，左版权和非左版权不同的激励机制能够从不同方面解决所有贡献者的参与动机。以图 2.4 为例，相对高能力生产者无差异曲线（D1）所带来的可能性就在于，不仅可以选择左版权许可开发，也可以选择非左版权许可进行开发。当选择非左版权许可开发时，开源往往被作为一种策略，而不是目的，其最终的目的在于将产品私有化，进而获得经济方面的利润。而相对低能力生产者可以选择左版权许可进行开发，因为左版权许可保证产品后续发布永久开放，成员不必担心自己贡献之后收益降低，不仅不具备私人供给之后产品被其他人私有化的风险，也能够通过开源提升开发技能、获得乐趣等，因而能够保证足够的开源动力。当低能力生产者通过开源不断地提升开发技能时，其行业声望和职业晋升的通道会更顺畅，将产品商业化以及接受外部竞争的能力也越强，会逐渐从低能力生产者转变为高能力生产者。

第二，"不纯粹的利他主义"是分析为什么个人愿意免费贡献公共物品的另一种逻辑解释。传统的"经济人假设"能够解释"个人供给模型"和"公共供给模型"，然而对于介于两者之间的第三种模型却难以在逻辑上自洽。在 1980 年以后，另外一些经济学家尝试将"不纯粹的利他主义"引入分析框架，认为随着个人对集体活动的无偿贡献，群体行为会产生大规模的"社会效应"，而社会效应的增加又会反过来提升私人的"个人效应"，比如除经济刺激之外，兴趣爱好、行业声望、职业晋升等的个人激励。

2.2.4　如何解决集体运动中的"搭便车"

开源软件左版权的合约安排成功地解决了集体活动中的"搭便车"问题，是对公共物品供给核心假说的突破。在纯公共物品的供给中，搭便车者能够获得和贡献者一样的收益。

然而，在开源软件项目中，搭便车者并不能获得贡献者的收益。开源遵循"一报还一报"的原则，即贡献越多，收获越多。软件的代码是一种信息，亦是非竞争性物品，这不仅意味着我对代码的使用不会阻碍你对代码的使用，而且意味着将代码作为公共物品供给的同时，也可以出于私人目的来自由使用。在开源软件项目中，私人用户或企业级用户对于代码的贡献，能够帮助其处于更有利的位置，这是搭便车者所不能获得的。

2.3　新的合作治理模式

2.3.1　为什么是一种新的生产组织方式

经济学家科斯提出，根据"交易成本理论"，传统的生产组织方式分为企业和市场组织两种，选择哪一种方式主要受价格杠杆影响，从组织成本和交易成本两方面考量。在传统的软件产业中，组织方式可以分为企业和市场两种。在企业组织模式中，软件主要由公司内部团队开发，用户无法参与软件开发，甚至一个公司内部的不同团队之间，以及一个团队内部的不同成员之间也无从了解软件的源代码，即采取封闭式创新（Closed Innovation）的模式；市场组织模式采取市场的组织方式，即以契约为合作前提，以软件外包等形式进行生产。

互联网的发展，客观上使得组织和交易成本大大下降，传统的生产组织方式受到影响，必然催生出新的生产组织方式。随着软件产业的发展，开源软件及其生产组织关系受到越来越多的关注和肯定。Eric Raymond 在《大教堂与集市》中对开源软件的生产组织方式进行了精彩的描述：传统的软件开发模式更像企业组织方式，"像建大教堂一样，需要一群与世隔绝的奇才的细心工作"，由于等级严格而分工明确，组织效率相对迟滞。像 Linux 这样的开源软件组织方式，更像是乱哄哄的集市，但奇迹就从此诞生。Demil 和 Lecocq 将这种组织方式称为"集市化的治理结构"（Bazaar Governance），具体特点如下：①组织结构方面，属于松散的网络同盟；②参与者方面，成员参与以兴趣为导向，可以自由地进入或者退出项目；③软件产品方面，以目标管理为导向；④任务分工方面，以成员自主选择为主；⑤信息流方面，以分布式的知识交流为主；⑥产品发布方面，以不断地在线更新和发布为主；⑦决策模式方面，以上下互动的分权模式为主。

开源软件项目是一种新的生产组织方式，其与企业组织方式有本质的区别。第一，没有明确的等级结构。尽管开源软件项目内部的创建者会影响项目走向，但任何人都可以自由决定是否进出或从事哪项工作，组织结构呈扁平化的集市模型。第二，属于自组织，不受外界强制力的影响。主要原因在于，开放的源代码免费，开发员之所以参与贡献，多与自身兴趣、技能学习、职业声望等有关，即使产品最终不能市场化，参与过程中开发员亦有收获与积累。第三，分布式的平行结构。企业内部一般具备统一的决策中心和行动中心；企业内外有生产者和消费者之分。开源软件项目存在多个决策中心和行动中心，个体的开发员往往既是生产者又是消费者。

开源软件项目是一种新的生产组织方式，因其与市场组织方式有本质的区别。市场交易之所以能够发生，在于价格机制能够优化资源配置。产权私有能够激励生产者创新，以付费的形式获得排他性的使用权，能够保护劳动成果，但影响知识的传播和增值。开源软件项目产权公有，左版权的传导机制使得产品永久开源，任何人不能私人占有，既保护了生产者的利益也促进了知识共享。和市场组织方式相比，开源软件项目交易成本更低，网络效应更大。

开源软件项目是一种新的生产组织方式，因其与一般的虚拟组织有本质的区别。第一，组织边界存在差异。一般的虚拟组织存在柔性的组织结构，在虚拟网络背后存在相对稳定的团队，参与者分工明确。开源软件项目中的组织边界更为模糊，人员流动较大，且自由选择工作内容。第二，组织关系更为复杂。由于开源软件项目内的成员数目极大，且不断变化，组织间网络关系更为复杂。

亚当·斯密在《国富论》中提出，工业社会的财富源于分工，生产者和消费者一分为二。信息社会使得组织关系逐渐发生变革，逐渐由"分工"走向了"融合"，即出现"生产者和消费者合二为一"的"产销者"模式。在开源软件当中，用户的参与对项目贡献较大，用户不仅可以提供项目使用反馈，而且可以充当开发员的角色进行免费测试；而开发员在开发的过程中也可以作为用户考量项目绩效。

2.3.2 为什么是一种新的知识共享合作 R&D 模式

互联网技术的发展，使得传统的知识生产方式发生巨大变化。吉本斯在《知识生产的新模式》中提出，当代知识生产方式正经历着从模式 1 到模式 2 的转变。开源软件许可证从制度上确立其知识共享的属性，成员间通过网络协作完成产品，是一种新型的知识共享合作 R&D 模式。

传统的知识共享合作 R&D 模式，常见的包括交叉许可和合资研发两种，前者强调合作企业通过交叉授权许可专利，共同并免费享有合作的技术成果。后者主要通过合作方共同投资独立的组织，并需要向其支付版权许可，方可使用合作的技术成果，这种传统的知识共享合作 R&D 模式，止于技术成果的产权私有。

开源模式下的知识共享合作 R&D，其不同之处在于合约安排保证产权共有。具体区别如下（见表 2.3）：①合作成员方面，传统的知识共享合作 R&D 多为企业或机构，成员进入退出有严格程序；开源模式下的 R&D 多为个人且无人数限制，成员流动较快，进入退出自由开放。②知识产权方面，前者多为合作研发组织私人拥有；后者对所有人开放，产权共有。③使用方式方面，传统合作 R&D 需要通过付费获得许可；开源模式的 R&D 中任何人均可免费使用。④合作目标方面，前者有明确的目标和期限；后者则无。⑤合作方式方面，传统合作 R&D 管理规范，有明确的技术分工；开源模式的合作 R&D 管理松散，成员各尽所能。⑥收益方式方面，前者通过研发降低企业产品成本，增加产品收入；后者通过免费使用产品获得收益。

表 2.3　传统的知识共享合作 R&D 与开源模式下的知识共享合作 R&D

类　别	传统的知识共享合作 R&D	开源模式下的知识共享合作 R&D
合作成员	多为企业（机构），进入退出有严格程序	多为个人且无人数限制，成员流动较快，进入退出自由开放
知识产权	合作研发组织私人拥有	对所有人开放，产权共有
使用方式	通过付费获得许可	任何人免费使用
合作目标	目标和期限明确	无明确目标和期限
合作方式	管理规范，有明确的技术分工	管理松散，成员各尽所能
收益方式	通过研发降低企业产品成本，增加产品收入	通过免费使用产品获得收益

资料来源：系笔者整理。

为了最大程度地发挥开源的优势，以及推广开源模式在其他领域的适用性，研究者认为至少需要满足以下三个条件：①合作者众多，即活动的开展时间、地点、人数、参与方式不受限制。互联网技术的发展，已突破了传统的期刊、会议等线下交流的方式，使得交易成本大大下降，且消费者使用效用随着网络效应的增加而不断提升。开源模式下的知识共享合作 R&D 非常适用于互联网平台的多主体合作研发项目。②研发者即消费者。《维基经济学》中描述，消费者积极参与到产品生产的模式叫作"产销者"模式，并预言这种模式将成为未来创作的主要方式。开源软件就是典型的产销者模式，软件的开发员亦是消费者本身，能够在第一时间感知、描述并解决问题。③工作任务的模块化和标准化。开源软件项目人数之多、任务之精细是一般项目所难以比拟的。之所以开发员能够分布式地交流与协作，一个重要的条件就在于任务的模块化和标准化。成员参与不同模块，不同模块之下又具备不同的细分类别，参与者完全基于兴趣和能力进行贡献和分享，集体合作的效果也相对更好。

第 3 章

基于合作与竞争视角下的开源创新
合作本质和理论演进研究

3.1 引　　言

　　我国的开源软件产业实践早于理论发展，尽管已有学者对开源软件进行了相关研究，但整体的体系化程度不高，相关概念混淆不清。基于此，本书对相关概念梳理如下：开源是"开放源代码"的简称，主要是指代码共享，构建虚拟系统的交流与合作模式；而开源软件是"开放源代码软件"的简称，是开源模式下的产品成果，一般多以项目立项的形式进行软件开发。与此紧密相关的还有开源软件社区，是指拥有共同兴趣爱好的开发员以合作的方式对开源软件进行开发、维护，并共同参与社区治理的网络平台。围绕开源软件的合作研发，学术界常用"开源合作"来指开发员、公司、社区或基金会等多元主体之间的开源软件合作开发方式，有时又被称为"开源合作生产"；而"开源创新"作为一种创新的生产方式属于开放式创新的一部分，由于国家战略与竞争因素，并非所有领域都适用于开源创新，但在开源软件开发流程中，存在于开源软件输入、过程、输出的全流程，涉及软件开发、应用、不同参与主体合作等的方方面面。各概念之间既有区别又有联系，如图 3.1 所示，以开源软件开发流程为例，通常一个开源软件项目开发可以分为三个阶段：①输入阶段，即开源软件的需求分析阶段，一般由产品经理进行需求沟通，UI（User Interface，用户界面）设计师协同产品经理进行需求审核，项目经理穿插该流程最终进行项目需求确认；②过程阶段，即开源软件的产品开发阶段，一般由架构设计师进行软件产品架构设计，开发工程师进行代码开发，测试工程师主要负责测试用例；③输出阶段，即软件产出和运营阶段，一般由开发工程师确认产品上线，后续由运营专员进行软件数据追踪；等等。在各个阶段，不同角色的成员进行开源合作，通常情况下，一个开源软件社区内会存在众多不同的开源软件项目，项目内和项目间均涉及社区治理，而无论在软件开发和成员合作模式中，都可能涉及开源创新。

图 3.1 开源软件开发流程示意图

已有学者围绕以上相关概念亦开展文献计量和理论综述，比如张佳佳和王新新以开源合作为研究对象，探究了开源合作生产与层级生产的区别；陈光沛等对2001—2019 年管理学领域有关开源软件社区的文献进行综述，从组织架构、领导力、知识产权治理三个维度深度阐释了开源软件社区的内部治理机制。可以发现，已有研究较少围绕开源软件本身进行综述，特别是对其概念本质、理论演进的研究极少。因此，结合现有的研究现状，本书的研究对象将立足于开源软件，一方面在于相关的开源创新、开源合作、开源软件社区等是以开源软件为依托发展起来的；另一方面在于开源软件本身具有的多元主体协同、用户创新等特征，以及在公共物品理论和生产组织理论方面的创新意义，聚焦开源软件进行研究对于填补理论空白具有重大的研究价值。基于此，本章将围绕"开源软件的概念本质和理论演进"这一核心问题，具体将其拆解为以下几个子研究问题：①已有文献的研究现状是什么？②开源软件的概念本质和理论根基的演进是什么？③主流的研究理论及演进如何？

本章的研究贡献和意义集中在以下三个方面：第一，通过文献计量分析，可以清晰地呈现各国研究趋势，大学科研院所、期刊以及作者等的研究现状，为后续研究提供参考依据；第二，通过对概念本质以及理论根基的演进分析，有助于学者追根溯源，挖掘开源软件蕴含的合作本质，以及解释为什么会存在这样的合作现象；第三，通过合作视角以及竞争视角的理论演进分析，有助于了解现阶段主流的研究脉络和理论前沿，为下一步的拓展分析奠定坚实的研究基础。

3.2　文献计量分析

3.2.1　数据收集与分析方法

在数据收集方面，本书的统计数据为 Web of Science 数据库中的论文，数据集构建的步骤描述如下（见表 3.1）：第一步，选取"Web of Science 核心合集"数据库，在检索方式上，根据"标题"方式输入"Open Source Software"（开源软件）关键词，以保证数据能够尽可能地围绕开源软件研究。时间方面，为了兼顾数据的经典性和前沿性，将时间设定在 1999 年 1 月 1 日至 2022 年 12 月 31 日，检索数据量为 3365 条。第二步，选定文献的来源范围，将检索公式主要限定在顶级期刊（如 *Nature*、*Science* 及其子刊、*PNAS* 等）、顶级会议（清华大学公共管理学院整理的领域内国际权威会议目录）、ABS 三星、ABS 四星期刊列表，检索数据量为 154 条，其中期刊论文占比 95%。第三步，参考 Kashani 等文献计量研究步骤，选取管理学、计算机为主要的文献类别，检索数据量为 138 条，其中期刊论文占比 96%。第四步，将数据导入 CiteSpace 文献计量软件去重，结合研究团队人工阅读和集中讨论，最终确认的数据分析样本为 138 篇。数据分析方面，主要由两部分构建完成：一部分是数据收集与下载，另一部分是数据分析，核心操作步骤是将 Web of Science 数据库下载的文献上传到 CiteSpace，运用其知识图谱功能总结论文发表趋势等情况。

表 3.1　数据收集与方法说明

统计数据	数　据　说　明	数据集
数据来源	Web of Science 核心合集数据库	
统计时间	1999-01-01 至 2022-12-31	
检索步骤	第一步，标题检索："Open Source Software"	3365
	第二步，期刊范围：顶级期刊、顶级会议、ABS 三星、ABS 四星期刊	154
	第三步，研究领域：管理学、计算机相关	138
	第四步，CiteSpace 软件去重及人工阅读	138

3.2.2 数据分析

第一，各年度论文发表数量分析方面（见图 3.2），本研究发现从 1999 年到 2022 年，发文量较多的年份有 2003 年、2011 年、2012 年、2013 年，年内发文数量分别为 11 篇、14 篇、11 篇、16 篇。尽管在不同阶段有所起伏，但可以看出，学术界整体上对于开源软件处于一个热点关注的研究状态。

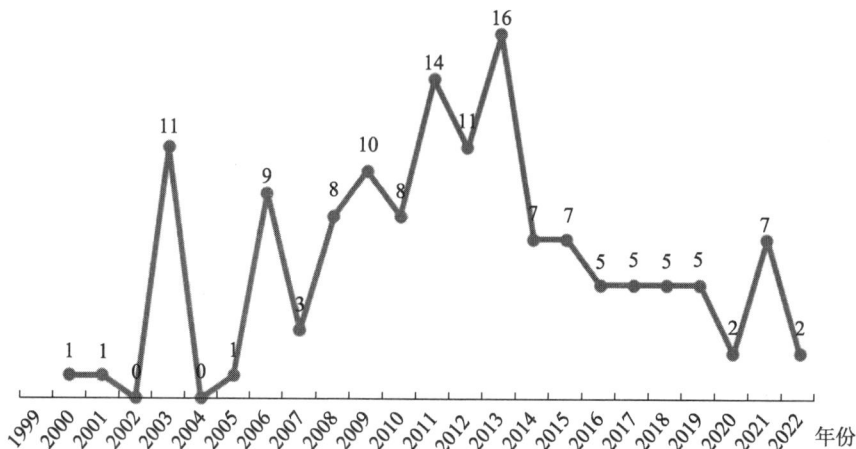

图 3.2 开源软件年度发表数量分析（1999—2022 年）

第二，论文发表国家分布方面（见图 3.3），通常一个国家围绕该主题进行的研究越多，代表该国对该领域越重视，对该领域的研究投入越大，同时也反映了该国在该研究领域和技术发展过程中的国家地位。从目前的各国态势分析来看，该领域排名前 5 的研究大国分别为美国（77 篇）、英国（14 篇）、中国（13 篇）、瑞士（13 篇）、法国（10 篇），这可以说明美国在开源软件的研究投入了大量的精力，在该领域具备绝对优势。

第三，大学科研院所及相关机构分析方面，图 3.4 所示，从上到下排名前 10 位的精于开源软件的组织包括美国麻省理工学院、美国得克萨斯大学、美国佐治亚大学、美国加州大学、美国北卡罗莱纳大学、美国卡耐基梅隆大学、苏黎世联邦理工学院等。根据每个大学科研院所及相关机构在统计年内的文章发表数量可以看出，美国在该领域颇具影响力。

第四，期刊分析方面（见表 3.2），通常如果该期刊发表文章较多，则代表该期刊较为关注该领域的研究动态。通过期刊的选择，能够较为快速地帮助学者深入了解所需要的研究素材和参考资料。根据现有的数据分析，排名前三位的期刊

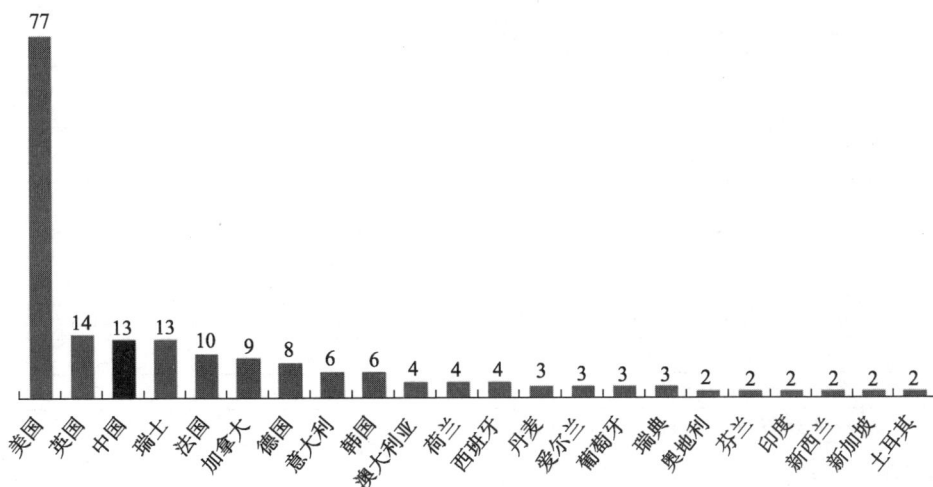

图 3.3　开源软件排名前 22 名国家的研究论文发表
情况分析（1999—2022 年）

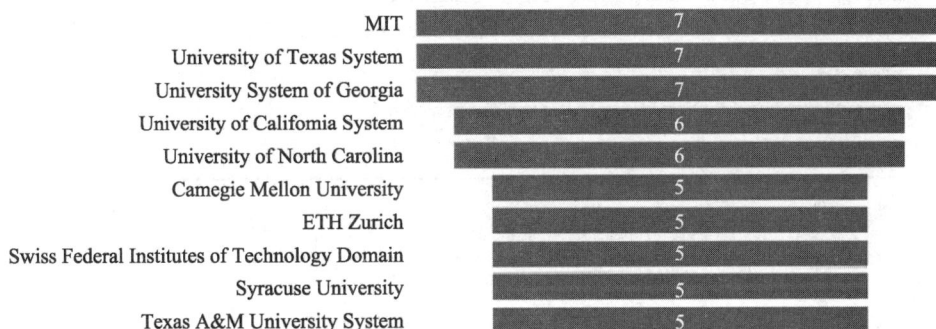

图 3.4　开源软件排名前 10 名的大学科研院所及
相关机构分析（1999—2022 年）

分别为 Information Systems Research（17 篇）、Research Policy（16 篇）、Journal of Management Information System（11 篇），除此之外，诸如 Technovation、IEEE Transactions on Engineering Management 等也都是较为关注开源软件研究的顶级权威期刊。

第五，作者分析方面（见表 3.3），一般高产的作者对于快速俯瞰或串联研究具有很好的借鉴意义，也代表了其在该领域有较为丰富的积累和影响。目前从数据分析来看，von Krogh Georg、von Hippel E.、Spaeth Sebastian 等都是开源软件领域的权威作者，对于该领域的研究具有重要的引领意义。

表 3.2   开源软件发表数量排名前 20 名的期刊分析（1999—2022 年）

期　　刊	数量/篇	影响因子
Information System Research	17	5.49
Research Policy	16	9.473
Journal of Management Information System	11	7.582
Decision Support Systems	11	6.969
Management Science	11	6.172
Journal of Strategic Information Systems	9	14.682
Journal of the Association for Information Systems	9	5.346
Information and Organization	4	5.387
Science of Computer Programming	4	1.039
Technological Forecasting and Social Change	4	10.884
European Journal of Information System	3	9.011
IEEE Transactions on Engineering Management	3	8.702
Organization Science	3	5.152
Organizational Research Methods	3	8.247
Technovation	3	11.373
Nature	2	69.504
Nature Communications	2	17.694
Journal of Information Technology	2	5.15
MIT Sloan Management Review	2	4.627
Annals of Operations Research	1	4.82

表 3.3   开源软件发表数量排名前 10 名的作者分析（1999—2022 年）

序号	作　　者	学校/机构	发表数量/篇
1	Von Krogh G.	ETH Zurich	8
2	Von Hippel E.	Massachusetts Institute of Technology (MIT)	5
3	Spaeth S.	ETH Zurich	4
4	August T.	University of California San Diego	3
5	Subramaniam C.	Dayananda Sagar Academy of Technology & Management	3
6	Nelson Matthew L.	Illinois State University	3
7	Singh P.V.	Carnegie Mellon University	3
8	Bonaccorsi A.	University of Pisa	2
9	Crowston K.	Syracuse University	2
10	Lakhani K.R.	Harvard University	2

3.3   概念本质与理论根基的演进

剖析开源软件的概念本质有助于深入理解其中所蕴含的理论内核，从而探寻其理论创新；在发现概念本质的基础之上梳理其理论根基的演进，一方面有助于解释为什么会存在这种现象，另一方面有助于发现和提出下一步的主流研究方向。早在 2001 年，McGowan 提到开源软件创造了一种新的合作模式，不同于闭源软件的开发模式，开源软件开发员无论身处何地，通过提交代码贡献等交互的模式可以快速地完成软件开发工作。基于此，本研究将追根溯源，深入阐释开源软件内在蕴含的本质和理论根基的演进。

3.3.1　概念本质

根据公共物品理论，每个人对某种产品的消费并不会导致其他人对该产品的消费减少，因此公共物品具有两大特性，即非竞争性和非排他性。结合公共物品的特性，可以进一步将其分为狭义的纯公共物品和广义的准公共物品。其中，纯公共物品具有非竞争性、非排他性特征，一般由政府通过非市场行为提供；与之相对的线私人物品则具有竞争性和排他性特征，一般由私人部门通过市场行为提供。而准公共物品又可以细分为两类：①拥挤性的准公共物品，又称"公共资源"，具有竞争性和非排他性的特征；②排他性的准公共物品，又称"俱乐部物品"，具备排他性和非竞争性的特征。以互联网 IT 领域为例，公共物品和私人物品可细分为四象限，如图 3.5 所示。

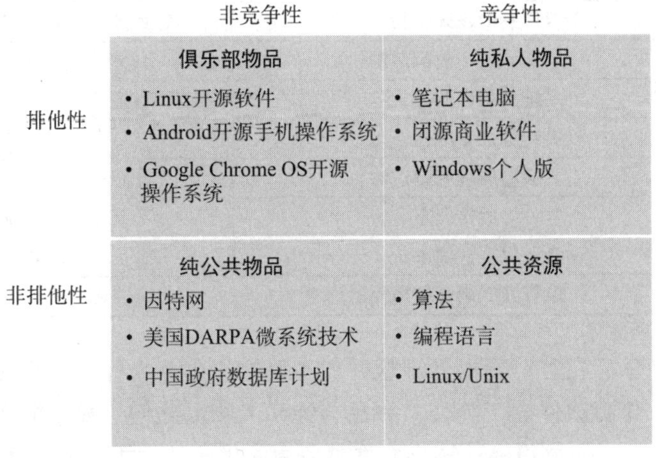

图 3.5　公共物品和私人物品四象限划分：以互联网 IT 领域为例

具体以开源软件为例，根据公共物品理论，其属于准公共物品当中的俱乐部物品（第二象限），一方面具备消费的非竞争性，即进入开源社区的开发员对于开源代码、知识、信息等的使用并不会使得其他人的使用受到负面影响；另一方面具备受益的排他性，即并非所有开发员不进行任何投入就可以享受收益，一般来说，开发员贡献投入越多，受益也就越大，比如当开发员持续贡献，其在社区内的声誉提高就越快，开发技能就越会得到提升，在社区结识更多优秀伙伴，参与优质项目的机会就越大。也就是说，在开源社区的受益以开发员自身的时间投入为前提，付出越少则受益就越小，这和俱乐部物品的有线电视、不拥挤的收费道路有相似之处，即需要投入才可以享受到准公共物品的效用。不同于纯公共物品由政府提供，以及纯私人物品由市场提供，开源软件介于二者之间，实现了公共物品的私人供给。由于开发员持续的参与动机，以及"贡献多、收益多"的特性，能够很好地解决公共物品理论当中的供给不足和"搭便车"问题。

另外，从生产组织理论出发，开源软件的合作研发过程也创造了新的生产组织模式，在组织结构、参与人员、任务分工、控制方式等方面都与传统闭源软件的生产组织模式有所创新和区别（见表 3.4）。正如 Raymond 对开源软件进行的精彩描述："传统的软件开发模式更像企业组织方式，像建大教堂一样，需要一群与世隔绝的奇才的细心工作，由于等级严格而分工明确，组织效率相对迟滞。像 Linux 这样的开源软件组织方式，更像是乱哄哄的集市，但奇迹就从此诞生。"

表 3.4　开源软件与闭源软件的生产组织模式特征对比分析

类　　别	闭源软件的传统生产组织模式	开源软件的新型生产组织模式
组织结构	等级制的正式结构	松散的网络同盟
参与人员	工作导向，薪酬激励	兴趣导向，自愿参与
生产方式	系统化的生产方式	目标管理
任务分工	参与者被分配任务	参与者自主选择
信息流动	直接的等级制知识流	分布式的知识流
产品发布	修订之后再发布	不断地在线更新和发布
决策模式	自上而下，集中	上下互动，分权
控制方式	以行为控制和结果控制为主	以非正式的自我控制为主

基于上述分析，可以看出开源软件的本质在于创新合作，一方面，从公共物品理论出发，开源软件介于纯公共物品与纯私人物品之间，属于非竞争性和排他性的俱乐部产品，能够很好地解决合作过程中的供给动力不足和"搭便车"问题；另一方面，从生产组织理论出发，不同于传统的闭源软件，开源软件以组织结构松散、成员自愿加入、自主选择任务、分布式的工作流等特征创造了新型的合作生产组织模式。

3.3.2　理论根基的演进

在剖析开源软件创新合作本质的基础上，本研究接下来将具体阐释开源软件中为何存在合作研发现象。一方面，从组织视角出发，具体从资源观、交易成本理论、制度主义理论解释这种现象为什么存在，其中，关于资源观和交易成本理论的论述又和经济学紧密相关；另一方面，从创新视角出发，具体从分布式创新、开放式创新、互补式创新理论阐释其概念本质的创新特点和意义。

1. 组织视角

（1）资源观

根据资源观，资源是影响组织获得竞争优势的关键影响要素，有价值的资源能够在极大限度上帮助提升创新绩效。在创新生态系统中，以资源观为根基的合作，一般是指为了实现目标，在有形资产和无形资产方面进行的资源互补，有学者将资源分为人力资源、物质资源、组织资源和财务资源四种合作资源。

开源软件在资源合作方面表现如下：第一，人力资源方面，开发员在开源软件项目内进行分享、交流，可以快速地获取所需要的开发文档或技术经验，以更小的时间成本获取知识资源；对于企业而言，参与开源社区活动有助于从众多优秀的开发员中寻找并邀请潜在的优质员工。第二，物质资源方面，以硬件、软件、网络、数据库、应用程序等为支撑，都是开发员所需要的资源，而这些资源也都需要网络基础设施来实现。第三，组织资源方面，比如线上的开源软件项目交互规则、社区管理制度，或者是线下成员合作组织的会议等，都需要一定的组织资源推进合作，而开发员之间拥有共同认可的价值观、规范、社区文化对于有序合作发挥重要作用。第四，财务资源方面，无论是开源软件所需要的物质资源合作、技术设备投入，还是线下组织的峰会、社区活动等，都需要一定的财务资源作支撑，焦豪以平凯星辰开源社区为例，提出公司基于开源社区开发了付费商业版软件，由此产生的利润优势为开源社区的运营提供了资金支持。由此可见，以资源为根基的合作贯穿于开源软件研发过程的始终，渗透于线上和线下，穿梭于虚拟社区、项目以及实体公司之间。

（2）交易成本理论

1937 年，科斯首先提出了交易成本的思想，认为由于经济体专业分工和价格体系的存在，产生了专业分工的现象，但囿于价格机制的成本偏高，便催生了企业之间以契约为形式的合作，主要目的就在于提高资源配置效率，降低交易成本。不同的交易往往会涉及不同种类的交易成本，包括搜寻成本、信息成本、议价成本、决策成本、监督成本和违约成本等。

在开源软件中，成员之间的知识共享和合作文化盛行，主要原因就在于合作降低了搜索成本，提升了学习效率。一方面，开发员可以在开源社区获得公开的代码以减少代码再造，代码复用可以帮助开发员降低搜索成本、以更快速度获取更优质的代码进而提升软件开发质量；另一方面，开源软件开发员往往会通过积极参与邮件列表讨论、报告代码错误、提交更新代码等方式来展现自身的技术实力，一项案例研究证实，当核心开发员在开源软件项目中进行知识共享时，能够很大程度上提升项目的技术水平和生产效率。

（3）制度主义理论

"制度主义"，有时也被称为"制度逻辑"，核心在于强调制度或规范的重要性。制度主义理论认为，制度对组织具备约束性影响，即"同构"，具体会迫使位于同一制度域、受到相同外部制度因素影响的组织趋于一致，这种一致性的同构压力可以分为强制性、模拟性和规范性三种。其中，强制性同构（Coercive Isomorphism）是指来自拥有组织所依赖资源的实体的压力；模拟性同构（Mimetic Isomorphism）是指当组织不确定要做什么时对其他成功组织的模仿或复制；规范性同构（Normative Isomorphism）是指遵循专业网络、企业等所确立的专业标准和实践。无论是哪一种同构，都和合法性息息相关，即当成员追求同构时，也就意味着被各种内外部利益相关者接受和认可的程度越高，与普遍存在的规范、规则和信念相一致的程度越高，从而合法性越强。

在开源软件的合作研发过程中，这种合法性渗透于方方面面。比如，业内流行的"Talk is cheap, show me your code!"的交流方式，"社区胜于代码"的管理理念，左版权的许可证制度设计，"贡献多者为王"的隐性领导模式，对代码、文档等的要求和软约束，等等，都是开源软件各成员相互合作所共同信任的行为准则。如果依照合作规范行事，则会有更多的参与开源社区及治理的合法性依据。除此之外，越来越多的互联网公司也选择与开源社区合作，通过派驻公司内部成员参与社区贡献的形式，获得公司参与开源的合法性，提升其合作价值。

从制度传播的角度看，开源合作模式以及开源社区的特征为其内嵌的制度逻辑提供了新的传播方法。传统合作模式参与方较少、规模较小，且具有一定准入要求，其蕴含的制度传播相对被动。相比之下，开源模式在具备特有的合法性与制度的同时允许合作者自由加入，为制度提供主动扩散的渠道。此外，开源生态为保证其自身活力，会通过平台运营方与参与用户的共同贡献，按照各方需求对现有制度进行修正与提升，为制度主义提供了参与者主动完善、传播制度的视角。

2. 创新视角

已有研究围绕开源软件的创新合作模式经历了"分布式创新""开放式创新""互补式创新"等的理论发展。

分布式创新主要强调开源软件项目内开发员的地理分散性。由于线上开发的模式，开发员可以在全球任意地方合作开发软件，这种创新模式的好处就在于能够最大程度地解决或提升软件开发的效率问题，同时这种分布式的合作模式也被证明适用于模块化的开发和设计。陈晓红等利用扎根理论的研究方法，对国内外的 43 名开源专家进行访谈，研究发现分布式创新的合作模式突破了地理限制，有利于开发员之间的知识共享；与此同时，用户也可以不受地理限制，通过使用、反馈、提问等方式促进开源软件项目绩效。

开放式创新根据知识流动的方向，一般可以分为内部创新、外部创新和耦合创新。2006 年，West 和 Gallagher 以开源软件为例，阐释了企业如何有效地解决开放式创新的三种挑战，即寻找合适的方式进行内部创新、将外部合作资源整合进内部创新，以及长效地驱动外部创新。Rayna 和 Striukova 认为，企业开放式创新有两大重要方式：一个是建立专利池，另一个就是采用开源的方式广泛合作。Rajala 等以开源软件为单案例研究方法，分析了企业如何整合外部创新合作资源，以灵活地应对和调整与闭源软件竞争的商业模式。Tang 等分析了开源软件项目中合作团队的多样性是如何影响项目的技术绩效和市场绩效的。

互补式创新强调资源的互补和可占用性，现阶段主要集中在分析开源软件社区与企业之间的互补。Germonprez 等认为，越来越多的企业选择与开源软件社区合作以获取收益，这种收益包括但不限于知识、学习、声誉的传播与创新想法的互补。Duc 等认为，企业在与开源软件社区合作的过程中，除了合作也存在竞争的状态，研究认为企业与其的互补合作表现在：跨越组织边界、开源内核代码、以更合作友好的方式竞争；而竞争的状态体现在敏感信息的有限性交流、软件的商业化，以及在开源软件中的社会价值评估。Aksoy-Yurdagul 等将开源软件社区视为企业的互补性资产，并分析了企业与其互补性合作的原因，以及不合作的负面影响。

综合上述，开源的创新合作本质主要从组织视角和创新视角出发。其中，组织视角主要以资源观、交易成本理论、制度主义理论为理论基础，创新视角方面主要经历了分布式创新、开放式创新到互补式创新的发展。建立在组织视角和创新视角的基础之上，随着开源的发展，逐渐涌现出合作与竞争并存的主流研究理论（见图 3.6）。

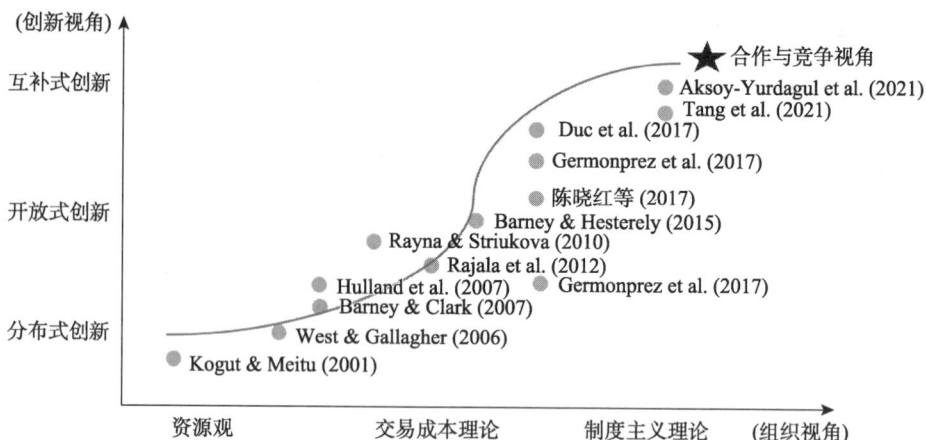

图 3.6　开源软件创新合作的理论根基演进示意图

3.4　理论演进的合作与竞争视角

通过理论脉络的梳理，可以清晰刻画和深刻理解组织视角以及创新视角在前期、中期作为基础性理论的支撑意义，以及开源软件的创新合作本质。理论发展至今，已逐渐从合作视角扩展到竞争视角，形成合作与竞争并存的理论争鸣。其中合作视角关注开发员和公司为什么愿意进行开源软件合作，其合作的动机是什么，在合作过程中经历了什么模式的治理阶段，每个阶段的治理特点是什么，以及有哪些要素影响合作治理。竞争视角关注的问题包括但不限于开发员如何进行竞争行为的选择，开源软件和闭源软件都有哪些竞争模式，以及在竞争过程中的影响要素是什么，等等。

3.4.1　基于合作视角

1. 合作动机研究

（1）开发员的合作动机

开发员是参与开源合作贡献的重要组成部分，因此有不少学者针对这一话题进行研究，并对开发员的参与动机进行了分类。以 Gagne 和 Deci 为代表的学者提出，根据自我决定理论（Self-determination Theory，SDT），开发员的参与动机可以分为两种：内在动机和外在动机，其中内在动机主要是指对开源的热爱和对社区贡献的责任感。Bonaccorsi 和 Rossi 在此基础上将开发员的参与动机分为经济动机、社会动机和科技动机。经济动机和外在动机有更多的相似性，社会动机和内在动机相关联，而科技动机主要强调开发员希望借由开源提升自己的开发技能和编程水平，能够站在"巨人"的肩膀之上学习，避免重复工作。von Krogh 和 von Hippel 将开发员的参与动机细分为三类：内在动机、内化的外在动机、外在动机。其中，内在动机主要是指对开源文化的认同、乐于奉献、在开源社区的归属感以及对编程等的热爱。一些已经被内化的外在动机包括：追求荣誉、成员间合作的互惠互利、技能学习和使用开源的需求。纯的外在动机主要体现在对职业晋升的渴望和通过开源软件开发获取薪酬。

这当中也有学者围绕内在动机和外在动机的细化关系进行研究。一个著名的理论就是拥挤理论，Frey 和 Jegen 认为，过强的外在动机可能会挤出内在动机，使得开发员的贡献动机不纯。当然也有学者提出质疑或者相反意见，比如 Hars 和 Ou 提出，开发员的内在动机强于外在动机，因此会驱使其花费更多的时间和精力来参与到开源软件的合作研发。Lakhani 和 Wolf 认为，两种动机同时存在，不仅不存在外在动机对内在动机的挤出，开发员对职业和薪酬等的追求反而会进一步激发和提升其贡献的内在动机。Luthiger 和 Jungwirth 提出，薪酬激励属于外在动机，尽管有研究提出 40%的开发员贡献来自对薪酬的追求，但薪酬激励并不总是能够有效地驱动其知识共享。Fang 和 Neufeld 进一步探究了开发员为什么会在开源软件社区长期留下或离开，研究发现"Situated Learning（展现知识，寻求存在感）"和"Identity Construction（从社区获得认同感）"是两大主要因素。

（2）公司的合作动机

随着对开发员合作动机的关注，也有越来越多的学者关注公司的合作动机，其总结起来可以归纳为经济动机、社会动机、科技动机三个方面。

第一，公司的经济动机主要体现在利用开源软件获取经济收益。Bonaccorsi 和 Rossi 提出，开源的左版权许可证制度要求公司不得将免费的开源软件转向商业的闭源软件，然而公司仍然可以利用不同的商业模式获取经济利益，比如提供技术支持和售后服务，或者通过销售开源软件相关的增值产品或服务获利。除此之外，公司也可以通过开源软件社区以较低的时间和人力成本搜寻人才。

第二，公司的社会动机主要通过与开源软件社区内的开发员合作而实现。Osterloh 等认为，公司与开发员之间会形成一种"心理契约"，这种契约并非传统意义上的雇佣关系，公司需要遵循开源软件社区内部的"游戏规则"，否则将不被社区和开发员欢迎。一方面，公司在遵循规则的同时，可以向社区内的开发员提供一定的财力支持，以获取持续的社区反馈和技术支持。公司没有提交代码的义务，但以社区内开发员为纽带，能够降低其研发成本，追踪最新的技术动向，强化与社区的合作和知识共享。另一方面，Ghosh 认为，公司吸引开发员参与开源软件项目，能够帮助其提升开发水平，建立社区影响力和行业声望。Feller 和 Fitzgerald 认为，公司与社区的开放合作能够提高企业形象，以获取更多的消费者和资本支持。

第三，公司的科技动机主要体现在公司能够降低研发成本，提升软件质量。公司可以通过开源软件尽可能多地获取用户反馈，而用户意见对于开源软件产品的研发和质量的提升具有非常大的助益。除此之外，开源软件所能够提供的安全性能也是公司支持开源的动力。

另外，也有学者关注影响个体和公司合作动机的要素。比如，Lakhani 和 Von Hippel 提出，开发员之所以志愿贡献开源软件，与"互惠"相关，即之前在开源软件研发过程中受到过帮助，或者期待通过自己的贡献来获得帮助。Robert 等以 Apache 项目为例，研究发现薪酬激励与开发员的内在动机正相关，薪酬激励越高，开发员的动力就越高。这一点也被 Wu 等在之后的研究中得到证实，其通过对 144 个开源软件开发员调研发现，开发员的薪酬激励和自我满意度会影响参与动机。Iskoujina 和 Roberts 认为，开源软件社区的管理质量会影响个体和公司的参与动机，好的社区管理会吸引更多的人参与贡献和合作。也有学者提出，公司的开放度以及对开源软件的认知会产生影响。Chen 等基于 403 份调查问卷的实证分析后提出，提高技能、社区声望、职业晋升、社区奉献及对编码的热爱是推动开发员参与合作贡献的重要因素。Racero 等（2021）提出，组织的领导者会影响个体的合作行为决策，如果领导支持，则个体贡献和合作的意向会更高。

2. 合作治理模式

随着开源软件的规模扩大，开发员等多元参与主体的增多，客观上对合作治理提出了更多的规范和更高的要求。当越来越多的开源软件和主体集合时，学术界的理论也逐渐扩展到开源软件社区的合作治理。根据已有研究，可以将合作治理模式分为三个阶段。

（1）自发治理

20 世纪 70 年代，在自发治理阶段，愿意与他人自由交流并共享源代码的黑客们多属于"学院派"，以码会友是极为正常的一件事。在 70 年代末期，随着商业软件的兴起，黑客们开始另辟蹊径，建立自己的开源软件项目，推动源代码的自由交流和共享。

这一时期开源软件社区形成主要有以下几点原因：①黑客们将软件编程作为艺术，能够从中感知足够的乐趣；②自由交流和集体协作的需要；③由于对不同许可证的态度各异，黑客们各成一派。一种以 Richard Stallman 为代表，强调软件的自由理念，主推以 GPL 为许可的自由软件，禁止源代码被商业化或专有倾向；

另一种则以开源软件协会为代表，从实用主义出发，强调以源代码开源为途径，允许开源软件的商业化。Laat 提出，这两个学派的共同点都强调开发员的自由交流与知识共享。

（2）内部治理

从自发治理到内部治理转变的原因就在于开源软件项目规模的不断扩大，关注点在于如何提高合作治理的效率和效能。根据模块化、角色分工、决策者、培训、流程与文档、制度化、领导力综合维度的高低，可将这一阶段的治理结构分为两种：独裁的治理结构和民主的治理结构。前者强调管理的自上而下；后者强调自下而上。需要说明的是，无论哪种结构，在社区具备决策影响力的人物大多建立在对项目积极贡献和具备把控能力的基础之上。

（3）外部治理

West 和 O'Mahony 提出，随着外部参与主体的增多，开源的治理逐渐进入外部阶段，即目前所处的阶段。各主体包括公司、国际组织以及非政府组织等，且组织间关系不断发生变化。外部治理阶段，主要发挥作用以及影响成员间知识共享的主体分为三种：基金会、公司以及公司衍生社区。

第一类外部参与主体是基金会。基金会的参与可能会在一定程度上改变开源软件项目的发展方向和进展。目前介入开源软件的基金会主要有两种：第一种积极支持社区及其成员发展，并给予其充分的自由决策权，包括对软件的版权许可。第二种如 GNOME 或 Apache 基金会直接支持开源软件项目，公司或社区一旦使用其核心代码作为商业软件，需要注明该基金会的版权，基金会对于软件的更新、发布、商标等有直接责任。

第二类外部参与主体是公司。公司多从战略角度出发，借助商业模式不同程度地参与开源软件项目；或者以与开源社区合作开发的形式间接影响项目发展。根据商业模式的不同，公司可以分为三种：混合型公司、纯开源公司、以开源为过程的公司。混合型公司是开源和内部发展的整合；纯开源公司通过提供技术支持和培训获取利润；以开源为过程的公司借由开源获取更高的经济利益。Dahlander 和 Magnusson 提出公司与开源软件社区之间的合作目的有所不同，前者聚焦在经济动机，后者更注重社会动机。二者的合作关系（见表 3.5）可以分为共赢型、通约型、寄生型。具体来说，共赢型关系是指公司与社区双赢，公司为了开发产品而创建衍生社区，并以提供人力支持、发展销售工具等方式发挥作用，对社区的影响较大。通约型关系强调公司从社区寻找获利点，为了经济动机向社区输送开发员，对社区影响较小。寄生型关系是指公司以社区的亏损为代价而发展自身，所面对的最大的管理挑战就在于如何避免与社区成员之间的直接冲突。尽管公司作为外部参与主体，会影响开源软件项目的发展，但必须承认公司对社区及其成员财力方面的贡献。

表 3.5　公司与开源软件社区的合作关系类型

	共　赢　型	通　约　型	寄　生　型
关系属性	公司创建衍生社区	公司从社区寻求获益点	公司以违反规则、社区亏损为代价获取收益
对社区正影响	高	低	无
管理挑战	• 遵守规则和价值 • 遵守许可证 • 发展社区带来的资源消耗	• 遵守规则和价值 • 遵守许可证 • 在其商业产品中使用开源代码 • 需要获得社区同意	避免直接冲突
控制方式	• 吸引开发员 • 整合不同的兴趣 • 明晰权责关系 • 向社区提供人力支持 • 创造以及维护荣誉 • 淡化利益 • 互动工具 • 销售发展工具	向社区提供人力支持	

第三类外部参与主体是公司衍生社区，这类社区多由公司直接支持产生，比如 Google、IBM、Apple。公司设立开源软件社区的目的在于通过与外界的交流，不断修正产品的用户体验，提高公司的美誉度，比如，Google 通过创建安卓社区来促进其手机开源系统的应用。需要说明的是，商业公司直接运营的开源软件社区多会受到身份上的质疑，因此，较为推荐的方式是，公司能够提供和建立一个透明化的运营环境，而非直接对开源软件项目进行控制或影响。

3. 影响合作治理的要素分析

已有学者围绕开源软件社区，对治理的正式程度、治理资源以及开发员决策过程等进行分析。比如，Capra、Francalanci 和 Merlo 通过对 75 个开源操作系统项目研究发现，当治理不那么正式时，代码质量反而更高，因为在合作过程中会促进更多开发员之间的沟通，使得代码结构更明确，开发过程更具可观察性。Di Tullio 和 Staples 将社区分为三种类型：松散社区、开放社区和威权社区，研究发现，松散社区的开发员开放度更高、协调能力更强，项目绩效更高，这也从某种程度上印证了开源软件的合作治理所特有的开放氛围。

Schaarschmidt、Walsh 和 von Kortzfleisch 分析了企业在不同类型的开源软件项

目中如何应用不同的治理办法。研究发现，企业自身发起的开源软件项目比在社区发起的项目会更加积极地运用领导资源，而在多供应商项目中，会更多使用资源部署等网络而不是领导资源。Lee、Baek 和 Jahng 以全球最大的开源软件托管平台为例，研究了平台上组织的创新绩效，发现在开源软件中也存在类似的"二八原则"现象，即大多数高绩效的软件项目都是只有少量的开发员参与，而大多数开发员参与的软件项目的绩效并不高。Eseryel、Wei 和 Crowston 重点聚焦开源治理中的个人决策过程，研究发现，影响开发员决策的要素包括动机、承诺、任务选择、社区标记以及和开源软件相关的诉讼案件。开发员在决策中会不同程度地经历不同的环节，每个开发员经历的决策环节数量和顺序可能各不相同，但总体包括捷径、内隐发展、内隐评价、完成或放弃这几个部分，这对于开源治理中了解开发员的决策心理和过程具有重要的参考意义。

3.4.2　基于竞争视角

围绕开源软件进行的竞争研究，体现在处于同一软件项目内开发员竞争或合作的行为选择，这种竞争性选择常用博弈论的研究方法进行分析；除此之外，也体现在开源软件与传统闭源软件之间的竞争模式，以及影响竞争的要素分析。

1. 竞争行为选择

博弈论常被用来分析在开源软件项目中开发员是否进行合作知识共享，这一分析方法主要是基于开发员在开源社区中存在的合作与竞争并存的关系，通过分析开发员合作共享或不合作共享知识所产生的效能来作出行为决策。Loebecke 等最早利用博弈论分析了开发员在跨组织层面的知识共享行为，并将知识共享的作用分为协同作用、杠杆作用和负作用三种类型。协同作用主要强调知识共享后双方的效用要高于共享前单独享有的知识价值；杠杆作用暗含知识的接收方在利用共享知识后，知识价值具备被提升的潜能；负作用主要强调一方的共享会削弱另一方的利益。假设将 R 代表知识的基础价值（Basic Value of Knowledge）；S 是指协同（Synergy）；I 是指杠杆（Leveragability）；N 是指负作用（Negative Reverse Impact）；AP 是指对知识共享行为的奖励（Reward for Sharing Knowledge）；BP 是指对知识不共享行为的惩罚（Punishment for Hoarding Knowledge）。在开发员的博弈行为选择模型中（见表 3.6），如果双方同时共享知识，那么结果是（2R+S+I–N+AP，2R+S+I–N+AP）；如果双方都不共享知识，那么结果是（R+V–BP，R+V–BP）。从知识共享的合作与竞争来看，（2R+S+I–N+AP）的效用比（R+V–BP）的效用大。如果一方共享而另一方不共享，则知识的发送方效用是（R–N+AP），知识的接收方效用是（2R+V+I−BP），发送方的效用（R−N+AP）要远低于接收方的效用（2R+V+I−BP），在此情况下，知识的发送方则不愿意进行知识共享。Tsai进一步提出，知识往往具备两种价值：第一种是基础价值（Value of Knowledge）；第二种是附加值（Value-added），主要是指知识的接收方所获得的益处，而这部分恰巧是知识共享的发送方所不能准确预估的。成员通过对共享知识损益的预估，能够影响其决定是否在开发员间共享，或者共享多少等。

表 3.6　开发员博弈行为选择模型

参与方 A	参与方 B	
	知识共享	知识不共享
知识共享	2R+S+I−N+AP, 2R+S+I−N+AP	R−N+AP, 2R+V+I−BP
知识不共享	2R+V+I−BP, R−N+AP	R+V−BP, R+V−BP

Kendall 等发展了博弈论在开源软件的应用分析，将其分为理性情境下的博弈选择以及情绪情境下的选择。理性情境下的竞争选择有六种类型，分别为囚徒困境、公地悲剧、志愿者困境、领导博弈、跟随者博弈、猎鹿博弈；在情绪情境下的竞争选择有四种类型：亚对策分析、竞合、合作、软对策，以此来说明成员在不同情境下的不同类型的选择。

综上，开发员在同一项目内，到底是选择合作还是竞争，主要会从行为选择的效用出发决策。

2. 开源和闭源软件的竞争模式

2006 年，Economides 和 Katsamakas 提到，软件产业是网络外部性和双边市场特性较强的产业，传统的闭源软件之间的竞争模式主要分为基于双边市场的竞争和基于网络外部性的竞争。与闭源软件之间的竞争不同，开源软件与闭源软件形成平台竞争，主要从以下三个方面来表现。

（1）市场进入竞争

Church 和 Gandal 认为，能否成功进入市场，是开源软件与闭源软件之间进行竞争的基础。闭源软件作为市场在位者，采取了一系列结构性进入壁垒和策略性进入壁垒，阻止开源软件的市场进入。前者强调在位厂商在最大化经营的过程中所产生的自然结果，是非意识行为造成的，比如生产和需求上的规模经济。后者强调在位者通过生产能力扩张、掠夺性定价等方式阻止后来者的进入。开源软件由于其所具备的价格优势、产品质量和技术创新等优势，与闭源软件在市场进入方面形成一定的竞争局面。

Bitzer 指出，以 Linux 进入系统软件市场为例，微软凭借桌面操作系统的垄断地位形成结构性壁垒；并以捆绑销售、技术标准等方式建立策略性壁垒，以此阻止 Linux 进入市场。由于基于开源的 Linux 内核开发员来自全世界的志愿者，免费且海量地参与贡献，以几乎为零的开发成本成功地创建高质量的 Linux 开源项目。基于动态消费市场模型，当网络外部性强度越小，产品差异化越大，而用户的转移成本越小时，Linux 开源软件就成功地进入了市场，并成为 Windows 操作系统最强劲的竞争对手。

（2）商业模式竞争

开源软件与闭源软件在商业模式竞争方面的不同点在于：闭源软件通过销售产品来获取利润，而开源软件通过"软件免费、服务付费"的形式获取利润。需要说明的是，开源软件存在一个误区，认为"开源即免费"。事实上，源代码免费公开并不代表所有的开源软件或后续活动都免费，其也有支持自身持续发展的商业模式，总结起来可以分为 7 种，包括多种产品线模式、技术服务型模式、应用服务托管模式、软硬件一体化模式、产品附加值模式、品牌战略模式、市场策略模式，具体分析如下（见表 3.7）。

表 3.7　开源软件应用的商业模式

序号	商业模式	主要特点
1	多种产品线	付费企业版与免费社区版相结合，即许可销售和服务用于创收，开源软件版本完全免费用于推广
2	技术服务型	免费知识+付费书籍、培训，针对技术提供培训等收费服务
3	应用服务托管	付费咨询，多为企业用户提供收费的咨询项目
4	软硬件一体化	通过捆绑免费软件来推销硬件设备
5	产品附加值	付费的附加品，如出售相关的开源资料、帽衫等纪念物品，以此来提高市场影响力
6	品牌战略	通过免费服务来建立产品的品牌优势和吸纳客户
7	市场策略	以稳定版快速抢占市场，为后期升级版的销售创造先机

（3）技术创新竞争

开源软件是成员之间基于互联网的知识共享合作 R&D 模式，是将私人投入与集体收益有机结合的开放式创新；闭源软件则是以商业公司为主体的封闭式创新。两者在技术创新竞争方面的表现在于：闭源软件的开发模式又称为"大教堂模式"，主要以等级制的正式结构、以薪酬激励体系为主的方式推进研发，其最大的竞争优势在于依靠强大的知识产权保护体系进行专利垄断，进而获取超额利润和竞争优势。

而开源软件的开发模式又称为"集市模式"，主要以松散的网络联盟、成员自愿参与的方式进行技术研发。除了任何开发员都能够在最短时间内平等进出作出贡献以外，还有一个因素就在于开源软件能够将"用户创新"无缝嵌入开发过程，产品设计更能够体现和满足用户需求；且其开发过程全透明，一旦出现问题，能够在最快时间内被大众发现并有效解决。正如 Raymond 所言，"只要眼睛足够多，任何缺陷无处钻"。

3. 影响竞争的要素分析

当了解了两种软件的竞争方式之后，有更多的学者逐渐挖掘新的研究话题，即分析哪些因素会重点影响其竞争，并从操作层面上提供建议帮助提升市场份额。比如，Lin 提出，用户的 IT 使用技能和网络效应对于选择开源还是闭源软件会产生作用。在网络效应存在的情况下，当开源软件不能为用户提供更高益处时，用户选择闭源软件的概率会更大。因此，为了提高市场份额，开源软件必须大大提高软件的质量、操作的成熟性以及定制化的易得性，这样才会有很大一部分用户在具备高 IT 水平的情况下，通过定制开源软件满足其需求。Cheng、Liu 和 Tang 在网络效应的基础上，研究了网络外部性对两种软件竞争的影响。研究发现，当网络外部性存在时，不建议闭源软件采取和开源软件兼容的策略；但是当开源软件采取兼容性策略时，会有助于其提高市场份额。

Zhu 和 Zhou 提出，闭源软件通常会采取"锁定策略"来锁定客户，但作者在软件差异性和客户异质性的两阶段双寡头模型中发现，锁定策略除了可能会对部分用户有益之外，会降低整体的社会福利，更主要的是并没有达到提升竞争力的作用，反而会有助于开源软件提升市场份额，因此，并不建议闭源软件采取该策略。Sacks 分析了为什么现阶段开源软件越来越成功，认为开源软件的增长可能和闭源软件的恶化有很大关系，主要原因在于两种软件都在迎合不同的细分市场。当生产闭源软件的公司没有面临市场竞争时，其软件主要针对技术不那么熟练的用户；当生产开源软件的社区面临市场竞争时，其可能会迎合技术更熟练的用户，那么这就会导致公司被迫将细分市场对准了技术更不熟练的用户，从而形成两种软件质量差异逐渐增大的现状。August、Chen 和 Zhu 在期刊文章中提出，许可证策略也会影响开源软件与闭源软件之间的竞争。当许可证策略更严格时，反而会激励更多的开源贡献者参与，从而保证更高的开源软件质量，并提供更大的社会效益。

3.5　研究结论与展望

3.5.1　研究结论

本章对 1999 年到 2022 年管理学领域有关开源软件的文献进行了定量分析与

定性分析相结合的研究，研究发现总结如下。

第一，针对第 1 个子研究问题：整体来说，管理学界对开源软件的关注有所波动，但总体保持一定的研究热度。美国毫无疑问掌握着研究的绝对话语权，中国与之差距甚大，美国麻省理工学院、佐治亚大学、卡耐基梅隆大学等大学在这方面保持着领先地位。在期刊研究方面，比如 *Research Policy*、*Management Science* 等管理学权威期刊较为关注开源动态，这也为后续的研究提供了风向标，而 von Krogh Georg、von Hippel E.等的研究先锋贡献卓著，引领了研究前沿。

第二，针对第 2 个子研究问题：可以发现，开源软件的本质在于创新合作，这种本质可以通过公共物品理论的产权分析以及生产组织关系理论归纳剖析，建立在组织视角和创新视角的理论根基之上。其中，组织视角主要以资源观、交易成本理论、制度主义理论为根基，创新视角经历了分布式创新、开放式创新、互补式创新。开源软件的创新合作成功地解决了公共物品私人供给不足和"搭便车"的问题；另外，其不同于传统的生产组织关系，在组织结构、参与方式等多方面有所区别。

第三，针对第 3 个子研究问题：已有研究围绕开源软件形成了合作、竞争两大主流研究视角。基于合作视角，已有研究从定性和定量的角度分析了开发员和企业合作的经济动机、社会动机、科技动机；随着合作范围扩大，经历了自发治理、内部治理、外部治理的阶段，特别是现阶段的外部治理，基金会、公司以及公司衍生社区等的加入使得治理变得更加复杂。在影响治理的要素分析中发现，比如治理的正式程度、治理资源、开发员决策过程等都会影响开源软件的合作效果。基于竞争视角，研究发现开发员会根据竞争情境下的成本收益分析来作出行为决策。随着开源软件产业规模的扩大，也有众多学者关注其与闭源软件之间的竞争模式，比如市场进入竞争、商业模式竞争、技术创新竞争。从影响竞争的要素分析可以发现，用户的 IT 技能、网络效应、锁定效应、软件产业自身发展、许可证策略等都会影响开源软件与闭源软件之间的竞争。

3.5.2　研究启示与展望

本章对基于合作与竞争视角下的开源软件创新合作本质和理论演进进行了深入研究，结合研究发现有以下几点政策启示：首先，加强对开源软件合作治理的重视程度。随着开源合作治理的数字化常态，对于不同主体之间的合作规范、涉及的竞争性知识产权、合作治理规律的总结应成为推动开源软件合作研发的重要举措。其次，推动开源合作治理标杆案例的打造。目前有越来越多的企业，比如字节跳动、百度、腾讯、华为等除了在公司内部设立开源委员会以外，还积极参与外部开源软件项目合作。建议着力探究其中的合作案例，比如当中存在的合作与竞争的动机、模式、影响因素等，总结优势、经验以及方法论层面的高度提炼，并通过宣传、政策奖励等形式推动多主体创新合作。再者，关注开源软件社区与基金会之间的合作模式。国外的开源软件社区之所以发展快于中国，和其背后的基金会支持高度相关，比如 Linux 基金会、Apache 基金会积极参与开源软件的合作治理，影响优质项目的发展方向，而中国目前尚缺乏较有国际影响力的开源软件基金会，建议探究及总结国外先进基金会的优质经验，以启发国内基金会的管理。最后，对于开源软件和闭源软件之间的竞争模式进行讨论，探究当中可能的政策制定及效用。

与此同时，本研究认为未来仍有以下几个可能深化的研究方向可供参考：第一，在合作与竞争视角的基础上向互补性合作机理继续延伸。近年来，在创新生态视角下的研究已在竞争与合作的基础上，逐渐推向了互补性合作的关系研究。而以开源软件为例，尤以开源软件社区和企业这种虚拟组织和实体组织间的互补为甚，如社区与企业间互补性合作的特征、互补性合作的方式及测度、影响互补性合作的要素机制等尚存在很大的研究缺口。而这一方面的研究推进，无论是对于管理学相关的创新生态，还是对于开源软件研究本身都具备极大的研究贡献。

第二，开源合作对于国产工业软件创新追赶的作用机制研究。国产工业软件创新追赶对于"工业强基""双循环"背景下的软件强国，推动制造大国向制造强国转变具有重要的战略意义。不解决创新追赶，就难以克服当下紧张国际局势下的"断供"问题及"卡脖子"风险，因此，如何促进国产工业软件创新追赶就成为重要的现实和政策问题。倪光南、孙家广、廖湘科院士等曾多次提出，开源合作对于国产工业软件创新追赶具有重要的促进意义，但当下尚未有深度研究探究开源合作和国产工业软件之间到底存在何种关系，以及能在多大程度上发挥作用。因此，探究开源合作对于国产工业软件创新追赶的作用机制研究、对于解剖二者关系、对于寻找影响国产工业软件创新追赶的关键影响要素，具有重要的实践价值。

第三，在中国面临关键技术"卡脖子"背景下的开源软件公共科技政策研究。开源软件作为全球范围内基础设施的核心要素，是构成操作系统、数据库等重要"卡脖子"基础软件的核心"元器件"，对提升芯片等关键领域的核心竞争力有着重要价值。公共科技政策的制定，是为了弥补市场失灵，推动公共部门和私人部门的技术创新而进行的有计划性的政策干预和指导。为了推动开源的发展，国家开展了各项举措，比如 2014 年中央国家机关政府采购中明确要求，"所有计算机类产品不允许安装 Windows 8 操作系统"；国家在"十四五"规划和 2035 年远景目标纲要中提出"支持数字技术开源社区等创新联合体发展"等。但是这些政策的制定效果如何？政策工具中哪些要素发挥了更大的作用，供给型、环境型还是需求型科技政策？目前学术界尚没有针对开源进行此类的研究。如果有后续的政策研究就此深化，对于推动开源软件产业发展，以及反向促进公共科技政策的制定效果，将会是非常有益的研究推动。

第四，在开源软件合作与竞争关系基础之上的运营管理研究。开源软件社区的治理经历了从自发治理到内部治理，再到外部治理的阶段，特别是在合作与竞争关系并存的情况下，关于开源软件社区的运营管理研究就显得更为重要。和企业的运营管理不同，开源软件开发员自愿加入技术社区，那么成功的开源软件社区治理需要注意什么？哪些举措对于完善社区生态具有关键性的作用？目前学术界尚存在广阔的研究空间。因此，如果能够从运营管理的角度继续深化治理研究，对于促进开源软件的合作绩效、提升社区运营的创新效能具有非常重要的理论和实践指导意义。

第 4 章

企业与虚拟社区的数实融合：
理论基础、分析框架及未来展望

4.1 引　　言

"数实融合"，是发展新质生产力、促进经济高质量发展的重要驱动方式。党的二十大报告指出，"加快发展数字经济，促进数字经济和实体经济深度融合，打造具有国际竞争力的数字产业集群"。这里的数字经济主要强调以数据资源为关键要素，以现代信息网络为主要载体的经济形态，典型的代表如以人工智能、云计算、大数据等为技术依托，在互联网虚拟社区集群的产业形态；而实体经济则主要强调以企业为注册资本实体，具备线下物理空间集聚的自然形态。实体经济与数字经济的"数实融合"，一方面有助于传统企业转型升级，促进产业数字化的迭代革新；另一方面有助于以数据资产为要素，促进数据价值优化以及数字产业化的蓬勃发展，从而实现"两化融合""双轮驱动"。

本研究以开源软件技术研发社区为例（以下简称"开源软件社区"或"开源社区"），探究其与企业"数实融合"的互补性合作理论机制。之所以选取开源软件社区作为数字经济的研究对象，首先在于其破解"卡脖子"难题，实现创新追赶的有效性和战略性。当前，我国正处于数字化转型和数字经济高速发展的新时期，在科技成果不断涌现的同时，各行业基础研发领域面临着巨大的压力和挑战。华为5G芯片被封锁，哈尔滨工业大学、哈尔滨工程大学等被美国列入实体清单，各种科技研发"卡脖子"事件频发，加强基础研发、强化产业链供应链韧性，把核心技术自主创新的"牛鼻子"牢牢地牵在自己手中，是破解"卡脖子"难题的关键。开源软件作为全球范围内基础设施的核心要素，是构成操作系统、数据库等重要"卡脖子"基础软件的核心"元器件"，也是芯片等关键领域的核心竞争力。不仅如此，包括 5G、人工智能、区块链、大数据、工业互联网等在内的新基建也多采用开源模式开发共享。因此，以开源合作为主要形式，以开源软件社区为具体合作载体，是建设数字中国、把握经济竞争主动权的重要依托和战略命题。

其次在于企业与虚拟开源社区互补性合作的广泛性和重要性。目前全球 97%的软件开发员和 99%的企业使用开源软件，全球 70%以上的新立项软件项目采用开源模式，一些新兴技术如人工智能、云计算、大数据等，也广泛采用开源创新。为了进一步促进企业与开源社区的合作，国家在"十四五"规划和 2035 年远景目标纲要中提出："支持数字技术开源社区等创新联合体发展，完善开源知识产权和法律体系，鼓励企业开放软件源代码、硬件设计和应用服务。"与此同时，也有越来越多的企业鼓励员工参与到开源社区，并与其协同创新、价值共创。比如红帽（Red Hat）将其全职员工投入 GNOME 开源社区；Eclipse 开源社区的平台维护人员大多是来自 IBM 的正式员工；华为、腾讯、字节跳动等公司也纷纷建立开源事业部，以公司级形式加入开源社区的发展。最新的案例比如红帽公司与开源社区合作开发 Fedora 项目，以推动 Linux 生态系统以及企业级操作系统的发展；OpenAI 的 GPT（Generative Pre-trained Transformer）模型作为基于 Transformer 架构的大规模语言模型，主要用于自然语言处理，OpenAI 开源了 GPT-2 的代码和模型权重，使社区开发员能够自由使用、改进和应用该模型。种种案例表明，实体企业与虚拟开源社区的合作已成为常态。

已有研究逐渐关注到企业与虚拟社区数实融合的事实，然而较少揭示其理论内涵，基于此，本章拟以开源软件技术研发社区为例，具体探究如下问题：①企业与开源社区数实融合的理论基础是什么？②双方互补性合作的分析框架是什么？③未来的研究展望如何？理论意义方面，有助于丰富数实融合背景下企业与虚拟社区创新合作的理论基础，深刻剖析多元主体互补性合作的内在机制和运行规律。现实意义方面，有助于厘清数实融合衍生背后的制度逻辑，为深化产业数字化和数字产业化及其之间的"两化融合"提供新的理论研究素材和分析视角。

4.2　企业与开源社区数实融合的理论基础

4.2.1　互补性合作的内涵

本研究认为，企业与开源社区数实融合主要以互补性合作为理论基础。"互补性合作"（Complementary Collaboration）是在 Teece 最早提出的互补性资产

（Complementary Asset）的基础上提出的，主要强调组织在核心资产之外获取互补资源，以最快的效率实现竞争优势。传统的互补性合作多集中在实体企业、物理资源和能力的共享，比如 Monteiro 等以韩国三星电子、电气工程研究生项目、电子信息研究中心三者之间的互补性合作研究为例，发现三星电子通过合作获得了人力资源，数字电视和生产流程得到大幅度提升；研究生获得了奖学金支持；研究中心和教授得到了经费支持，建造了新的实验室、教室以及科研设备，互补性合作成果显著。Gawer 和 Cusumano 探究了 Apple 和 IBM 两家企业的互补性合作，其中 Apple 提供其领先的硬件和用户体验设计能力，而 IBM 则提供其强大的企业级服务和数据分析能力，通过合作为企业客户提供了高度集成的移动解决方案，提高了工作效率和业务能力。

数字化转型和人工智能时代的互补性合作则更多体现在数据、技术和知识等虚拟资产的共享上，强调数据和技术的共享、融通。比如微软与 GitHub 的合作就是企业与虚拟开源社区互补性合作的典范。GitHub 是全球最大的开源软件开发平台，拥有庞大的开发员社区，而微软则是全球领先的软件公司，拥有强大的开发和市场资源。2018 年，微软收购了 GitHub，这一举动不仅使微软能够更好地接触和支持开源社区，而且利用开源社区的创新能力和开发资源获得了一个巨大的开发员生态系统，促进了云计算和开发工具业务的快速发展。与此同时，GitHub 也受益于微软的资源和技术支持，进一步扩大了影响力和用户基础，这种互补性合作充分利用了双方的优势，实现了"1+1>2"的协同效应。

4.2.2　企业与开源社区互补性合作的原因

企业之所以主动与开源社区合作，主要基于以下几方面原因：第一，有助于降低企业交易成本，提高研发效率。交易成本理论认为，企业合作的价值在于以相对更低的成本获取竞争优势，这里的交易成本既包括搜寻信息的时间成本，也包括学习成本。一方面，当企业成员进入开源社区，可以通过检索或查询等方式，快速获取所需信息、代码、知识或方案等有价值的资源，也能够在很大程度上避免"重复造轮子"。另一方面，企业成员也可以通过订阅等方式，实时跟进了解项目动态、商业模式、未来方向等方面的重要信息甚至隐性内部信息，通过学习提升开发技能，缩短学习周期。

第二，有助于获取互补资产，实现企业商业动机。陈光沛等从组织架构、领导力、知识产权治理三个维度阐述了开源社区的内部治理机制，并探究了企业参与开源社区的动机等方面的问题。基于动机理论，企业可以从开源社区获得开发员的反馈和贡献，通过"内嵌"在合作项目的方式获得权限，从而下载非版权的作品或者使用有权限资格的软件产品；同时也可以扩大产品开发列表，通过吸引更多社区开发员的方式不断增强产品竞争力，提升销售份额和市场占有率。

第三，有助于获得合法性，提升企业形象和品牌认同。魏江和陈光沛以制度理论为根基，从治理制度和商业模式两个维度刻画了企业向开源社区的二元同构过程，并发现在认知合法性的中介作用下，跨组织属性同构有助于提高企业与开源社区的耦合程度。基于制度主义，企业只有参与开源社区贡献，才可以获得社区认可以及合法性的参与资格。尽管开源社区源代码免费，文档等资料可公开使用，但基于贡献越多、回报越多的社区原则，如果企业想要从开源社区源源不断地获取价值，只有通过持续的贡献，才可以获得参与的合法性；而且越来越多的企业希望通过与社区合作，来展现其对开源文化的态度和认同，继而提升公司品牌形象。因此，已有越来越多的企业将与开源社区合作作为公司战略之一。

4.2.3　企业与开源社区互补性合作的特征

数字经济的发展极大程度地改变了合作治理领域的生产关系。"数实融合"的合作不同于实体企业之间的互补性，在合作约束、价值链、动态演变三方面存在不同（见表 4.1）。

表 4.1　企业与虚拟开源社区互补性合作特质

比较类别	实体企业之间互补性合作特征	实体企业与开源社区互补性合作特征
合作约束程度	• 以法律效力的合同协议为约束 • 合作方随意退出需承担法律后果	• 不以法律效力的合同强制约束 • 自愿进入社区，退出不承担法律后果
价值链关系	• 上下游价值链关系清晰 • 生产者与消费者存在交易关系	• 企业与社区二分关系逐渐模糊 • 生产者与消费者合一
动态演变特征	• 灵活性和复杂性相对更低	• 呈阶段性，灵活性和复杂性更强

第一，合作约束程度不同，企业与开源社区的合作并不像实体企业之间那样具备强制约束力。尽管当企业与开源社区合作时，双方也会针对共同研发项目制定一定的开发规则和制度，但与实体企业之间具备法律约束力的合作相比，约束的强度以及因为自由退出所承担的后果存在明显差异。原因在于开源社区内，合作主体多以自愿为原则，且由于开源社区自由开放的特性，开发员可以自由进出社区及项目，合作环境相对宽松、灵活，因此当社区内合作成员退出时，并不会像企业间合作那样受到严厉的"惩罚"或被追究责任。

第二，价值链关系不同，企业与开源社区合作存在生产者与消费者合一的特殊现象。基于波特的价值链（Value Chain）理论，公司与其产品服务相关的供应商和买家相连，存在产业链上下游关系，企业通过与其合作方（如供应商、替代品等）交易来实现价值增值。然而传统的价值链分析并不完全适用于开源社区与企业间合作。传统意义上，互补性资产在价值链属于公司级资产，且具有明确地位，但开源社区与企业之间的合作使得传统的价值链被瓦解了，因为在开源社区与企业合作的项目中，无论是社区内志愿的开发员还是公司成员，既可以是生产者进行价值创造，也可以是消费者直接参与到价值创造过程中，属于生产者和消费者合一的特殊情形，企业与开源社区之间的关系由传统二分法逐渐变得模糊。

第三，动态演变特征不同，企业与开源社区不同阶段的合作关系存在不同特征。Germonpre 等人认为，企业参与开源社区之后，会根据开源社区的情境与公司的开源协同战略进行结合，总体演变为三个阶段的关系特征：社区市场关系、文化依存关系、分布式合作关系。在第一阶段，企业以提升或推广其商业闭源软件为主要目标，借助开源社区的力量试图整合资源，推动其商业模式拓展。在这一阶段，企业与开源社区的互动主要以市场驱动为导向，通过寻求社区合作来获得额外的市场机会。在第二阶段，为了实现与开源社区的协同战略，企业会逐步调整其社区行为和制度文化，以适应并融入社区文化，确保其在开源社区的合法性和持续参与。在第三阶段，随着企业与开源社区的合作模式逐渐稳定，双方在社区治理、资源共享及合作机制上会形成相对固定的范式，合作关系也趋于稳定和长期。相比之下，实体企业之间的合作关系在动态演变的灵活性和复杂性方面远不及企业与开源社区在"数实融合"背景下的合作模式。

4.3　企业与开源社区互补性合作的分析框架

4.3.1　企业与开源社区互补性合作的战略

企业以公司战略为指引，决定其是否与开源社区合作以及在多大程度上影响社区。主要原因在于：一方面，由于开源社区本身具备自由、开放、共享的属性特征，一般来说，企业主动与社区合作并施加影响的意愿更强；另一方面，从企业管理角度而言，虽然参与开源社区的企业并不对社区拥有所有权，但这并不影响企业加入社区并与其协同开展软件项目研发。本研究认为，企业参与开源社区并与其开展互补性合作主要是基于开源协同战略，该战略可根据影响方式及正式程度分为正式协同战略和非正式协同战略。其中，前者主要指通过制度规范、行为结果、流程等的协同方式来影响双方的互补性合作行为，该战略的优点在于工作方向和考核要求相对明确，便于监督和评价。后者非正式协同战略则指依靠文化、价值观、关系等的软性资源，通过一定的社会压力、榜样、内在驱动等的方式来影响合作项目行为。参照已有研究，本章将正式协同战略分为行为协同和结果协同，非正式协同包括关系协同和授权协同。具体分析如下：

第一，行为协同。主要是指企业通过制定明确的规划、流程和标准，来规范和管理个体或群体的行为，以确保目标实现，这种协同战略能够对行为发挥重要的影响力，比如通过详细的规则和标准减少错误和提高工作质量；也可以对创新流程进行规范，以确保创新项目的有效执行和风险管控。当企业与虚拟开源社区合作开发项目时，企业可以与开源社区共同制定代码贡献、项目管理和沟通交流的规则和标准，确保双方在合作过程中有明确的行为规范。比如微软与 GitHub合作时，制定了详细的代码审查和贡献指南，确保开发员按照统一的标准提交代码，提高项目质量和一致性。红帽公司通过提供详细的文档和在线培训课程，帮助开源社区开发员熟悉其开源项目的开发流程和质量标准，以引导双方互补性合作行为。

第二，结果协同。主要是指通过设定明确的目标和评估绩效结果来管理和激励个体及团队行为。通常情况下，结果协同战略注重结果，强烈地依赖明确的定义、绩效指标的设定和结果的衡量及反馈，企业可以通过审查已完成的工作，有效地提供关于纠正和改进的反馈，以保证合作项目如期交付；同时这种战略也有助于提高选择、规划和实施工作的效率，更有利于绩效目标的实现。当企业与虚拟开源社区合作时，结果协同主要体现在以下几个方面：其一，设定明确的合作目标和绩效指标，确保双方的互补行为有明确的方向和标准，比如 IBM 和Hyperledger 社区合作时，双方对于区块链平台的功能实现和市场推广具备统一的共识。其二，提供及时的反馈和评估，会根据阶段性的进展调整合作项目的关键动作，比如谷歌和 TensorFlow 社区的合作项目中，谷歌会对合作项目开展实时数据分析，以监控代码贡献质量，确保功能实现。其三，适时的奖励激励机制。比如以华为主导的 OpenEuler 开源社区吸引了 1300 多家头部企业、研究机构和高校参与合作，其中东方通等企业向社区捐赠了东方通自用的成熟软件研发平台以及云原生方向最新成果，极大程度上为社区赋能，也借助社区平台发挥了企业自身的行业影响力，实现实体企业和虚拟开源社区的多赢。

第三，关系协同。主要指通过建立和维护良好的合作关系来影响和管理行为的方式，这种战略依赖于信任、承诺、互惠和长期合作等非正式机制，而不是正式的规章制度；其强调社会资本和关系网络在合作中的作用，主张通过良好的关系管理来实现共同目标。已有研究认为，合作伙伴之间的社会关系在合作任务中具有重要的影响力，对合作行为的影响更显著。当实体企业与虚拟开源社区合作时，关系协同战略可以通过多种方式影响双方的互补性合作行为。其一是建立信任关系，企业可以通过透明的合作方式和公开的信息共享，建立和维持与开源社区的信任关系，以此增强社区的参与度和贡献。其二是促进开放沟通，确保信息在企业和开源社区之间的及时传递和共享，通过信息共享来提升项目协作效率。其三是增强合作承诺，企业通过持续的资源投入和支持，展示对开源社区合作的长期承诺，这种资源投入包括但不限于技术支持、人力支持等。

第四，授权协同。主要是指赋予个体或团队更多的自主权和决策权，以实现协同的一种方式，这种协同战略强调通过激励和支持，使组织成员在完成任务和实现目标的过程中拥有更多的自主性和创造力。一般来说，授权协同对于增强成员责任感和参与感，提高其内在动力和工作满意度有显著作用。已有研究表明，授权能够提高成员的合作能力和管理效果，促进合作的满意度、适应性以及参与的积极性。当企业与虚拟开源社区合作时，企业会赋予社区合作项目中的成员更多自主权，鼓励成员为特定任务制定自己的目标、行为规范等来促进成员之间的互补行为。

4.3.2　企业与开源社区互补性合作的行为

资源观认为，企业由一系列资源组成，这些资源通常为其拥有或者可以管控的因素，获取互补资源的目的是将其整合成产品或服务，从而实现回报最大化。有学者进一步扩展了该观点，认为企业可以跨越边界，以获取外部互补资产的方式获取竞争优势，这里的互补资产包括但不限于能够促进企业创新的能力、知识、产品或者服务。结合已有理论及实践，本研究认为，企业与开源社区的互补性合作行为主要集中在以下四个方面（见图4.1）。

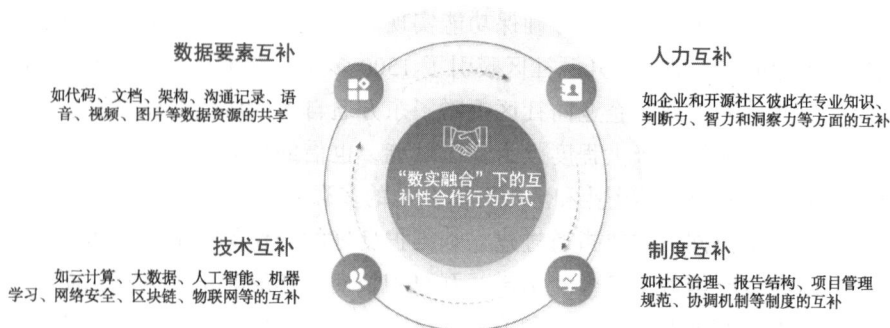

数据要素互补
如代码、文档、架构、沟通记录、语音、视频、图片等数据资源的共享

人力互补
如企业和开源社区彼此在专业知识、判断力、智力和洞察力等方面的互补

"数实融合"下的互补性合作行为方式

技术互补
如云计算、大数据、人工智能、机器学习、网络安全、区块链、物联网等的互补

制度互补
如社区治理、报告结构、项目管理规范、协调机制等制度的互补

图 4.1　企业与开源社区互补性合作的行为方式

第一，数据要素互补。是指合作方通过共享和整合彼此的数据资源，增强自身的创新能力和竞争力，这种互补行为以资源观和动态能力为理论基础，前者强调资源的异质性和不可模仿性，通过互补合作可以有效获取竞争优势；后者则聚焦企业如何整合内部与外部的数据资源，以应对快速变化的环境及技术挑战。实体企业和虚拟开源社区的数据要素互补具体可以体现为代码、文档、架构、沟通记录、语音、视频、图片等数据资源的共享、整合、应用，从而有助于双方的研发效率和生态建设。以谷歌和 TensorFlow 社区为例，谷歌开源了其机器学习框架 TensorFlow，吸引了全球大量的开发员和研究人员参与其中。TensorFlow 社区不断贡献新的模型、算法和工具，形成了一个庞大的技术生态系统。在这个案例中，谷歌提供了庞大的数据和计算资源，而社区贡献了丰富的模型和算法，这种互补关系使得 TensorFlow 迅速发展，成为机器学习领域的主流框架之一，企业也通过使用和贡献 TensorFlow，提升了自身的技术实力和市场竞争力。

第二，技术互补。是指不同主体在技术层面的互补合作，能够产生比单独工作时更好的效果。Butler 等提出，当软件开发遇到技术难题时，公司和开源社区可以相互提供技术支持，互补合作包括但不限于云计算、大数据、人工智能、机器学习、网络安全、区块链、物联网等的技术领域。比如九州云、都广科技等企业作为技术支持方，联系 GitLink 开源社区共同开展 DevOps 搜索引擎的规划、设计、开发和上线等工作，在推动社区建设的同时，也大大提升了企业技术研发效率和质量。

第三，制度互补。是指企业和开源社区在社区治理、报告结构、项目管理规范、协调机制等方面的互补性合作行为。新制度经济学认为，制度在经济活动中作用关键，能够对组织行为和绩效产生一定的影响，良好的制度安排能够很大程度上减少交易成本，提升资源的配置效率和组织绩效。由于开源社区内的组织灵活性，在项目管理方面多存在一定的非正式性，但鉴于公司管理的正式性，公司参与社区往往有助于社区管理的规范化。比如微软与开源社区合作，会对社区进行人员培训，对项目管理、文档、工具等方面提供支持，以助力社区治理更加科学和规范化。

第四，人力互补。是指企业和开源社区彼此在专业知识、判断力、智力和洞察力等方面进行互补性合作。社会资本理论认为，社会网络和关系在资源获取和利用中发挥着重要作用，通过人力资源互补，企业和社区能够形成更加紧密的合作关系。在开源社区中，开发员基于兴趣或需求自愿参与，大部分开发员在本职工作之外的空闲时间开源，由于人员自由流动，有时难免影响开发进程；当企业加入开源社区参与共同开发时，相当于在雇佣制开发员以外，获得了免费的义务工作者，无论是人力成本还是财务成本都得到了节省，因此，人力互补是企业和虚拟开源社区合作的重要双向驱动力。

4.3.3　企业与开源社区互补性合作的绩效

企业与开源社区互补性合作的绩效可以从多方面衡量，本研究将其分为以下几个方面：①研发效率。主要是指开发员在有限的时间和资源下，通过合作共享实现高效软件生产、功能改进及缺陷修复的能力。软件开发往往会遇到开发周期方面的挑战，以商业利益为目的的企业往往倾向于生产闭源的商业软件，但由于闭源模式过度强调等级和集权，会大大延长技术的创新周期。与传统的闭源软件开发模式相比，开源社区合作项目的研发效率主要体现在开发周期短、贡献频率高、问题响应快等多方面。②研发质量。主要是指在软件研发过程中生产产品的质量，包括功能完整性、代码可维护性、系统稳定性以及安全性等方面。开源软件能够将"用户创新"（User Innovation）无缝嵌入开发过程，产品设计更能够体现和满足用户需求。③技术创新。在开源软件项目中，技术创新不仅是指全新技术的发明或突破，还包括现有技术的改进与优化，这种技术创新包括但不限于比如引入新的算法、协议或架构，运用新的创新工具，比如自动化测试工具、持续集成系统的应用，以及开发员通过异步沟通工具实现的跨时区合作等。④市场创新。主要是指项目通过新的市场模式、商业模式或用户互动方式来拓展市场、提升用户体验或创造商业价值的能力，和技术创新相比，市场创新更关注开源软件的市场接受度、商业模式创新以及如何吸引并留住用户和开发员。一般来说，市场渗透度高、用户增长快、商业模式多样、社区规模和活跃度高、社区合作伙伴的数量及类型多等都是市场创新的重要表现。

4.3.4　企业与开源社区互补性合作的分析框架

本研究认为，企业与开源社区互补性合作存在"企业开源协同战略影响双方互补性合作行为，进而影响创新合作绩效"的分析框架（见图4.2）。

一方面，企业与开源社区数实融合的开源协同战略影响双方的互补性合作行为。经典的战略管理理论认为，企业不仅通过内部决策来影响企业成功，而且会通过与外部利益相关者的互动与合作，利用资源配置和关系网络等来影响行为。当企业加入开源社区，会与社区内成员组成合作项目组，公司及其委托的开发员会和项目组其他成员一样，在行为、结果等方面遵循共同的社区规则和愿景目标；

同时也会通过频繁的沟通和实际贡献增强公司在社区内的品牌形象，与社区尽可能融合；公司也会授予其成员一定的自由裁量权，使其可以与社区成员共事时保持一定的自由度和责任感。基于企业的开源协同战略，会从多方面影响双方的互补性合作行为，比如双方在数据规范、技术开发过程中保持一致性和兼容性，在项目管理、知识产权管理等方面形成协同互补，由于双方的协同战略，也使得彼此形成更强大的人力互补。

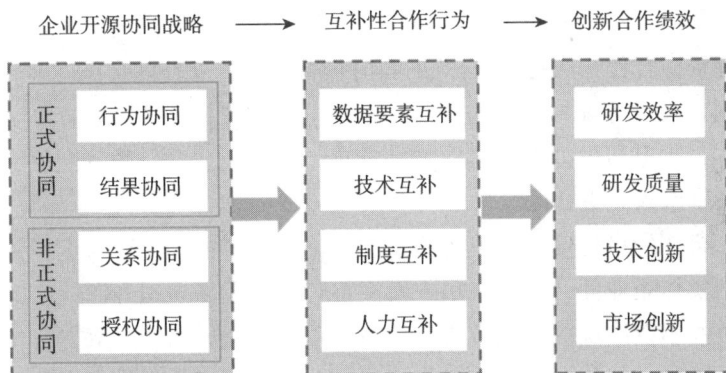

企业开源协同战略　⟶　互补性合作行为　⟶　创新合作绩效

正式协同	行为协同	数据要素互补	研发效率
正式协同	结果协同	技术互补	研发质量
非正式协同	关系协同	制度互补	技术创新
非正式协同	授权协同	人力互补	市场创新

图 4.2　企业与开源社区互补性合作的分析框架

另一方面，企业与开源社区互补性合作行为影响双方合作项目的创新绩效。当企业参与开源社区并与其合作开发，共享的代码、文档、音视频、框架结构、技术、项目规范、人力等，都会在很大程度上节省开发周期，提升研发效率。再者，企业与开源社区的互补性合作行为往往具有多项目并行的特征，这种多项目节点的协作行为对网络的鲁棒性影响最大，能够在关键节点上的安全措施显著提高整体的合作项目安全性能。以蚂蚁集团的 Kata Containers 项目为例，企业参与开源社区并建立了脆弱性管理团队（Vulnerability Management Team，VMT），通过轻量化的虚拟技术实现安全隔离、故障隔离和性能隔离。该项目负责人提到，"Kata Containers 最让我感到骄傲的，是通过开源社区，撬动了社区里的其他大玩家，提升了整个云原生世界的安全水位，利用开放协作提升了安全性能"。因此，开源社区与企业之间的互补性合作行为有助于合作项目安全性等研发质量的提升。此外，当企业与社区合作时，双方都会获取最新的技术进展和创新思路，这种技术互补行为能够极大限度地促进合作项目的技术创新，加快新产品的研发与市场化应用。

4.4 结论与未来展望

4.4.1 研究结论

本章从"数实融合"的新时代背景出发，深刻剖析了实体企业与虚拟开源社区的互补性合作内涵与机理，结合研究问题，总结结论如下：

第一，互补性合作是企业与开源社区合作的理论根基。经历了传统的实体企业间的物理资源合作，"数实融合"的新时代背景下，互补性合作逐渐转变为虚实结合的数据、技术等虚拟资产的合作。企业主动与虚拟开源社区合作，主要从降低交易成本、提升研发效率、获取互补资产、提升企业和品牌认同度、获得制度合法性等角度融入虚拟社区。

第二，合作约束程度、价值链关系、动态演变特征是企业与虚拟社区互补性合作区别于实体企业间合作的典型方面。首先，企业和虚拟开源社区的合作约束程度不同，并不以明确的合同形式，而是多以自愿为原则约束双方合作。其次，价值链关系不同，从传统的生产者与消费者分离逐渐演变为生产者和消费者合一的供应链格局。最后，动态演变关系不同，在不同阶段呈现不同的合作特征，复杂性和灵活性更强。

第三，企业的开源协同战略影响双方的互补性合作行为，进而影响合作项目绩效是实体企业与虚拟开源社区互补性合作的理论机制。企业加入开源社区并与其开展合作，通常企业级行为会遵循一定程度的开源协同战略，具体可以分为正式的开源协同战略和非正式的开源协同战略，前者包括行为协同和结果协同，后者包括关系协同和授权协同，企业的开源协同战略会影响双方以技术、数据、制度、人力互补的合作行为，进而影响包括研发效率、研发质量、技术创新、市场创新在内的合作项目创新绩效。

4.4.2 未来展望

"数实融合"背景下的企业与虚拟社区互补性合作，给传统的理论和实践带来了极大的挑战与颠覆，为了更好地促进实体企业与虚拟开源社区为代表的数字经济间的互补性合作，本研究建议如下：

第一，关注工业软件和大模型创业，切实把握数字经济与实体经济的互补性合作方向。习近平总书记多次强调"要在工业软件等关键核心技术上全力攻坚"。

工业软件作为重要的生产力工具，"国产化"是实现产业基础高级化、产业链现代化、产业生态安全化，推动我国从制造大国向制造强国转变的必然要求。传统的举国体制在"两弹一星""石油大会战"等方面取得了重大的历史性突破，新型举国体制特别适用于我国产业"急、难、险"的重大挑战以及国家安全问题，突出体现为破解关键核心技术的"卡脖子"问题。我国工业软件长期存在核心技术受制于人、竞争力不强、人才短缺等"卡脖子"问题，而最新的研究表明，开源合作能够成为推动国产工业软件创新追赶的关键，要积极利用开源合作模式做好国家急需的、能用的、好用的、管用的工业软件，助力实现创新追赶，这里提到的开源合作就是典型的数字经济和实体经济互补的重要方式。再者，大模型创业，是指创业者与大模型协同完成机会利用与开发的过程，和传统创业范式相比，大模型创业根据迅捷性、数智性、低成本性与易迁移性，从根本上改变了价值创造进程，极大地推动了大模型经济新时代的到来。本研究认为，由于大语言模型快速迭代的需求以及高技术创新性的要求，"数实融合"能够快速地促进相关的技术创新与扩散，是数字经济与实体经济互补性合作的重要挖掘领域。

　　第二，充分释放数据要素价值，挖掘数字经济与实体经济的互补性合作价值。目前我国正处于数据要素市场构建的初级阶段，相关的要素治理及规则处于探索阶段，数据要素本身也还存在一定的完善空间，因此，有三方面的建议：其一是扩大数据要素数量。随着数字经济的发展，实体企业也在经历数字化转型，从传统的线下转为线上数据收集、存储、共享等方式，在这个过程中，向线上化、自动化、智能化转变是不断挖掘数据要素的演变趋势，鼓励数据资产入表，企业在不涉密的情况下开源相关数据资产，强化数据管理人才培养，做好数据要素的资源管理。特别是当实体企业与虚拟开源社区结合时，更要充分利用数字化合作机会，扩大数据要素数量。其二是提升数据要素质量。现阶段通常会提到基于大数据的海量数据，数据形式也逐渐扩充为科学层、市场层、技术层等多源异构数据，对数据的分类、分级、标准化等措施有助于新时代下的企业、虚拟社区以及政府的数字治理效能。其三是提高数据要素的商业化价值挖掘。特别是当数字经济与实体经济融合时，如何确权、交易、评估价值等都是在商业化价值挖掘过程中的重要研究问题。

　　第三，重视合作的技术复杂性、关系复杂性、动态复杂性，保障数字经济与实体经济的互补性合作效果。"数实融合"本身就是一个复杂的技术命题和管理命题，容易受到合作复杂性的影响。因此，本研究建议从以下角度加强及重视对数字经济和实体经济的互补性合作管理。其一，重视技术的复杂性。这主要是指系统、项目或技术的构成和操作的复杂程度。在日益数字化的世界中，复杂性无处不在，全球数字基础设施、社交媒体、物联网、机器人过程自动化等数字化网络和生态系统促进了技术复杂性的增加。已有研究表明，大多数对复杂性的处理主要集中在技术复杂性上，包括主题知识的复杂性以及数据访问和分析的复杂性。一般来说，技术复杂性越高，潜在的商业价值就越大，这也从客观方面限制了数字经济和实体经济互补性合作的周期，因此，重视并选取适当的技术互补领域和方法，对于推进"数实融合"效果具有重要意义。其二，重视关系的复杂性。这里主要强调组织关系和合作成员关系复杂程度的影响。数字经济和实体经济的互补，一方面是两种组织形态的互补，由于数字项目的动态性，合作网络结构也更复杂；另一方面在不同组织形态下的合作也主要依托成员的合作关系，而成员合作关系的网络性、动态性也在一定程度上影响两种形态的互补合作，因此，建议加强对不同组织形态及主体的关系管理。其三，重视动态复杂性。这里主要是指随着时间的变化，数字经济和实体经济互补合作的战略、行为、评估绩效等方面可能发生的变化，为了持续高质量推进"数实融合"，关注不同阶段、不同节点甚至不同时刻的项目合作状态，树立动态管理理念对双方的互补合作及其效果至关重要。

第四，做好创新合作风险的防范与化解，保证数字经济与实体经济互补性合作的可持续性和供应链韧性。风险管理对于企业更好地应对数字化转型中的各种风险，具有重要作用。目前字节跳动、华为、腾讯、百度等公司内部均已成立"开源战略办公室"，这不仅是一种顺势而为的做法，更是企业通过组织化手段防范和化解个人合规风险的重要举措。我们在积极推动数字经济与实体结合的同时，也要根据新时代下的要素特征及合作特质，探索建立创新性、适应性的风险管理机制，以保证"数实融合"的安全性与可持续性。

第 5 章

基于内容分析法的开源创新知识共享

5.1 理 论 建 构

5.1.1 研究方法：内容分析法

理论建构侧重于通过经验研究，以可验证的方式对某类社会现象作出系统性的解释，可通过归纳逻辑或演绎逻辑获得。定性研究中，有很多的科学方法用以数据收集和分析，进而构建理论，其中内容分析法在定性研究中广为应用，主要目的在于通过对广泛的数据来源进行编码和测量，探寻现象背后的规律或共识。

内容分析可以细分为三种：传统性内容分析、定向性内容分析和总结性内容分析。本章采用的是总结性内容分析方法，具体来说，应用结构式访谈、参与式观察、文献档案等资料，通过编码来提取关键变量及建构初步的理论框架。内容分析的价值在于通过对语言等文字材料能够了解认知，背后的假设在于文本分析能够很大程度上反映相关人的行为逻辑。内容分析的特点包括可复制性和灵活性，前者强调对材料的获取可以随着时间延续累积和复制，纵向地了解个人和集体的价值、意图、态度、认知等；后者强调既可以直接捕捉显性文本进行分析，也可以通过显性资料挖掘背后的隐含信息。

本章采用内容分析法构建理论框架的主要原因在于：①内容分析法较强的理论构建功能非常适用于现有的理论研究现状：已有研究多关注激励机制且立足于国外情境，很难完全适用于中国的发展现实。国内关于开源软件的研究多以定性研究为主，内容集中在开源软件的分类、特征等描述性研究，几乎没有系统且深入的理论研究来探讨中国情境下开源软件的绩效机制。采用内容分析法，通过科学地运用访谈、观察（参与式或非参与式）、档案资料等方法，对于理论框架的构建具备较强的解释力度。②通过内容分析法，有助于研究者全面了解开源软件产业生态环境及其现状。③为后面的案例研究做铺垫。

5.1.2　研究设计

本篇章运用内容分析法的研究策略进行理论框架构建，研究设计如下（见图 5.1）：

第一，利用田野调查的方式进入情境并收集数据。在阅读并理解原有文献的基础之上，研究者根据科学的访谈方法制定了访谈问题。访谈提纲由清华大学公共管理学院以及剑桥大学科技管理中心老师指导，制定了中英文双版访谈提纲，修改多次后定稿。这一阶段的访谈不带有研究者的理论预设，访谈问题的制定遵循三个标准：①主要目的在于了解开源软件行业及专家工作的实际情况。②研究问题能够较好地嵌入访谈提纲，有助于核心影响要素的涌现。③与相关专家建立网络联系，为后续开展案例研究作铺垫。

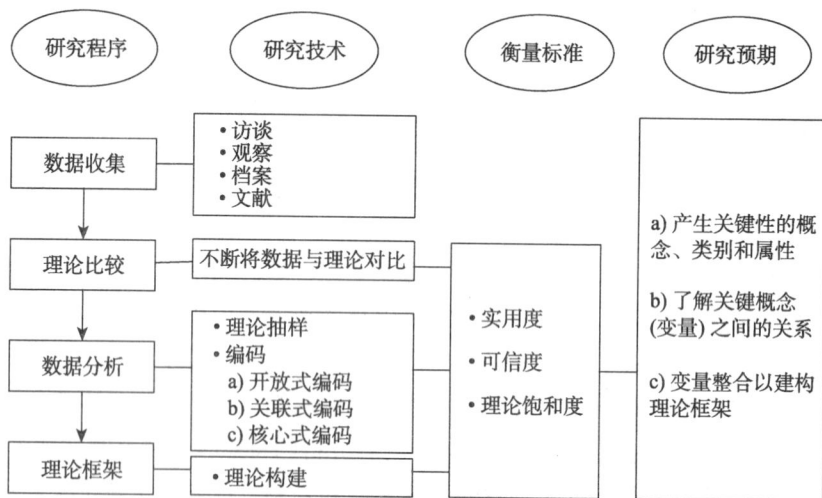

图 5.1　内容分析法研究设计（构建初步的理论框架）

访谈之前研究者作了充分的准备，包括联系相关的业内专家、确认访谈对象、了解开源项目和行业内基本知识等。访谈过程以科学的研究方法为指导，每次访谈时长为 1.5~2 小时，访谈结束后于当天整理笔记，并发送给受访专家，请其予以补充和修改，确认访谈数据无误。再者，研究者加入到开源社区若干开源项目当中，能够较为便利地了解项目运作及开展情况。同时，以用户身份加入若干社区、论坛、群组、邮件列表、QQ 群等，以半参与的方式进行观察。除此之外，为了尽可能多地获取有效并且深入的数据，研究者从访谈者、若干项目、社区、论坛、网络等多渠道获得了相当多的内部档案资料。

第二，在已有文献理解的基础之上，不断地将获取的数据资料与理论进行对比，在提取关键变量的同时，发展有利于支撑现实数据的理论性解释，继而为后续的理论建构和变量选择作铺垫。

第三，对已获得资料进行数据分析和综合。对获取的数据进行系统性的编码，编码主要分为开放式编码、关联式编码和核心式三级编码。

第四，基于所收集到的资料以及初步建立的理论预设撰写报告和阶段总结，不断对比分析之后，确定初步的理论框架。

5.1.3　数据获取：访谈、观察、档案、文献

研究者持续联系并访谈国内外专家，时长 4 个月，共访谈国内外专家 43 名，其中国内专家 33 名，国外专家 10 名。访谈对象主要集中在中国（以北京、上海、广东、成都为主）、英国（以剑桥大学制造工程学院和计算机实验中心为主）、美国。对所有访谈回复材料进行整理和总结，形成 4 万余字 70 多页的访谈笔记。

访谈对象的抽样方法，采取"理论性抽样"（Theoretical Sampling），又名"目的性抽样"，即研究者带有目的地选择样本，以便能够最大限度地获取样本信息。访谈对象主要来自开源领域，分布在产业界（如技术带头人、开发员、工程师）、学术界（高校教授、讲师）和政府（开源软件联盟等）。所有对象在该领域具备丰富的实战经验和权威的话语权，能够在一定程度上真实地、全面地、客观地反映开源软件产业的生态环境，准确地回答研究者的访谈问题。

本文对 43 份访谈记录进行编码，规则如下：①第一位数字代表国别，1 代表中国，2 代表国外。②第二位数字代表性别，1 代表男性，2 代表女性。③第三位数字代表访谈人员所属系统，1 代表产业界，2 代表学术界，3 代表政府系统。④最后两位数字代表编号，如 01、02、03。访谈编号如表 5.1。

除此之外，研究者本人作为开源软件用户，使用和追踪 3 个开源软件项目，以社区成员身份加入 9 个论坛，加入开源相关的 QQ 群组 18 个，观察项目运作和实际开展。访谈方式主要分为线上（邮件、Skype 网络会议、电话会议、QQ、论坛等）和线下（面对面交流、学术汇报、国际会议）两种。通过数据分析获得初步的理论框架，并请业内众多专家对理论框架进行评审和校正，获取专家建议。综上，本研究主要运用访谈、观察、档案、文献等方法收集数据。

表 5.1　访谈样本编码表

序号	编码	序号	编码	序号	编码
1	21201	16	11116	31	11131
2	22102	17	11117	32	11132
3	21103	18	11118	33	11133
4	21104	19	11119	34	11134
5	21105	20	11120	35	11135
6	21206	21	11121	36	11136
7	21207	22	11122	37	11137
8	21208	23	11223	38	11138
9	21209	24	11124	39	11139
10	21210	25	11125	40	11340
11	11111	26	11126	41	11341
12	11112	27	11227	42	12342
13	11113	28	11228	43	11343
14	11114	29	11129		
15	11115	30	11230		

需要说明的是：①由于访谈专家国籍和地理位置等原因，访谈对象以中国专家为主，国外专家数量相对少些，但专家的行业经验、技术水平、国际项目资质等都是非常卓越的。②由于开源项目的国际性，很难简单地判定该项目属于哪国，因为很多开源项目，其参与成员多分布于全世界，处于不同时区，引一位行业专家所说，"开源软件本来就属于全世界"。举例来说，研究者接触的一个开源项目，发起人是法国人，该项目工作总部位于中国上海，但项目的 5 名核心成员均来自中国以外的其他国家。③为保护个人和项目隐私，研究者对相关信息采取编码或匿名处理。

5.2　数 据 分 析

5.2.1　开放式编码

开放式编码强调对原始数据资料进行概念化，通过对受访者原话提炼，本研究共总结出以下 15 个范畴（见表 5.2）。

表 5.2 开放式编码范畴化

范　畴	原始资料语句（初始概念）	访谈编码
内在动机	能力提升、能力展示、自我实现能有效促进知识的共享与传播（技能提高）	11111
	认同感、荣誉感、个人兴趣爱好很重要（兴趣爱好）	11119
外在动机	开源社区和项目中的贡献和声望，有利于职业晋升（职业晋升）	21103
	追求自己在网络社区里面的名气，名气越大，越会获得尊敬和崇拜，越有利于自信心上升（认同感）	11119
认知网络	共享目标、社会网络和认同对于开源项目非常重要（对目标的认同）	21207
	在同一个项目中，因为大家目标是一致的，所以沟通交流越好，项目进展越顺利（共享目标）	11111
关系网络	比如我负责 A 和 B 项目，另外一位专家负责 B 和 C 项目，因为 B 项目的因素，我与这位专家相识，最终又共同组建了 D 项目（网络效应）	21207
	必然要采用一定的工程组织方法，制定一定的规则，以帮助开发团队顺利开发开源软件（规则）	11117
	从开源项目创立那一瞬间，知识共享就已经确立起了完备的专有机制、规约、手段（制度）	11126
结构网络	成员之间多沟通多交流多反思多总结，然后形成文档，促进知识的分享、传播与记录（交流频率）	11111
	我更加倾向于某种动态的、过程性的模型。一个实际的项目中，发起者（个人、组织、企业）的影响力，项目本身的吸引力（技术的先进性、实用性等），以及围绕这个项目开源所制定的规则（License、协议、协商原则、组织架构等），这三个环节，始终相互作用……（互动关系）	11131
自由开放	之所以喜欢开源是因为工作自由，不受公司限制，且没有太多的等级（自由参与贡献）	21103
	开源项目的开发过程和开发成果完全公开。这种公开性与开放性还包括参与项目的开放与自由、项目发展方向的开放与自由（过程透明，开放交流）	11131
合作共享	开源软件所蕴含的文化不仅得到了很多学者的认同，也得到了很多产业界专家的认同。很多人因为对开源文化的热爱，已经将其视为终身奋斗的事业	21207
极客精神	我的同事来自世界各地，他们都非常优秀，整天思考的就是如何用开源创造新技术，如何用新技术改变人类生活，这让我很受感染（创新精神）	11116
创新意愿	开源社区既是开发员间的沟通平台，也是开发员和软件用户之间的交流平台，还是用户的分享平台。用户或贡献者会分享更多接近最终用户的知识，如使用心得、技巧、说明甚至书籍等。就文档而言，用户（尤其是资深用户、专家）是开源软件知识共享的主力（用户参与）	11115

续表

范　畴	原始资料语句（初始概念）	访谈编码
创新能力	开源软件项目中，用户创新的作用更为明显。由于源代码开放，且分布式作业，用户可以十分容易地加入到软件开发流程中来。闭源软件项目与用户的边界会更清晰些，如果用户发现闭源软件有一个 bug，或者一个功能不太好用，用户并没有办法和途径来自己修改，只有把这些信息反馈到开发员处，问题才有可能被修复。其中的信息断层太多，很难用快速迭代的方式完成相关软件的开发，所以闭源软件需要投入大量的人力物力进行软件设计、测试等工作……（用户贡献效果更明显）	11117
显性知识	不同的文化群体其交流渠道也不相同。国外用户更喜欢通过 GitHub、邮件列表、Twitter 来交流和讨论；国内用户则倾向于选择 QQ 群、论坛、博客等来交流（知识可被记录）	11113
	源代码、代码修改记录以及与之相关的缺陷追踪信息、测试代码、实例代码等（知识内容）	11115
隐性知识	知识从外在记录>组合到私人记忆>内化为自有新经验>社会化传播>外在记录（不可见的过程）	11126
	与维基百科不同，开源软件的知识是需要再发掘的，并非完全显而易见。共享的隐性知识会以口头传输、积累的社会网络（如线下聚会、会议）等形式传播（隐性方式）	11131
市场成功	技术和质量上的优势，能够带来市场上的成功（市场因素）	22102
	可以用下载量来评估用户数，通过项目的代码提交历史记录来评估项目的活跃度，通过文档数量与质量来评估项目的成熟度（市场化观测指数）	11111
	开源项目的执行成效，本质上和该开源项目的市场接受程度有关。这点上，开源项目和商业软件是一样的。一个有足够生命力，且有较强用户需求的软件，其发展必然是迭代性的（市场可接受度）	11117
	我觉得成功的开源软件项目就是得到了商业应用，为社会创造了价值（商业价值）	11120
技术成功	很难衡量软件成功，但最根本的标准是它能够解决技术难题，并具有实际应用价值（解决实际问题）	21206
	项目管理者能力、参与者主动性、社区氛围，最主要的还是软件本身的质量和水平（技术为本）	11118
社区成功	僵化无活力的社区、知识共享的不便捷、负能量的传播、低劣的开源项目质量都会降低知识共享的绩效（社区活跃性）	11111
	Community over code，好的开源社区是开源项目成败关键。健康的社区环境可以造就好的社区，好的社区为开源项目开发不断提供生命力（社区环境）	11115

5.2.2　关联式编码

关联式编码强调在开放式编码的基础上，对各个范畴进行归类。根据各范畴之间的逻辑关系，本研究整理出 6 个主范畴（见表 5.3）。

表 5.3　关联式编码形成的主范畴

编号	主范畴	对应范畴	对应范畴的内涵
1	参与动机	内在动机	个体内在需要产生的动力，如兴趣爱好、技能提升
		外在动机	外在环境或刺激影响下诱发的动力，如薪酬刺激、职业晋升
2	社会网络	认知网络	成员对项目的认识和态度
		关系网络	成员间交流所形成的正式与非正式的网络，如规则、信任
		结构网络	成员间互动的频度与关系的强度
3	文化认同	自由开放	成员间信息共享的开放度
		合作共享	对工作分工及合作者的感知
		极客精神	对于新技术的挑战
4	用户创新	创新意愿	愿意参与和贡献的态度
		创新能力	参与和贡献是否从实质上帮助提升了项目进展
5	知识共享	显性知识	可以被看得见的材料或内容
		隐性知识	不能被明确编码的内容或知识
6	项目绩效	市场成功	项目所拥有的用户数量
		技术成功	具备技术要求，解决实际问题
		社区成功	项目社区活跃，不断传播或产生新知识

5.2.3　核心式编码

核心式编码强调将主范畴尝试以"故事线"的方式串联起来，以组成一个系统的理论框架（见表 5.4）。

表 5.4　核心式编码结果

典型关系结构	关系结构的内涵
参与动机—知识共享	开发员的参与动机会直接影响其知识共享
社会网络—知识共享	开发员的社会网络会直接影响其知识共享
文化认同—知识共享	开发员的文化认同会直接影响其知识共享
用户创新—知识共享	用户的创新行为会直接影响其知识共享
知识共享—项目绩效	成员间知识共享会影响开源软件项目绩效
开发员（供给端）—知识共享—项目绩效	开发员作为供给端通过作用于知识共享影响项目绩效
用户（需求端）—知识共享—项目绩效	用户作为需求端通过作用于知识共享影响项目绩效

基于此，本文提出开发员和用户分别作为供给端和需求端，通过作用于知识共享，进而影响开源项目绩效的理论框架。其中，开发员通过参与动机、社会网络、文化认同发挥作用；用户则通过用户创新发挥作用。开源软件项目内成员间知识共享机制理论框架如图 5.2 所示。

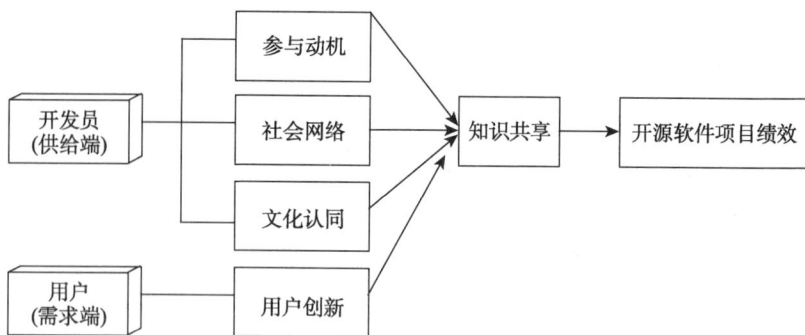

图 5.2　开源软件项目内成员间知识共享机制理论框架

5.2.4　理论饱和度检验

为了进一步验证理论框架的合理性和正确性，研究者一方面不断地扩大访谈对象范围，直至无法提取新的额外信息；另一方面请国内外受访专家对建构的理论框架进行确认。当进行到第 28 位访谈者时，检验结果表明，已建构的理论框架已无法发展出新的重要范畴，由此可以说明，本文所建构的理论模型已经达到饱和。

5.3　理论框架解释

和闭源软件仅允许开发员参与的特点不同，在开源项目中，参与主体根据工作角色的不同，主要分为开发员和用户两类。根据个人工作职能及自然分工，开发员可以分为项目创始人、提交者、贡献者三类。不同项目的创始人人数有所差异，他们是项目最初建立的原作者，也是最了解项目初衷的人；提交者主要对项目代码和文档进行审核，参与项目开发路线图、讨论决策等，是项目核心成员的组成部分；贡献者多为项目的外围开发员，工作包括代码的提交、文档修改、参与讨论等。用户方面，一般关心的是如何使用软件以解决自身问题，他们大多不会直接修改源代码，但可以通过文档和软件的使用示例等分享使用心得、技巧和说明等，开发员会结合用户的反馈不断完善开发过程。以 PHP. NET 网站为例，除 API 描述由开发员完成，其余的代码提交、附件说明、使用技巧等，任何人都可以分布式参与。

尽管主流的参与人员简要概括为开发员和用户两类，但这种人员构成却是最有效的开发方式。一方面，众多开发员可以分布式地参与项目作出贡献，快捷地推进项目进展和保证工作质量；另一方面，用户的及时反馈又能在最短时间内被开发员了解，有利于开源软件的快速迭代和技术创新。

5.3.1　开发员（供给端）

1. 参与动机

参与动机主要用于解释行为的原因。已有的研究对于解释开发员为什么参与开源有多种解释和分类（见表 5.5），总体可以分为内在动机、外在动机、政治因素、社会因素以及科技因素。

表 5.5　个人参与开源项目动机因素总结表

分类	因素	理 论 研 究	实 证 研 究	实 际 调 研	其　　他
内在 动机	热爱编程	Ghosh，1998	Hertel et al.，2003； Lakhani & Wolf，2005； Shah，2006；Nov，2007	Lakhani & Wolf，2005	Torvalds，1999； Torvalds &Diamond， 2001；Spinellis，2006； Bitzer et al.，2007
内在 动机	自我实现	Ghosh，1998； Bonaccorsi & Rossi，2003	Hars & Ou，2001； Ghosh，2005	Hars & Ou， 2001	
内在 动机	创意探索	Ye & Kishida， 2003	Ye & Kishida，2003；Lakhani & Wolf，2005；Shah，2006	Lakhani & Wolf，2005	Dalle & David，2003
内在 动机	迎接挑战		Lakhani & Wolf，2005	Lakhani & Wolf，2005	Sen et al，2009
外在 动机	荣誉追求	Ghosh，1998	Hertel et al.，2003； Ghosh，2005		Spinellis，2006
外在 动机	职业规划	Lerner & Tirole， 2004；Bonaccorsi & Rossi，2006	Hertel et al，2003；Lawrence， 2004；Ghosh，2005；Bonaccorsi & Rossi，2006；Nov，2007		Spinellis，2006
外在 动机	薪酬刺激	Lerner & Tirole， 2004；Bonaccorsi & Rossi，2006	Lakhani & Wolf，2005；Ghosh， 2005；Bonaccorsi & Rossi，2006	Lakhani & Wolf，2005	
政治 因素	反商业化	Feller & Fitzgerald， 2000；Bonaccorsi & Rossi，2006	Ghosh，2005； Bonaccorsi & Rossi，2006		Stewart & Gosain，2006
政治 因素	黑客文化	Feller & Fitzgerald，2000			Raymond，2001； Stewart & Gosain， 2006；Bagozzi & Dholakia，2006
社会 因素	归属感	Ghosh，1998； Bonaccorsi & Rossi，2006	Hars & Ou，2001；Hertel et al.， 2003；Ghosh，2005； Bonaccorsi & Rossi，2006	Hars & Ou， 2001	Stewart & Gosain， 2006
社会 因素	自我奉献	Bonaccorsi Rossi， 2003；2006	Hars & Ou，2001	Hars & Ou， 2001	

分类	因素	理论研究	实证研究	实际调研	其　他
社会因素	公共精神	Ghosh，1998	Lakhani & Wolf，2005	Von Hippel & Von Krogh，2003；Lakhani & Wolf，2005	Bessen，2002；Spinellis，2006
	互惠互利	Bergquist & Ljungberg，2001	Harhoff et al.，2003	Harhoff et al.，2003	Raymond，2001；Zeitlyn，2003；Bitzer et al.，2007
科技因素	技能学习	Feller & Fitzgerald，2000；Ye & Kishida，2003；Bonaccorsi & Rossi，2006	Lakhani &von Hippel，2003；Ghosh，2005；Bonaccorsi & Rossi，2006		
	社区贡献	Bonaccorsi & Rossi，2003；2006	Bonaccorsi & Rossi，2006		Raymond，2001
	科技前沿	Bonaccorsi & Rossi，2006	Bonaccorsi & Rossi，2006		Spinellis，2006
	创意实现	Feller & Fitzgerald，2000；Bonaccorsi & Rossi，2006	Ghosh，2005；Bonaccorsi & Rossi，2006		Raymond，2001；Franke & von Hippel，2003；Spinellis，2006
	用户驱动	Lerner & Tirole，2002；2004	Harhoff et al.，2003；Lakhani & Wolf，2005	Harhoff et al，2003；Lakhani & Wolf，2005	Von Hippel，2001

内在动机方面，包括对于编程和代码的热爱、解决技术难题所带来的自我满足、对于新技术的不懈探索等。外在动机方面，包括开发员对于同行荣誉和地位的追求、为职业晋升所作的积累，以及商业模式所带来的金融刺激和薪酬奖励等。政治因素方面，比如开发员所崇奉的自由主义文化、黑客文化、反商业化等。社会因素方面，则突出体现在自我奉献、追求归属感以及感恩情怀等。科技因素方面，表现在开发员基于极客精神所具备的技能提升的需求、从社会获取反馈因而不断贡献，以及个人创意理念不断实现等因素都在影响着开发员为什么愿意参与开源项目知识共享。

在访谈过程中，研究者在编码第4个访谈问题中问道："开源软件项目中人员进行知识共享的目的和动机是什么？什么因素会促进他们愿意去共享知识？什么因素会阻碍？"

一位自主开发开源软件，并在业内获得全国大奖的专家讲道："从参与人员的动机可以发现，内在动机包括：能力提升、能力展示、自我实现能有效促进知识的共享与传播；外在动机，就是所说的养家糊口就相对弱一些。僵化无活力的社区、知识共享的不便捷、负能量的传播、低劣的开源项目质量都会降低知识共享的绩效。"

还有一位软件科技公司的技术工程师讲道："认同感、荣誉感、个人兴趣爱好，这三个很重要。凡是人都有认同感的追求，报酬不是在金钱方面，更多是能力方面、思想方面、hacker。追求自己在网络社区里面的名气，名气越大，就越会获得尊敬和崇拜，自信心越会上升。参与开源还会有更新的思想、更好的解决方案，避免重复制造车轮。"

一位身在美国的英国技术专家，国际性 Debian 项目负责人说："加入开源的原因有很多，比如认同开源提倡的自由主义哲学；开源的应用面很广；有利于提高开源技术；工作自由，不受公司限制，且没有太多的等级；软件本身质量很好；以及在开源社区和项目中的贡献和声望，有利于其职业晋升（development of career）；等等。"

通过对已有访谈、档案以及观察等方面资料的整理和分析，研究者将开发员参与动机概括为内在动机和外在动机两种。内在动机主要集中在以下几个方面：①兴趣驱使。基于对代码和编程工作的热爱，开发员能够从软件开发中感受智力激发所带来的乐趣。②能力提升。一般来说，开发员建立或参与项目是为了探索或解决一个现实问题，通过与项目内其他成员的交流能够快速找到解决问题的方案，并从知识共享中提升开发技能。③责任感。开源项目给予参与成员学习与交流的机会，很多人基于感恩心理，对开源项目或社区心怀奉献的责任感。

外在动机方面主要集中在以下几个方面：①经济奖励。开源代码免费，但基于开源商业模式及开发员与个别公司委托代理关系，通过开发能够在一定程度上获得薪酬奖励和刺激，大大支撑了开发员工作的可持续性。②社会奖励。开发员在开源项目中的参与和贡献，不仅能为其获得良好的行业声誉，而且会为其后期职业晋升奠定坚实的基础。综上，正如一位受访专家所言："对于一个乐观积极、充满求知欲、勇于挑战自己的人来说，参与开源并进行知识共享是证明自己、寻找知己、提升自己的最好方法。"

而对于阻碍开发员参与知识共享的因素，研究者将其分为个人和组织两方面。个人方面：①能力短板，即"不能"。开发员对于所需要共享的知识存在理解障碍和缺陷，这种缺陷或基于语言、文化、教育背景等固化因素，或基于自身软件开发技能不足等核心因素，无法支撑其项目贡献。②信任偏差，即"不愿"。开发员对于所接收到的知识评价较低，对其所能够发挥的作用和价值并不认同，由于对项目缺乏信任和兴趣，拒绝进行知识共享。正如一位专家所言，"中国人由于从小在竞争激烈的环境下成长，受'教会了徒弟饿死了师傅'这些传统思想的影响，将知识放在个人脑中是寻求安全感的表现，而这些都会影响成员进行知识共享的热情。"当然，以上这些都需要建立在一定的时间、精力和动力保障之上，且需要最基础的硬件保障。因为开源项目的开发员基本分布在全球，很难有机会面对面交流，因此，稳定的网络链接是保障一切工作开始和运转的基本要素。

组织方面：①开源社区缺乏活力。僵化无活力的社区氛围会严重影响开发员的进驻以及知识共享。②开源项目缺乏前景。软件项目质量较低，成员之间的协作，尤其是大的开源软件项目团队在协作以及思维方面所带来的碰撞，会影响项目开发进度及前景。③所在企业文化的限制。虽然很多企业大量使用开源软件，但由于缺乏对知识共享的重视以及对开源软件的不了解，一些企业负责人甚至害怕别人知道其使用开源软件，而禁止开发员参与开源项目分享知识。

2. 社会网络

社会网络主要强调资源在个人、群体、组织以及社区中互动所形成的网络关系。已有研究表明，社会网络对于组织绩效有一定的影响，但对于社会网络内部具体维度的划分以及各维度的影响鲜有研究。

结合理论和实证研究，社会网络可被分为认知型社会网络、关系型社会网络和结构型社会网络。认知型社会网络重视成员拥有共同的交流背景以及共享目标所带来的影响；关系型社会网络强调成员互动中的信任、规范、义务以及彼此的认同，特别是信任感对于信息和知识的交互影响巨大；结构型社会网络则强调成员在网络中的互动频率和关系强弱。

之所以提取社会网络，与所获取的资料和数据紧密相关。比如研究者在访谈问题7问道"哪些因素会影响一个开源软件项目的执行和绩效？"以及访谈问题9中"哪些因素会影响开源软件项目中的知识共享绩效？什么因素会促进良好的知识共享？为什么？哪些因素会阻碍？"

不少专家强调项目的共同目标及对其认同的重要性。比如国际开源软件基金会主席说道："共享目标（Shared Goals）、社会网络（Social Network）和认同（Identity）对于开源项目非常重要。就拿社会网络来说，比如我负责A和B项目，另外一位专家负责B和C项目，因为B项目的因素，我与这位专家相识，最终又共同组建了D项目。"对于开源项目规则的说明，一位专家说："开源许可证就是规则。开源开发中，个人用户可能不太关心，但对于公司来说，就是一种很严肃的事，因为这涉及专利保护等问题。"

针对项目中成员互动及形成关系，一位开源技术专家及网络知名专栏作家说："在因素分析方面，我更加倾向于某种动态的、过程性的模型。一个实际的项目，最初由发起人创立，设立规则，吸引不同角色的参与者……在发起项目阶段，关键的影响因素包括：发起者（个人、组织、企业）的影响力、项目本身的吸引力（技术的先进性、实用性等），以及围绕这个项目开源所制定的规则（License、协议、协商原则、组织架构等）。在接下来的发展过程中，这三个环节始终相互作用……"

此外，研究者本人也作为用户加入几个开源项目的具体运作，观察成员交流和项目运作（见图 5.3）。

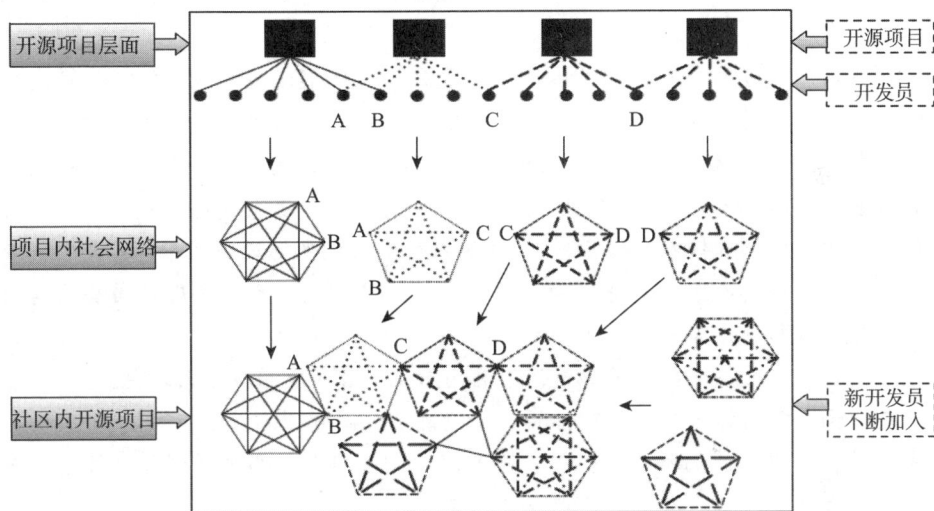

图 5.3　开源项目内成员间社会网络示意图

研究者认为，社会网络无论是对于实体社区还是虚拟的网络社区都发挥着重要的影响作用。开发员基于对项目的共同兴趣而聚集在一起，尽管个人与个人之间处于分布化的虚拟网络，但大部分的交流都可以依托电脑进行，比如邮件、论坛、聊天室等。随着项目的发展，成员之间的关系由弱变强，基于个人的技术背景，工作的模块化亦有了自然分工。在遵循开源项目规则的基础之上，处于网络中的成员自由交流和共享。

3. 文化认同

文化认同是指组织内部所共有的价值观、符号、行为方式和信念等组成的特有的文化现象，常体现在成员的行为规范、组织价值和决策哲学方面。

开源，作为一种特有的社会现象，有其自身所具备的独特文化：①科学性。作为计算机技术的一种，客观上具备科学技术的要求和追求。②开源的开放性以及成员工作成效的透明化，使得成员愿意主动进行交流共享以保证技术品质。③集体行为属性。作为一种公共物品，代码开放并面向所有人参与，使得开源已不仅仅是一种软件技术，更多的是一种"众智"行为的体现。④开源代表的是新的知识产权模式。开源的成功挑战了传统的对知识产权的界定，无论是对虚拟网络项目管理，还是开源许可证所特有的版权法依据，带来的无疑是一场全新的知识产权革命。⑤对"极客精神"的标榜。开源，以成员兴趣为始，推动成员不断进步的就是对"科技改变人类"的信仰和"技术精进"的不懈追求。除此之外，开源项目所具备的透明、迭代、修补、参与、黑客等文化，也不同于其他专有软件及项目管理方式。

研究者本人在对所有的访谈内容、专家日志、档案以及文献等各种资料观察和分析中，也被开源所具备的强大文化所震撼。一位剑桥大学计算机实验中心的资深专家说："开源软件所蕴含的文化不仅得到很多学者的认同，也得到了很多产业界专家的认同。很多人因为对开源文化的热爱，已经将其视为终身奋斗的事业。"一位荷兰软件公司的技术专家说道："开源项目如此成功的原因之一，就是它们在做什么项目、往哪个方向走等问题上给予开发员足够的自由……即便当公司聘用一个软件工程师开发某一特定的自由软件项目时，公司也不会对这个工程师的工作指手画脚，甚至在工作成果如何使用的问题上，公司也很少发表意见。"

在谈到开源所体现的创新精神时，一位隶属红帽公司的技术专家说："我的同事来自世界各地，他们都非常优秀，整天思考的就是如何用开源创造新技术，如何用新技术改变人类生活，这让我很受感染。"

在对所有的数据进行综合整理之后，笔者认为，开发员之所以不断贡献，即使在没有薪酬支持的情况下，还愿意主动花时间和精力参与，很重要的因素就在于对开源文化的认同和发自内心的热爱。

5.3.2 用户（需求端）

von Hippel 首次明确提出"用户创新"的概念，并认为用户作为创新来源，在现代社会发挥着越来越重要的作用。关于用户创新的研究，主要集中在个人用户、用户社区以及对公司的贡献，典型的代表就是开源用户社区的创新作用。

在开源社区，用户是继开发员之外的另一主体，包括开发员用户和非开发员用户。前者凭借其专有的技术开发经验对开源项目贡献显著，且已有一部分研究进行了证实。本文关注的是后者，即不是专职从事软件开发的大众用户——非开发员用户。尽管非开发员用户提供的技术解决方案不可避免地需要开发员进行整合，但其对开源项目的日常参与和贡献，无形中充当了合作开发的角色，对于促进开源项目创新绩效意义重大。

在开源项目中，新产品、新功能、新特性等的产出都是用户创新的直接表现。当然，用户的创新能力并不是固有或天生的，是可以通过不断的练习而被塑造的。当知识被集中聚合起来，用户创新具备迭代性，也兼具集体行动的属性。非开发员用户，与开发员一起，协同参与开源，这个过程可能是快速的、自发的开放式创新。

对于非开发员用户而言，一般并不具备快速找到解决问题办法的能力，其多以收集问题并提出假想解决方法，以开发员身份在论坛或社区中进行回应(见图 5.4)。这当中不乏一些优质用户，凭借其多领域的知识和经验，提供的方案能够较好地启发开发员，并引领未来科技发展方向。更多的非开发员用户因为技术背景有限，在项目中常会分享软件使用心得，叙述遇到的问题、错误做法、提问，以及分享可能的解决办法。开发员与用户的交流也许并不能直接产生创新，但能从用户的反馈中快速地找到问题的所在；当后续用户进驻社区，看到已有的开发员与用户间的探讨，会对"什么是可操作性的用户创新"具备更直接有效的理解。对于大部分参与贡献的用户来说，参与项目讨论，仍然是获取并分享知识的最佳途径。

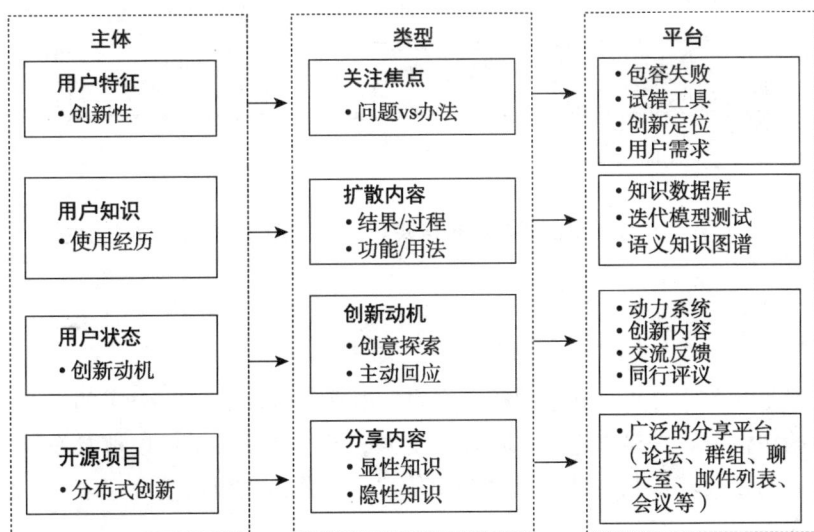

图 5.4 开源项目用户创新分解图

正如一位专家所言："开源软件涉及的是最终用户，这些用户是开源软件社区的最基础的参与者……开源社区既是开发员之间沟通的平台，也是开发员和软件用户之间的沟通平台，还是用户的交流沟通平台。用户或贡献者会分享更多接近最终用户的知识，如使用心得、技巧、说明甚至书籍等。就文档而言，用户（尤其是资深用户、专家）是开源软件知识共享的主力。

"开源软件项目中，用户创新的作用更为明显。由于源代码开放，且分布式作业，用户可以十分容易地加入软件开发流程。闭源软件项目与用户的边界会更清晰些，如果用户发现闭源软件有一个 bug，或者有一个功能不太好用，用户并没有办法和途径来自己修改，只有把这些信息反馈到开发员处，问题才有可能被修复。其中的信息断层太多，很难用快速迭代的方式完成相关软件的开发，所以闭源软件需要投入大量的人力、物力进行软件设计、测试等工作……"

综合收集到的所有资料和数据，研究者认为用户创新对于开源项目知识共享发挥着非常重要的作用。

结合以上分析，开发员和用户作为开源软件项目的主要参与主体，是开展知识共享活动的主要力量。开发员作为知识共享的供给端，推动着知识创新和转移；用户作为知识共享的需求端，拉动着知识应用和创新，"供给端"与"需求端"形成合力，共同影响着成员之间的知识共享（见图 5.5）。

图 5.5　开源软件项目内成员间知识共享主体（供给端与需求端）示意图

5.3.3　知识共享

知识是开源项目成员共享的核心内容。根据 Luhmann（1975）的观点，开源项目中的源代码、书籍、电影、讲座、文章，甚至是邮件等可以被看作数据；当数据之间的延展获得相关性，就会产生信息；当信息被再次整合起来，就意味着知识的产生。

显性知识和隐性知识之间的互动，是开源项目知识共享的主要内容。前者以代码、文档等可见信息为主；后者则以听、说等信息不可见的方式呈现。首先，项目参与者需要具备一定基础的隐性知识，以便理解和分析从邮件等渠道获取到的显性知识。其次，知识的传播和扩散有利于提升成员对隐性知识的理解，这中间包含显性和隐性知识互动继而创造新知识的过程。最后，显性知识的共享渠道，对于隐性知识的分享亦是较好的选择平台。比如，开放源代码本身是显性知识，但其建构和表达的过程包含隐性知识，开发员可以通过对源代码的研究来学习更高级的编程逻辑。

研究者在访谈过程中亦对开源项目成员间知识共享的内容和方式进行挖掘。比如访谈问题 5 "开源软件项目中进行知识共享的内容主要集中在哪些方面？为什么？"和访谈问题 6 "开源软件项目中的人员通过哪些载体，以及形式进行知识共享？知识共享的过程是什么？"就是较好的匹配问题。

通过数据分析，笔者发现，开源项目进行知识共享的内容主要集中在应用场景、软件架构、软件代码、软件文档、组织管理等方面。代码和文档是较为基本且重要的内容。代码是否有注释、命名是否规范、是否符合业界最佳编码实践、是否易维护易扩展以及可读性是否良好、文档是否完善，对于开源项目最终绩效影响非常关键。

而项目成员间知识共享的方式分为"线上"和"线下"两种，但主要方式依托虚拟网络。比如在"Apache 社区中，考虑到时差因素，很多重大的决定都是通过邮件来进行交流的"。线上载体有：开源社区、论坛、邮件列表、wiki、网盘、QQ、IRC、博客、微博等，共享的过程一般是共享人发布信息，其他人参与反馈讨论或仅仅查看。"不同的文化群体其交流渠道也不相同。国外用户更喜欢通过GitHub、邮件列表、Twitter 来交流和讨论；国内用户则倾向于选择 QQ 群、论坛、博客等来交流"。线下载体有：会议、开源社区内部组织的线下见面交流和活动；除此之外，开源软件、开源技术相关的书籍，也是线下载体的主要形式。"从知识共享的角度来看，其大致包含以下几个环节：知识产生（创造）、表达、整理、讨论、翻译和传播；从共享知识的内容及表达形式总体分为显性的文档、视频、记录等形式，以及隐性的口头传输、积累的社会网络等形式。"

除了访谈、文献、档案等方式，研究者本人也以用户的身份加入多个开源项目，通过直接的观察和参与来体会知识共享的过程。研究者认为，开源软件项目的主体——开发员和用户——及其之间的互动，共同作用于知识共享。

5.3.4　开源软件项目绩效

开源软件项目绩效，是衡量开源软件项目总体发展情况的简称，不同的学者有不同的衡量标准。比如，Raymond 认为，开发员修复的 Bug 数目、新版本发布的频率和次数是较好的衡量指标。Feller 和 Fitzgerald 认为，以 Linux 和 Apache 开源项目为例，用户使用的市场情况是绝佳的参数，这也得到了其他学者的认同。DeLone 和 McLean 以信息系统软件项目为例，认为系统质量、信息质量、使用情况、用户满意度、个人影响和组织影响是衡量软件项目绩效的指标。Procaccino 等认为开源项目发展可以从成本、计划、范围、软件质量等角度衡量。Agarwal 和 Rathod 认为，开源项目成功与否，主要以是否实现其目标为度量标准。也有学者认为，由于开源软件以自愿为发展原则，所以诸如是否准时、是否在预算内、是否达到预期等衡量标准可能并不适用于开源软件；成员参与和开展项目活动是较好的衡量标准，特别是后者，可以从团队规模、社区规模（项目的积极参与者人数）、Bug 修复次数等指标进行衡量。Grewal 等认为，市场成功和技术成功是全面衡量开源项目是否成功的有效标准，新的软件发布次数以及下载量也是很好的衡量指标。Subramaniam 和 Sen 认为，影响开源项目绩效的因素主要在于参与主体（开发员和非开发员用户），以及项目互动两个方面，因此可以从开发员兴趣、用户兴趣以及项目活动三个变量来测量开源软件项目。

结合已有文献和对各种数据资料的内容分析，本研究认为很难直接界定开源项目是成功的还是失败的，原因如下：①开源项目不同于专有项目，很少存在项目的终结期，只要开发员愿意持续维护，项目便会持续运转。②很多开源项目发展起伏不定，比如项目在初期受到广泛关注和应用，但在后期却戛然而止。③即使同一项目也有不同的子项目和评价指标，比如 Linux 内核已经在服务器操作系统、智能操作系统（如 Android）领域中占有绝大部分市场份额，从知识传播的角度分析是显著成功的；但 Linux 桌面操作系统的市场占有率却不甚理想。

综合所有数据及编码，研究者认为，市场成功、技术成功、社区成功是能够全面且细致地衡量开源项目绩效的有效指标。市场成功主要指开源软件本身的用户，具体可以从使用强度（同类软件中的市场占有率）来衡量。技术成功主要指开源软件项目能否解决实际问题，满足项目开发员的需求，具体可以从软件的可用性、代码的质量、文档的完善等因素衡量。社区成功主要是指由开源项目衍生的社区是否活跃，具体可以从社区人数、讨论热度等进行衡量。

在访谈过程中，针对开源项目绩效，研究者设置了多重问题进行双重验证，比如访谈问题 7 中，"什么是成功的开源软件项目？其衡量和评估的标准是什么？为什么？哪些因素会影响一个开源软件项目的执行和效果？"；访谈问题 8 中，"什么是成功的开源软件项目中的知识共享？其衡量/评估的标准是什么？为什么？"；访谈问题 9 中，"哪些因素会影响开源软件项目中的知识共享绩效？什么因素会促进良好的知识共享？为什么？哪些因素会阻碍？"

在市场使用方面，一位专家说道："开源项目的执行成效，本质上和该开源项目的市场接受程度有关。这点上，和商业软件是一样的。如果某个开源软件的用户众多，改进需求旺盛，且开发员仍有时间或者兴趣去演进和迭代，则对应的开源项目可能长久不衰，而且可能吸引更多的人一起参与开发；相反，如果某个开源软件的用户缺乏，需求凋零，开发员就算有足够的时间和精力来维护和发展这个软件，其兴趣也会随着时间的推移慢慢消退，软件最终进入衰退期……衡量一个开源项目成功与否，其首要衡量指标应该是应用的广泛程度，其次是技术方面，如代码质量、文档、创新等，最后才是社区。"

在开源技术方面，一位著名开源软件社区资讯站站长，专门负责收集和报道Linux 及开源领域最新资讯的专家说："开源软件项目成功的标志总体来说包括：①对于个人程序员来说，对开源项目有足够的兴趣，且项目开发的技术能够解决实际的问题；②社区活跃，参与的人员较多；③最主要的还在于有广泛的用户。用户使用率是一个硬指标。"

在开源社区方面，一位隶属红帽公司的资深专家说："Community over code，好的开源项目社区是开源软件项目成败的关键。我一直认为好的软件是大家使用出来的，不是一开始靠某个人设计出来的。开源软件如果能够解决大家的实际问题，就会吸引大量的用户，健康的社区环境可以造就好的社区，好的社区可以为开源项目开发不断地提供生命力。"

综合所有访谈数据、档案、观察以及文献等，研究者认为影响开源软件项目绩效的因素众多，但市场成功、技术成功以及社区成功，是衡量项目绩效的重要指标。

5.4　本章小结

在本章中，研究者采用内容分析法，初步提出了影响开源软件项目内成员间知识共享的核心要素。通过访谈、观察、查询档案与文献等方式，将数据不断地与理论对比，提出"开发员和用户共同作用于知识共享，进而影响开源软件项目绩效"的理论框架。其中，开发员处于"供给端"，参与动机、社会网络、文化认同是作用于知识共享的主要因素；用户处于"需求端"，用户创新作用于知识共享，知识共享作为中介变量，进而影响开源软件项目绩效。综上，本章初步的理论框架如下（见图5.6）。

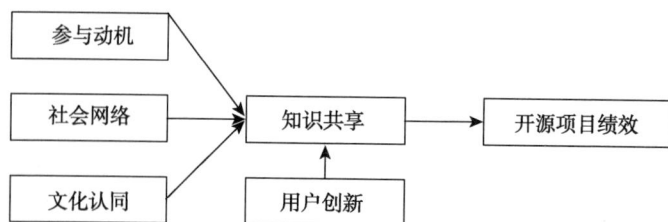

图 5.6　开源项目内成员间知识共享的理论框架

　　在下一章中，研究者将利用本章归纳出的理论框架，以开源软件项目为案例研究单位，开展探索性案例研究，通过案例内及案例间分析进一步推出研究命题。

第 6 章

数字经济下互联网社区开源创新的案例研究

6.1 案例研究方法

6.1.1 概述

案例研究是社会科学领域用来建构理论、解释变量间关系的重要研究方法，通过对案例深入的分析和数据挖掘，可以有效地理解现象背后的实质规律。案例研究方法至少具备五种功能：①解释现实生活中因素之间的假定关系。用"评估学"术语讲，就是解释"方案的实施过程与实施结果之间的联系"，这是案例研究最重要的用途，特别是当关系极其复杂，实验法抑或其他研究方法都难以企及时。②描述一种现实的生活现象。③列举生活中包括的主题。④探索因素的现象及其背后的原因。⑤对评估本身进行再评估。

根据 Yin 的观点，案例研究可以分为三种类型：描述性案例、探索性案例和解释性案例。本章采取的是探索性案例研究方法，通过多案例研究分析关键变量及其变量间关系，继而提出研究命题。传统的案例研究定位在以下三个方面：①研究的问题是关于"How"（怎么样）和"Why"（为什么）的问题；②不需要对研究过程进行控制；③研究的焦点集中在当前的研究问题。

本章采取案例研究方法主要基于以下原因：①探讨开源软件项目内成员间知识共享机制，适合通过案例研究来揭示其过程。②本书第 5 章通过内容分析法发现了关键变量，需要通过案例研究来进一步细化关键变量内的要素，以及要素之间的关系。③通过挑选具有代表性和互斥性的案例进行多案例研究，可以获得更为严谨、一般化及可验证的理论命题，继而为后续的大样本实证研究打下基础。

当然，对于案例研究方法也存在很多传统意义上的偏见，比如，认为其缺少严密性；不能提供科学归纳的基础；投入时间太多，而研究结论多为重复烦琐的文档；等等。因此，优秀的案例研究，必须经历科学的研究设计、细致充分的准备、深入的案例分析和数据挖掘，以对经验性和实证性课题进行研究的方式，开展科学深入的研究。

6.1.2　研究设计

严谨的案例研究设计有助于推动案例的数据挖掘与分析。依据研究问题与研究结论之间的逻辑顺序，本章研究设计如下（见表 6.1）：

表 6.1　案例分析的研究设计

序号	关 键 步 骤	主 要 内 容	
1	研究问题	这些要素如何影响知识共享，进而影响项目绩效	
2	理论预设	参与动机、社会网络、文化认同、用户创新（自变量），通过作用于知识共享（中介变量），进而影响开源软件项目绩效（因变量）	
3	分析单位	开源软件项目	
4	数据与假设间的逻辑联系	核心变量转化为案例访谈问题，不断地分析与对比	
5	研究结果的标准	建构效度	案例数据来源的丰富性
		内在效度	核心变量之间的内在逻辑
		外在效度	"复制原则"下的多案例研究
		信　　度	案例结果的一致性和稳定性

1. 研究问题

本章要集中解决的研究问题是：这些要素如何影响知识共享，进而影响项目绩效？本书第 5 章通过内容分析法解决了影响知识共享的要素是什么这个研究问题，并建构了初步的研究框架。本章将通过案例研究明确理论框架内的关键变量，以及变量之间的关系，继而提出研究命题。

2. 理论预设

理论预设在案例研究当中并不是必需的，但具备丰富基础的理论预设能够有效地引导研究者聚焦问题，防止思路的偏差。本章在案例研究之前提出"参与动机、社会网络、文化认同、用户创新（自变量），通过作用于知识共享（中介变量），进而影响开源软件项目绩效（因变量）"的理论预设。

3. 分析单位

好的分析单位能够较好地厘清研究边界。一般来说，分析单位的选取主要取决于研究问题，可以是个体、群体、组织或者社会人为事实。本篇章的案例研究分析单位是开源软件项目。和开源软件或开源社区相比，以项目为单位，能够较好地衡量项目绩效，并提高数据获取的纯度。

4. 形成数据与假设之间的逻辑联系

本书第 5 章具体运用内容分析法构建了文章的理论框架，试图通过访谈、观察、档案以及文献等方法明晰核心变量。在接下来的案例研究部分，研究者本人以理论框架为基础，围绕开源项目，将核心变量转化为访谈问题，再将所得结果不断与理论预设中的变量进行分析和对比，明确变量内的影响因素，并形成各因素间假定的逻辑关系。

5. 解释研究结果的标准

案例研究质量的检验标准，主要包括建构效度、内在效度、外在效度和信度四种。建构效度，主要指对所研究的对象进行科学的可操作化的测量。内在效度，多用于因果关系的探索和解释。外在效度，主要强调研究成果是否具备可归纳性，即是否可以由事实上升为理论，并推广到其他案例中。信度，主要强调用同样的方法对案例进行研究，是否可以得到同样的结论。

6.1.3　案例选择

本研究案例选择的标准如下：

第一，案例数据的可获取性。研究者在掌握 70 个案例数据库的基础上，根据 4 个自变量需要保证"案例自由度"的原则，着重对 16 个案例进行深入分析。结合获取数据的丰富性，最终选择 4 个案例在本章中呈现。

第二，获取数据的"证据三角形"原则。由于受访对象多是案例的创建者或积极贡献者，对于项目运转始末有清晰的认识，掌握大量的一手资料。研究者针对每个案例，通过访谈、观察、查询档案等多渠道综合获取数据，能够保证证据指向的统一性。

第三，案例选择的代表性。本章选取的 A（成功）、B（成功）、C（成功后失败）、D（失败）四则项目均是开源界关注度极高、评价鲜明的项目；且项目开源之后均经历过稳定的维护周期，能够相对完整地代表开源软件产业中的某几类项目，具备一定的典型性和代表性。

第四，案例结果的互斥性。本章选取的案例在知识共享过程，以及项目绩效方面存在一定的差异和可对比性，通过案例内和案例间比较分析，能够保证案例分析的说服力。

6.1.4　数据收集

案例数据的前期准备与收集分析共历时 7 个月，工作集中在大规模访谈、构建理论框架和预设；之后集中在案例访谈提纲的制定、数据获取、深入分析和校正。研究者在先期掌握的 70 个案例数据库的基础之上，结合专家推荐，以及 4 个自变量需要保证案例自由度的原则，对 16 个案例进行分析。最终选择 4 个案例结果不同的开源软件项目在本研究呈现。所有案例的推荐者主要来自中国、英国和美国。

数据收集的方式，主要采取访谈、档案、观察、文献等方法，以"线上"（Skype meeting、邮件、邮件列表、IRC、论坛、群组等）和"线下"（面对面访谈）两种方式为载体。同时作为用户，参与和观察了若干开源项目的运转，深入了解项目开展情况。对于案例访谈，在理论框架的基础之上制定案例访谈提纲，现场记录访谈内容，平均每次访谈 2 小时；在访谈结束后请受访专家对案例报告予以确认和审核。本章的案例数据来源如下（见表 6.2）：

表 6.2　案例研究的数据来源

案例编码	主要数据来源
A 项目	往来邮件 5 封；正式访谈 1 次；电子材料若干；文本确认 1 次
B 项目	往来邮件 11 封；正式访谈 2 次；文本确认 2 次；QQ 讨论若干
C 项目	往来邮件 9 封；正式会议 2 次；文本确认 2 次；电子材料若干
D 项目	往来邮件 9 封；访谈 2 次；会议 1 次；文本 2 份；QQ 讨论若干

6.1.5　数据分析

本案例分析主要采取案例内和案例间两阶段的多案例研究方法。案例内分析集中对每个案例内各变量状态进行分析；案例间分析集中对变量间关系及影响进行分析，并最终根据结果进行解释。案例内分析过程中，研究者主要对每个案例的参与动机、社会网络、文化认同、用户创新、知识共享以及项目绩效进行数据获取，了解每个变量内部所共有的影响因素。案例间分析过程中，对自变量、中介变量、因变量之间的关系进行推论和分析，获取变量间的逻辑关系。

数据分析过程中，研究者对每个案例结果的一致性和稳定性进行测度，确保研究内容的信度。对每个案例运用访谈、观察、档案等多种方法获取和分析证据，以提高案例研究的建构效度。再者，不断将案例与理论进行对比，涌现要素与要素之间的关系，并请访谈者对"推论"进行确认，保证案例研究的内在效度。最后，在对单个案例结论进行分析性归纳后，运用"复制"原则，通过对多案例的研究和对比来确定案例研究的外部效度。

6.2 案 例 简 介

本研究中的案例基本情况如下表所示（见表 6.3）。遵循案例研究的惯例，为了保护各项目相关者的信息，本章隐去了项目的具体名称。

表 6.3 案例研究的基本情况

类 别	A 项 目	B 项 目	C 项 目	D 项 目
建立时间	2011	2008	2002	2012
核心团队	12	1~2	5	10
积极开发	36	2	25	80
外围成员	36+	949	30+	10000+
许可协议	Apache	GPL	LGPL	项目未定型
核心组成	中+美+英	中国	中国	中国
项目状态	维护中	维护中	巅峰，现停止	停止
项目特质	领先的开源商业化	获奖作品	超 15 年社区（中国唯一）	购票软件；参与热潮

6.2.1 A 项目简介

A 项目所在公司推出两款中间件产品，其中一种就是 A 项目，该产品是从 FuseSource 公司收购的技术，是为了加速云集成、开源的服务设计和开发平台，整合了 Apache Camel、Apache CXF、Apache ActiveMQ 等多种功能。该项目的主要目标就在于加强 A 项目所在公司企业级产品信息集成和信息传递能力，帮助企业解决信息孤岛所造成的系统效率低下，以及信息延迟对客户造成的不良影响，从而应对社交化与移动带来的挑战。A 项目所具备的开放、灵活以及高性能的特点，能够帮助企业在混合云等多样化环境中开发、配置和集成的各种需求，并且以更低的成本帮助企业实现这些能力。原因就在于：首先，项目只需要有限的硬件和技术人员支持，部署相对简单；其次，作为开源的产品，其成本非常低廉；

最后，能够非常容易地与现有终端管理系统集成，并帮助部署和集中管控。

A 项目的核心成员有 12 人，其中来自英格兰的有 2 名，来自爱尔兰的有 2 名，来自中国的有 2 名，其余都是来自欧洲以及北美。项目自创立以来已经取得不错的市场收益。

6.2.2 B 项目简介

B 项目的全称是 Application Product Development Platform，意为应用级产品开发平台。B 项目的雏形可以追溯到 2008 年，该项目于 4 年后即 2012 年 4 月 9 日在 GitHub 开源。其用户群是广大的 Java 工程师，Java 初级开发员能从 A 项目中学到众多的架构设计原则及编码技巧，Java 中的高级开发员能使用 A 项目从事基于 B/S 多层架构的管理信息系统，从而快速开发工作。项目底层全部采用 Java 开源框架，开放透明，安全可靠。

在中国开源软件推进联盟主办、全球最大中文 IT 社区 CSDN 与《程序员》杂志协办的"2013 年度中国优秀开源项目评选"活动中，B 项目以 2094 票位居第三。经过 2 年多的时间，B 项目目前在 GitHub 上面已经有 949 个开发员对其进行跟踪、研究和使用，是较为成功的开源软件项目。

6.2.3 C 项目简介

C 项目正式成立于 2002 年 5 月 1 日，是国内第一个 Java EE 开源中间件项目，经历了不断的技术创新与变革，于 2006 年至 2007 年取得巨大成功，之后逐渐于 2009 年萎缩，最终停止。该项目是一个开源的应用服务器，旨在提供轻量级的 Java EE 支撑环境，在开发过程中获得众多国内外大奖。2002 年，项目组在 Borland 首届大中华区程序员大赛中获优胜奖。2006 年，项目获得中日韩开源技术大赛优胜奖。2007 年，项目最新版本发展到 3.1，经历了从模仿到自主研发再到创新的过程，应用服务器不仅具备简单、轻量、高效和完善的特点，亦提供支持模块化功能的 MVC 框架，能够较好地满足企业用户的需求。

该项目的核心成员有 5 名，主要贡献者 25 名左右，参与的开发员 30 余人。项目创始人亦是国内某社区的创建者，社区旨在促进基础软件技术交流和开放源代码运动，是国内为数不多的运行近 15 年之久的社区。项目经历了由小到大，再由成功转为衰落的过程，发展后期核心成员对项目规则观点不一，团队分裂，2009 年项目停止，宣告失败。

6.2.4　D 项目简介

　　D 项目于 2012 年 9 月 27 日建立，起初源于国内某知名电商公司高级技术副总裁看到同行程序员无法在网络成功预订火车票，遂牵头成立 D 项目开源技术组，旨在建立一套国内新的火车票订购系统。

　　项目有 10 个子模块，每个模块设立相应的针对性问题，以独立运作的模块化产品和所有模块的系统整合为预期目标。项目自 2012 年 9 月 30 日正式启动，到同年 11 月 10 日，已有超过 10000 名开发员注册并参与，核心成员 80 名左右，项目历时 6 个月之久，以没有任何标志性的产出而宣告失败。

6.3　案例内分析

6.3.1　参与动机

　　本小节从内在动机、外在动机两个方面对多案例各维度内数据进行分析，表 6.4 列出了四个案例内的参与动机测度结果。

表 6.4　多案例项目中的参与动机

参与动机	A 项目	B 项目	C 项目	D 项目
内在动机	• 热爱编程 • 工作有乐趣	• 编程有趣 • 有利于提高能力 • 有助于创新水平提高	• 作为自由主义的追随者有技术梦 • 不断学习，提高技术 • 对开源迷恋 • 自由接触优秀软件的代码 • 开源已经成为一种生活模式	• 对开源的热爱与坚持 • 解决国人买票难问题
外在动机	• 利用商业模式减轻工作压力 • 贡献非常清楚 • 作为 Apache 的 committer 非常自豪 • 贡献越多，荣誉越多	• 通过技术培训获得收益 • 目前的收入已超过当时的支出	• 挣钱 • 很少有 IP 问题 • 获得认同感	• 回馈社会 • 从开源获取收益，责任感

6.3.2 社会网络

本小节从认知维度、关系维度和结构维度三个方面对多案例各维度内数据进行分析，表 6.5 列出了 4 个案例内的社会网络测度结果。

表 6.5 多案例项目中的社会网络

社会网络	A 项目	B 项目	C 项目	D 项目
认知维度	• 满足用户的需求 • 解决真正的问题	• 满足用户的需求 • 开源的品牌效应 • 选择最好的模式 • 识别真开源与假开源	• 有共同的梦想，创造尖端产品 • 追求技术创新 • 获得同辈群体的认可	• 共有的交流平台：论坛 • 解决票池问题 • 基本都是中国人
关系维度	• 社区大于一切，遵守规则 • 贡献越大，责任越大 • 提问题要有智慧 • 彼此之间自由交流	• 大多数的建议有益 • 有自己的工作规则 • 当目标一致时，其他程序员就会加入团队	• 彼此信任 • 保护成员之间的兴趣 • 有软规则，成员非常遵守 • 项目转折，成员们失信 • 对规则不认同，团队分裂	• 观点各异 • 水平参差不齐
结构维度	• 全英文随时交流 • 保持项目的国际化水平	• 线上和线下两种方式 • 线上包括 E-mail、QQ、YY Voice、Online Course 等，线下包括聚会、培训客户等 • 更多时候通过 E-mail 进行交流	• 频繁的互动 • 日常的互动与讨论 • 定期的线下聚会 • 项目转折后停滞	• 每周日晚 8 点，微信群聊开会 • 会议内容以调研结果和详细设计方案为主

6.3.3 文化认同

本小节从自由开放、合作共享、极客精神三个方面对多案例各维度内数据进行分析，表 6.6 列出了 4 个案例内的文化认同测度结果。

6.3.4 用户创新

本小节从创新意愿和创新能力两个方面对多案例各维度内数据进行分析，表 6.7 列出了四个案例内的用户创新测度结果。

6.3.5 知识共享

本小节从显性知识和隐性知识两个方面对多案例各维度内数据进行分析，表 6.8 列出了四个案例内的知识共享测度结果。

表 6.6　多案例项目中的文化认同

文化认同	A 项 目	B 项 目	C 项 目	D 项 目
自由开放	• 自由的知识流动 • 很好的学习机会 • 分布式创新 • 公司没有干预的权利 • 自己能够控制工作量	• 非常崇拜以及信奉 Richard Stallman 提倡的自由软件精神 • 使用 GPLv3 许可，体现开源本质 • 代码开放与自由	• 尊重和保护成员的兴趣 • 开心工作，热爱生活的态度	• 代码公开 • 所有文档公开
合作共享	• 清晰的贡献 • 成就感 • 分布式合作，全球 12 个 committer，中国有 2 个，其中来自英格兰的 2 名、中国 2 名，其余都来自欧洲和北美	• 合作的重要性 • 知识产权仍存在问题 • 政府规范法制环境的必要性	• 成员自治的氛围 • 尊重规则，包括对 deadline 的遵守，定期更新一集总结 • 保持个人与团队之间的平衡 • 和国外技术人员相比还有一定差距 • 成员协作存在问题，比如对于问题的理解存在歧义 • 生态环境建设存在问题，比如 IP、创新、版权等	• 10 个模块，每个模块 203 人管理，4~5 人开发 • 有合作框架，但无太多代码产出
极客精神	• 每个人都有极客梦 • 希望用技术改变世界 • 不断地挑战技术 • 心无旁骛，聚焦工作	• 任何人不能阻挡学习的动力	• 创新精神一般 • 使用工具不匹配	• 希望设计出能够替换官网的软件 • 底层框架设计问题多，无法推进项目

表 6.7　多案例项目中的用户创新

用户创新	A 项 目	B 项 目	C 项 目	D 项 目
创新意愿	• 如果对项目感兴趣就会 fork • 给予积极的反馈 • 项目以邮件为驱动 • 软件以社区为驱动	• 很愿意去咨询 • 目前已有 1000 余人向我咨询	• 很多用户 • 很少反馈 • 对于用户使用情况一无所知	• 参与热情高
创新能力	• 技能超群的用户会被红帽雇为专业程序员 • 专业的反馈会被 viewer 接收	• 给予反馈且被采用 • 代码和文档质量得到有效提高	• 有限的交流 • 很少的贡献	• 无突出贡献 • 无代码和文档等产出

表 6.8　多案例项目中的知识共享

知识共享	A 项 目	B 项 目	C 项 目	D 项 目
显性知识	• 网络交流 • 通过邮件列表、IRC、GitHub、Skype、Conference 等对所有事物进行记录	• 很多通过 QQ、GitHub、E-mail、电子书等进行共享	• 除了涉及个人隐私外，其余都公开 • 对所有工作保持记录 • 定期进行网络培训	• 文档、论坛、QQ 群以及微信群等资料和信息
隐性知识	• 每年召开国际会议 • 每个月至少一次集中交流	• 通过讨论文档质量得以提高 • 博客或者社区的交流能够启迪智慧 • 面对面的交流更能够启迪智慧	• 线下活动，比如去深圳、长沙、上海 • 见面会有更深入的交流 • 重视社交活动，AA 制	• 几乎无线下见面沟通

6.3.6　项目绩效

本小节从市场成功、技术成功、社区成功三个方面对多案例各维度内数据进行分析，表 6.9 列出了 4 个案例内的开源软件项目绩效测度结果。

表 6.9　多案例项目中的项目绩效

项目绩效	A 项 目	B 项 目	C 项 目	D 项 目
市场成功	• 市场化非常好 • 商业模式以培训、咨询和订阅为主 • 订阅是最受欢迎的方式 • 主要是企业级用户	• 很多软件公司会向我请求技术咨询和服务 • 技术支持遍及很多地方，如山东、北京、河北等 • 收入基本来自技术支持和服务	• 从未市场化 • 缺少融资基础 • 错过最好的市场发展时机	• 无产出，不了了之 • 无市场化
技术成功	• 很强的技术社区孵化能力 • 很强的计算能力	• 复杂的技术变得简单 • 代码更轻便，文档质量更好，更易于理解 • 解决方案更聚焦和具体	• 有非常好的 MVC 框架 • 代码质量更好，微内核 IOC • 有 100 页左右的文档阐述技术 • 使用率广，金碟、用友一直在用 • 仍有技术缺陷 • 核心成员 2 名，很难涉及更为细致深入的框架 • 技术路线图太大，很难执行	• 设计票池 • 希望替换 12306 网站软件，但未实现
社区成功	• 有很多社区专家 • 品牌效应 • 持续的互动与沟通	• 程序员和用户的社区交流非常频繁和密集 • 超过 949 个程序员 fork	• 将代码放在 Huihu 和 Google Code • 很好的交流平台 • 唯一运行超过 15 年的社区	• 社区繁荣 • 有 10000 多成员加入

6.4　案例间分析

6.4.1　参与动机与知识共享

由案例可知，成员所具备的积极的参与动机对于开源软件项目内的知识共享有正向影响。A 项目中，开发员积极参与贡献，主要源于其对项目所具备的强大的实际应用能力和编程工作着迷；与此同时，成为 Apache 的 Committer 着实不易，全球仅有 12 个，参与其中非常自豪；再者，这份工作所带来的收益也是支撑成员不断坚持和贡献的重要动力。B 项目中，项目创始人的最初目标就是面向广大的 Java 工程师，提供效能精简的用户平台和技术助力。通过平常的技术培训，目前的收入也已经超过了当时工作的支出，既能造福他人，又能够缓解生活压力。同时，创始人一直以来对编程的热爱和参与其中对自身技术能力的帮助也是非常重要的原因。C 项目中，创始人表示，自己虽然计算机基础差，但对于开源特别感谢和迷恋，究其原因在于开源为其提供了接受更高教育的机会，使其近距离学习诸如华为等高级开源软件的代码细节。作为自由主义的追随者，开源不仅帮助其提高开发水平，更是成为重要的生活方式。除此之外，通过开源以及不断的贡献，能够从同辈中获得认同感，也可以解决自己的生活压力。D 项目的创建，源于某知名电商公司高级技术副总裁的号召，因为看到铁道部官网经常崩溃，同行程序员无法解决买票难的问题，于是打算和开源爱好者一起开发新软件，作为对社会的回馈。

可以发现，四个项目中开发员之所以愿意主动贡献，或多或少地出于不同的动力和目的，而非盲目行为。参与者的参与动机在很大程度上驱动着知识共享行为。基于以上分析，本文提出如下命题：

研究命题 1：参与动机与开源软件项目内成员间知识共享正相关。

6.4.2　社会网络与知识共享

由案例可知，成员之间的社会网络对于开源软件项目内的知识共享有正向影响。A 项目中，解决用户的实际所需，是所有成员参与贡献的共识。同时，成员间认同并且尊重社区规则，提问和交流全过程使用英文，以保持项目的国际化水平。对于分享的所有内容尽量全记录，以方便追溯。需要强调的是，由于该项目的所有核心成员位于全世界各地，基本通过网络保持联系和项目更新，有任何问题都可以随时提出和讨论解决。B 项目中，成员认为解决用户实际问题的重要前提在于辨别真开源和假开源。对项目目标认同和对开源的品牌效应认同是促使成员加入的重要因素。交流方式主要分为线上和线下，更多的时候以 E-mail 为交流载体。由于项目参与人数近千人，交流过程中难免产生"噪声"，然而大多数的建议对于推进项目有帮助，成员也较为尊重项目规则。C 项目中，每个成员都有不断追求技术进步的梦想，且希望产品能够造福社会。团队成员互动频繁，除了每日的网络交流，定期组织和参加聚会，拓展社会网络。在项目运转过程中，非常注重遵守社区规则的同时，保护成员的参与兴趣。然而项目在后期经历转折，由于成员对传统规则的不适应，出现团队成员分裂的现象，彼此之间的交流也逐渐减少，项目开发一度停止。D 项目中，成员有共有的网络平台进行交流，为解决票池问题，项目在 GitHub 上托管且公开源代码。每周日晚上 8 点，以微信群聊方式开会，并对票池方案进行讨论。但成员间观点不一，加之核心成员较多且熟识和信任程度不够，很难有效地形成统一意见或决策。

　　四个项目中，A 项目和 B 项目在社会网络方面表现较佳，由于成员之间在关系、认知和结构维度情况较好，因而成员间知识共享较好。C 项目经历了由小到大，再由盛极一时逐渐转为衰败，成员关系经历了对规则的认同和不认同，彼此之间由互信到失信，互动也逐渐减少，对项目目标出现分歧，因而成员间知识共享也随之变化，形成频繁再到减弱的局面。D 项目中，尽管参与人数较多且互动频繁，然而由于成员水平参差不齐，且缺乏有效的项目决策机制，有效的知识共享较弱。基于以上分析，本文提出如下命题：

　　研究命题 2：社会网络与开源软件项目内成员间知识共享正相关。

6.4.3　文化认同与知识共享

　　由案例可知，成员对开源文化的认同对项目内知识共享具有正向影响。A 项目中，参与成员自由交流，即使所在公司是互联网开源领域巨头，但公司高层丝毫不会干预成员开源工作，开发员对自身工作具备完全的控制力，可以自由选择在家或者其他任何地方分布式开展工作。合作方面，能够成为 Apache 的 Committer 机会难得，成员之间彼此信任且沟通顺畅。每个成员拥有技术梦想，希望用自己的技术改变世界。B 项目中，项目的发起人坦言，非常崇拜以及信奉 Richard Stallman 提倡的自由软件精神，因此采用 GPLv3 作为开源软件项目的许可证。成员之间积极进行合作，但知识产权方面的问题难以得到有效保障。C 项目中，成员自由交流，且遵守项目规则，能够定期提交或更新工作总结，非常注意开发员个人与团队之间的平衡。但成员间协作存在重要分歧，导致项目最后无法顺利开展，且对于不断提高技术的极客精神一般。D 项目中，按照开源项目要求，所有信息公开。项目预期较高，希望在一年之后设计出可以替换官网系统的软件。成员花较多时间讨论和设计工作模块，每个模块有 2~3 人管理，4~5 人进行开发，10 个子模块有 80 余名核心成员，但整个项目在前期路线图设计方面花费过多时间，鲜有实质成果产出。

四个项目中，成员在文化认同，特别是自由开放方面都较为认同，然而在合作共享和极客精神方面出现偏差。A 项目和 B 项目的共同点在于成员间合作较为顺畅，且对于技术精进都有较高的追求。不同点在于，A 项目由于国际化水平更高，成员要解决的实际问题也更前沿，其国际影响力更强，且相关的外围制度环境相对更有保障；B 项目虽然技术水平较高，影响力更为本土化，且国内相关制度环境建设不健全，因而开发员在合作共享中的不安全感更强，这会在一定程度上影响知识共享。C 项目由于成员在合作后期，对项目规则出现分歧影响了项目推进，加之技术能力有限，知识共享受到阻碍。D 项目中，众多的参与人员将时间花在框架的制定方面，由于成员水平参差不齐，对于实际操作几乎无实质性推进。基于以上分析，本文提出如下命题：

研究命题 3：文化认同与开源软件项目内成员间知识共享正相关。

6.4.4　用户创新与知识共享

由案例可知，用户创新对开源软件项目内知识共享具有正向影响。A 项目中，很多用户对项目感兴趣，并会积极 fork 和给予反馈。项目以邮件为驱动，软件以社区为驱动。专业的用户建议会被 viewer 采纳，技能超群的用户极有可能被公司雇佣成为专业的开发员。B 项目中，用户乐意花费时间，目前已有 1000 余人次向项目创建者咨询和反馈，代码和文档的质量也因此得到提高。C 项目中，用户很多，但与开发员交流较少，由于缺乏反馈，开发员难以把握项目进程。D 项目中，用户的参与热情很高，但技术能力普遍一般，较少有实质性的贡献。

四个项目中，A 项目和 B 项目的用户都有较强的参与意愿，且积极提供用户反馈，然而用户在创新能力方面有所差异，前者的用户由于精湛的技艺被专业公司聘请，从用户身份转为专业的开源软件开发员，后者项目用户依然仅站在用户角度提供反馈。C 项目和 D 项目相比，D 项目的用户参与热情更为强烈，然而两个项目的用户实际贡献都较少。不同的用户参与对项目内成员间知识共享产生不同的影响。基于以上分析，本文提出如下命题：

研究命题 4：用户创新与开源软件项目内成员间知识共享正相关。

6.4.5　知识共享与开源软件项目绩效

由案例可知，成员之间的知识共享对开源软件项目绩效具有正向影响。A 项目中，由于核心成员分布在世界各地，主要通过邮件列表进行交流。除每年的国际会议交流，成员之间至少保证每个月集中交流一次。社区内专家水平较高且交流顺畅。项目的市场化程度很高，通过培训、咨询和订阅等商业模式实现了可观的盈利。B 项目中，成员主要通过 QQ、E-mail、博客等形式交流。由于项目主要用户群定位在 Java 工程师，并帮助其将复杂技术简化，市场化非常成功，很多软件公司主动邀请其进行技术支持和服务。程序员和用户的社区交流非常频繁和密集，目前已有超过 949 名开发员 fork。C 项目中，除了涉及成员隐私的内容，几乎所有内容对外公开。除此之外，成员非常注意线下面对面交流，在此情况下发展起来的社区平台非常好，目前该社区是国内典型的运营超过 15 年的社区。随着项目的发展壮大，核心团队计划以基金会形式进行融资，支持项目扩展，但因为融资数目巨大，且国内开源基金会建立形式与国外有别，项目从未实现市场化。项目发展后期，技术路线图过于烦琐复杂，难以执行和实现。D 项目中，尽管成员在论坛上积极响应，但几乎无线下沟通。由于参与人数太多且水平一般，很难有效地推进项目。社区繁荣但因无任何代码、文档等产出而从未有机会实现市场化。

四个项目中，成员间知识共享较佳，则软件的项目绩效相对较好。以 C 项目为例，项目发展的第一阶段有较高绩效，随着后期团队成员关系破裂导致的知识共享停滞，项目逐渐转为衰败。D 项目中，由于几乎无实质且有效的知识共享，项目在市场、技术和社区方面无法与其他项目相提并论。基于以上分析，本研究提出如下命题：

研究命题 5：成员间知识共享与开源软件项目绩效正相关。

6.5 本 章 小 结

本章通过多案例研究，对影响开源软件项目绩效的关键变量及变量间关系进行分析，并提出以下五个具体的研究命题，如下：

研究命题 1：参与动机与开源软件项目内成员间知识共享正相关。

研究命题 2：社会网络与开源软件项目内成员间知识共享正相关。

研究命题 3：文化认同与开源软件项目内成员间知识共享正相关。

研究命题 4：用户创新与开源软件项目内成员间知识共享正相关。

研究命题 5：成员间知识共享与开源软件项目绩效正相关。

同时，通过案例内分析和案例间分析，研究者对于各变量内部细分的潜在影响指标有了深入认识，这需要理论对实证作进一步支持。因此，本书将在第 7 章重点分析理论与实证数据之间的对比和分析，进而形成最终细化的概念框架和研究假设。

第 7 章

基于定量的开源创新知识共享产业实证

7.1 研 究 假 设

7.1.1 参与动机与知识共享

在知识经济发展的时代，知识往往被看作竞争优势的所在，且往往以多种形式表现，处于知识管理的核心环节。当然，知识亦存在共享困境，并非所有人都愿意主动共享，特别是在组织当中，雇员对于是否共享持保留态度。一个非常重要的原因在于，知识共享可能会降低成员的竞争优势，意味着伴随着时间、精力的付出，知识的发送方不仅可能没有回报，其自身的优势也可能被削弱。再者，知识共享这一行为本身很难被测度，同时在成员的工作绩效中很难直接体现出来，因此在客观上大大削减了成员知识共享的参与动机。

开放源代码，既是一种经济现象，又是一种社会现象。参与开源贡献的开发员往往是一批没有薪酬的志愿者，但他们愿意花费时间去创造免费的源代码供公众使用，本身就是一个有趣的现象。社会决定理论认为，动机影响行为。开源项目中，开发员参与的内在动机和外在动机对知识共享具有很重要的影响（见表7.1）。

内在动机，主要包括三个方面：兴趣爱好、技能学习、乐于奉献。具体来说，①兴趣爱好，主要强调开发员自身对于代码、编程等开源工作的热爱，能够从中体会到快乐。当开发员在探索技术难题，或者帮助其他成员完成安装软件等工作时，其内心的愉悦是支持其开源的不竭动力。②技能学习，是指开发员通过编写代码、观察其他同行的工作，以及从用户处获得反馈等提升自身的开发技能。③乐于奉献，是指开发员通过自身的志愿参与行为，能够产生自我实现的体会，自我认同感不断上升。

外在动机，主要包括三个方面：薪酬刺激、职业晋升、声望荣誉。具体来说，①薪酬刺激，主要是指通过开源，能够直接或间接获取薪酬奖励。有学者将开源贡献者的工作时间和薪酬联系进行研究，发现在开源项目中，有薪酬刺激的开发员平均每周花费 17.7 小时；而无薪酬刺激的开发员每周平均贡献时间为 11.7 小时，可见，薪酬刺激对于开源贡献者的知识共享有一定影响。②职业晋升，主要是指开发员通过开源项目的组织与参与，能够有效地证明自己的工作价值和能力，有利于职业发展。③声望荣誉，主要强调在社区内部或者领域内部获得较高的荣誉。一般来说，开发员的贡献越大，其声望就越高，在同行中就越被认可和尊重，无论是自我满足还是未来职业发展都有所裨益。

表 7.1　参与动机变量及其维度的理论研究

变　　量	变量维度	文　献　支　持
参与动机	内在动机	兴趣爱好（Benkler，2002；Hemetsberger，2004；Shah，2006；Luthiger & Jungwirth，2007；Zhang et al.，2010）
		技能学习（Von Hippel & Von Krogh，2003；Stewart & Gosain，2006；Oreg & Nov，2008）
		乐于奉献（Bitzer et al.，2007；Osterloh & Rota，2007）
	外在动机	薪酬刺激（Hars & Ou，2002；Hertel et al.，2003；Lakhani & Wolf，2005）
		职业晋升（Ghosh，2005；Roberts et al.，2006；Wu et al.，2007）
		声望荣誉（Lakhani & von Hippel，2003；Lakhani & Wolf，2005；Osterloh & Rota，2007）

7.1.2　社会网络与知识共享

社会网络，主要强调具备一定社会资源及所在个人、群体、组织和社区之间形成的网络关系，可以分为认知型社会网络、关系型社会网络和结构型社会网络三种。其中，认知型社会网络，强调成员对于共享知识的认知是否建立在共同的语言和文化交流背景上。关系型社会网络，强调成员之间的联系，比如信任、规则、互惠等，对于促进知识共享来说，信任对于关系型社会网络具有非常重要的作用。成员之间的信任能够帮助其以较低的成本共享信息，也更有益于彼此观点的认同和接受。结构型社会网络，强调成员在社会网络中的互动，比如互动频率和关系的强弱。成员间互动频繁，具备更为紧密的社会网络，客观上更有利于团队合作和信息共享（见表 7.2）。

表 7.2　社会网络变量及其维度的理论研究

变　　量	变量维度	文　献　支　持
社会网络	认知型	共同的目标（Tsai & Ghoshal，1998；Inkpen & Tsang，2005）
		共同的语言（Leana & Van Buren,1999；Brown & Duguid，2000）
		共同的文化（Brown & Duguid，2000）
	关系型	信任（Chowdhury，2005；Ding et al.，2007；Holste & Fields，2010）
		规范（Liu & Besser，2003；Hutchings & Michailova，2004；Huysman & Wit，2004）
		互惠（Wasko & Faraj，2005；Chang & Chuang，2011）
	结构型	互动的频率（Davenport et al.，2001；Adler & Kwon，2002；Hansen，2002；Fong & Chu，2006）
		关系的强弱（Reagans & McEvily，2003；Chiu et al.，2006）

认知型社会网络对于知识共享的影响主要通过三个方面体现：①共同的目标；②共同的语言；③共同的文化。当成员拥有共同的目标时，其合作的可能性更高，进而交流与共享的概率就越大。在共同的语言和文化背景下，成员之间往往更容易理解和接受对方的信息。特别是在隐性知识方面，认知型社会网络往往能够影响成员对于晦涩知识的挖掘和共享能力。

关系型社会网络对于成员间知识共享的影响主要通过三个方面体现：信任、规范和互惠。具体来说，①信任，是成员间关系网络最重要的要素。建立在信任基础上的团队协作，成员认同感更高，团队凝聚力更强。与此同时，团队内部的隐性知识共享更为便利。伴随着成员间信任感的增强，团队内部的显性知识共享也会提高。当然，在不同的情境之下，信任也会以不同形式表现出来。Abrams、Cross、Lesser 和 Levin 将信任划分为两个维度：能力和善良。在知识共享中，互惠持续发挥作用，而能力则在隐性知识共享方面更为显著。②规范，主要强调成员之间合作所遵守的客观规律或法则，或明确要求，或不言自明。尽管开源项目中成员可以自由进出，但在工作过程中仍有组织规范，如对代码、文档等的要求和软约束，客观上有利于知识共享的质量。③互惠，主要是建立在公平的基础之上的。如果成员间交流彼此互惠，那么共享速度更快，成员交流的动力和热情更高。

结构型社会网络对于知识共享的影响主要通过两个方面体现：①互动的频率；②关系的强弱。已有研究表明，知识共享最大的障碍就在于成员因为主观或客观因素造成的时间缺陷。当成员在项目中参与时间越长，与其他同行互动越频繁，形成紧密的非正式关系的可能性就越大。这能够在很大程度上帮助隐性知识被快速挖掘和理解，减少对知识的误读，也更容易促进显性知识的共享。与此同时，关系的亲密性也会影响成员知识共享的数量和质量。关系越紧密，成员更乐意主动进行共享。

当然，成员在知识共享过程中不可避免地存在两个潜在的问题：搭便车和信息黏性，社会网络对于这两个问题能够有效地削弱。Granovetter 认为，网络的嵌入性会创造更多的个人或组织之间的合作机会，社会网络能够使得成员之间的合作以一定的规范为约束，在增加荣誉损失等代价的同时，从而减少了搭便车行为的概率。而信息由于本身的属性、特征、数量以及获取者的特征等原因，存在一定的黏性，社会网络能够有效地挖掘被隐藏的复杂信息和隐性知识，方便知识共享。

7.1.3　文化认同与知识共享

文化认同对于知识共享具有潜在但重要的影响，往往通过不可写、个人信奉的价值观来加以体现，具体分为三个方面：自由开放、合作共享、极客精神（见表 7.3）。

表 7.3　文化认同变量及其维度的理论研究

变　　量	变量维度	文　献　支　持
文化认同	自由开放	开放度（Curry & Stancich，2000；Alavi et al.，2006；Lin，2007）
	合作共享	公平（Kim & Mauborgne，1998；Bock et al.，2005；Hsu et al.，2007）
		认同（Barrett et al.，2004；Szulanski et al.，2004；2007；Ma & Agarwal，2007）
	极客精神	对失败的包容（Hope，2009）
		对风险的挑战（Hope，2009）

自由开放方面，主要强调成员之间信息流通的开放度。一般来说，当项目内部鼓励知识共享时，成员之间的信息流动速度就会大幅提升。一方面，这是基于主动的有意识行为；另一方面，这种开放式的互动对于获取显性和隐性知识有重要作用。与此同时，当成员之间的互动较为积极时，组织内部的开放度也会进一步得到提高。因此，开放度不仅仅是组织文化的体现，也深刻反映在成员的工作态度和行为中。

合作共享方面，已有研究认为，分享的组织文化能够有利于组织内部知识管理工具更加有效地使用，具体从公平和认同两个方面体现：①公平，主要与项目内部团队氛围有关，直接影响到成员是否愿意知识共享，以及知识共享的方式和深度。当成员之间处于公平的环境时，对方的回应也更加积极；当新人加入时，成员也更愿意交换更多的观点和信息。②认同，主要强调对对方知识和个人的认可程度。开源项目内部成员间彼此认同感越强，其越乐意进行知识共享。与此同时，随着互动的频繁，其观点或行为也更加趋于近似；由于组织内部成员间彼此认可和融洽的柔性工作氛围，项目内部竞争程度亦会下降。

极客精神方面，这里的"极客"主要是指对于计算机和开源技术有狂热兴趣并投入大量时间钻研的人。随着信息技术的发展，极客对于全球经济和技术创新产生了强大的影响力。从某种程度上说，开源的历史就是一部"极客史"。本研究对于极客精神的理解主要通过两个方面体现：对创新失败后的包容态度和对新兴技术的探索和挑战。

7.1.4　用户创新与知识共享

用户创新主要指自行开发产品或提供服务的个人或公司。无论是工业产品、消费品，还是新兴的商业模式，用户都是重要的创新来源。开源软件项目是能够较好地体现并解释用户创新的典型案例。

用户作为创新之源，可以分为三种模式：消费者创新、领先用户和协同创新。具体分析：①消费者创新，强调由消费者创造并发展新观点，进而转移给感兴趣的生产商模式。②领先用户，主要是指已有和新兴技术的最先使用者，其往往处于时代的前沿，对于创新产品有占领优势，对于创新技术有探索欲求。如果企业能够获知这些创新性的方法，并结合生产工艺加以改进，对于创新绩效具有非常积极的促进意义。③协同创新，主要强调生产供应商和用户之间的合作，开源软件项目就是极为典型的协同创新模式。无论是合作应用设计，还是编程等，都在很大程度上依靠用户的参与。再者，因为软件用户根据自身需求为服务付费，即以自身情况来定制产品，这就直接或间接地为其他用户提供了服务，改变了以往仅由生产商供应知识的模式。开源项目通过用户社区，或提供创新工具包，能够很好地为用户提供一个合作创新平台。

除了个体形式的用户创新，以公司为组织单位的企业级用户创新也在开源软件项目中发挥重要影响，特别是在开放式创新环境之下，越来越多的组织引进开源的组织模式成为非常有意思的现象和话题。比如 OpenOffice application suite、Mozilla Firefox 浏览器、Thunderbird 邮件客户端等，组织利用开源作为其信息获取及处理的技术工具。早期的开源更注重其水平架构，如操作系统、服务器等，现在更强调垂直化的新产品应用。与此同时，Ågerfalk 和 Fitzgerald 研究发现，现在的软件公司与开源社区之间的合作越来越多。一些公司会将专有软件开源，然后再与开源社区合作，进而产生新的开源项目或软件产品的形式进行合作开发。

这种实体组织与虚拟组织之间的合作，成为开放式创新和用户创新研究的重要话题。

可见，在开源软件项目中，无论是个人用户，还是企业用户，用户创新对于知识的获取和转移都发挥着重要作用。本研究将用户创新作为除开发员之外，用户影响知识共享的重要变量，具体将用户创新分为两个方面：创新意愿和创新能力（见表 7.4）。创新意愿，主要从用户对于已利用开源软件的满意程度，以及对于尝试利用新兴技术探索解决开源问题的欲求进行说明。创新能力，主要从用户在多大程度上将自身的创新想法付诸现实这个角度出发。前者关注用户创新意识方面；后者重在用户创新行为方面。

表 7.4　用户创新变量及其维度的理论研究

变　　量	变量维度	文　献　支　持
用户创新	创新意愿	意识层面（Franke & Shah, 2003；Morrison et al., 2000；Jeppesen & Frederiksen, 2006；Bin, 2013）
	创新能力	行为层面（Lüthje, 2004；Lüthje et al., 2005；Franke et al., 2006；Bin, 2013）

7.1.5　知识共享与开源项目绩效

知识共享对于创新和竞争优势的获取和保持具有重要作用。Pai 认为，有效的知识共享机制能够帮助个人很好地获取以及分享知识，但具体对于知识共享内显性和隐性知识的共享如何作用于创新绩效仍有很大的研究空间（见表 7.5）。

表 7.5　知识共享变量及其维度的理论研究

变　　量	变量维度	文　献　支　持
知识共享	显性知识	显性知识共享（Polanyi, 1962；Nonaka, 1994；Lin, 1999；Brockmann & Anthony, 2002；Kase et al., 2009）
	隐性知识	隐性知识共享（Wagner & Sternberg, 1985；Brockmann & Anthony, 2002；Thomas, 2002）

显性知识，主要是指能够被语言编码及解释的知识。相比隐性知识，显性知识更能够以相对容易的方式进行传播，比如学术学习、文件阅读、工作培训以及互动等。尽管显性知识易于传播，但也存在相关障碍，比如由于知识产权的保护无法获取显性知识的来源。隐性知识，主要是指难以通过语言或标记来进行交流的知识。隐性知识很难被直接记录下来，但可以通过培训或一定程度的积累之后被挖掘出来。隐性知识的有效转移建立在成员间的联系和信任之上。一般来说，

难以模仿、描述或转移的知识，对于创新绩效具有积极作用。

已有研究认为，隐性知识能够转化为显性知识。Nonaka 和 Konno 解释了隐性知识被转化为显性知识所经历的阶段，很多学者认为，很难在转化过程中而不损失隐性知识的价值。尽管显性知识的共享也存在障碍，但总体来说，其共享难度要低于隐性知识。隐性知识共享有利于促进团队不同成员之间的互相学习，及知识和观点的交融。显性知识的共享，一方面有利于已有知识的整合进而创造出新的知识，另一方面也有利于团队成员建构一定的知识背景，进而促进对隐性知识的理解和吸收。通过显性知识的共享，团队成员能够更好地进行隐性知识的共享。隐性知识往往对于竞争优势有一定作用，更有利于创新成果的形成。因此，本研究认为，知识（显性知识和隐性知识）共享作为中介变量，对于开源项目创新绩效具有积极意义。

开源软件项目的绩效，是衡量项目发展程度的重要标准，对于推进、检查项目及项目内成员间知识共享情况发挥着重要作用。一般来说，衡量开源项目的绩效可以分为三个方面：市场成功、技术成功和社区成功（见表 7.6）。

表 7.6　开源软件项目的绩效变量及其维度的理论研究

变　　量	变量维度	文　献　支　持
开源项目绩效	市场成功	用户使用（Krishnamurthy, 2002；Mockus et al., 2002；Kim, 2003；Healy & Schussman, 2003；Crowston et al., 2006；Stewart & Ammeter, 2006；Singh, 2010）
	技术成功	软件质量（Delone & Mclean, 2003；Lanzara & Morner, 2005；Fershtman & Gandal, 2007；Sen et al, 2012）
	社区成功	项目社区（Crowston, 2003；Toral et al., 2010；Choi et al., 2010）

市场成功，主要是从项目的用户使用情况来衡量。在开源软件项目中，用户是除开发员之外的另一大主体，也是开源项目建立的重要动力之一。一般来说，开发员在社区或者项目内部的参与情况较易测量，而用户环境则相对困难。再者，由于开源软件以自愿为参与原则，比如是否按时发布、合乎预算、达到预期等衡量闭源软件的标准并不完全适用于开源软件，因此，在衡量开源软件用户情况时，常用软件的下载量来进行衡量。有数据统计显示，一般超过 85%或更高的软件下载量都可以被称作成功的开源软件项目。

技术成功，主要强调开源软件项目的质量。在很多情况下，软件代码、开发员之间的协调机制都是项目技术特征的体现，在一定程度上能够反映软件产品的质量，代码模块化、可替换性、准确度高、可持续性强等特征，是高质量的开源项目的特征。Delone 和 Mclean 认为，系统质量、信息质量、使用情况、用户满意度、个人影响和组织影响都是衡量开源软件项目质量的重要指标。也有学者认为，申请专利的类型、操作系统、程序语言、项目地位等方面也是衡量软件项目的重要标志。具体来说，申请专利有如下分类方法：限制性和非限制性两类，高度限制、限制性以及非限制性三类，强版权、弱版权以及无版权三类，等等。尽管分类不同，但开源软件专利限制程度与软件质量本身具备紧密联系已达成共识。在操作系统方面，一般认为，Unix/Linux 操作系统更有利于开源项目的成功。在程序语言方面，C 语言在开源软件项目中更容易促进其成功。在项目地位方面，可以根据项目进展进行地位的衡量，有的将其分为需求计划、分析、设计、发展以及维护五个阶段，有的根据软件版本，将其分为检测版、Alpha 版、Beta 版以及稳定版。一般来说，项目的发展阶段可以从一定程度上体现其成熟性，比如从检测版到 Beta 版，再到稳定版，项目级别越高，运行越稳定，则说明软件质量越好，越能够解决实际问题。

社区成功，主要可以归结为两个方面：项目内部成员的活跃性以及项目的活跃性。前者主要是指开发员提交新代码的频繁程度，成员人数越多，提交代码越活跃，则说明该项目的参与和学习价值越高。后者主要是指项目的讨论热烈程度，这可以从很大程度上保证成员能够快速搜索到别人的答案，或在提问后能够短时间内获得其他成员的回应与帮助。

综上，市场成功和技术成功是较为稳定的测度变量，前者强调用户应用；后者强调软件质量。围绕项目开展的社区建设亦非常重要，影响成员参与人数以及用户满意度等因素。除此之外，项目内 Bug 修复次数、版本发布次数、项目产出等特点都和开源软件项目的绩效测量紧密相关。

研究者在之前案例研究的基础之上，具体通过理论对现实的数据支撑，形成了细化的概念框架和研究假设。研究者认为，开发员和用户是参与和影响开源软件项目的两大主体。开发员重点通过"参与动机""社会网络""文化认同"三大要素（自变量）；用户则主要通过"用户创新"（自变量），共同影响"知识共享"（中介变量），进而影响"开源软件项目绩效"（因变量）。

细化之后的概念模型（见图 7.1）如下。开发员方面：参与动机包括内在动机、外在动机；社会网络包括认知维度、关系维度、结构维度；文化认同包括自由开放、合作共享、极客精神。用户方面：用户的"创新意愿、创新能力"为测量维度。开发员和用户共四大核心要素（变量），共同作用于成员之间的知识共享，以显性知识、隐性知识为测量维度；最终影响开源软件的项目绩效，其以"市场成功、技术成功、社区成功"为测量维度。

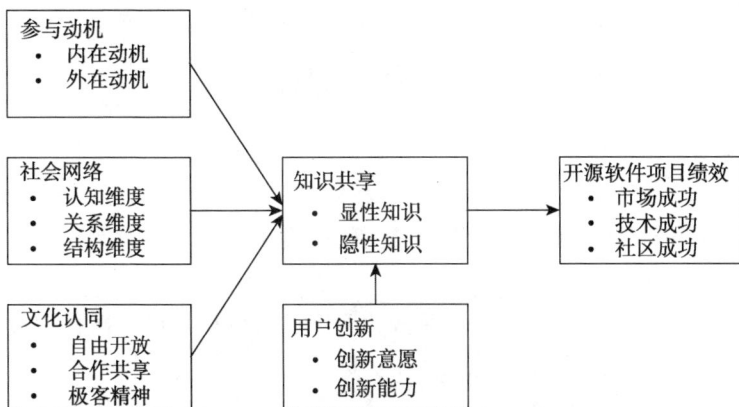

图 7.1　开源软件项目内成员间知识共享机制的概念模型

根据细化的概念模型，本研究提出如下研究假设（见表 7.7）：

表 7.7　开源软件项目内成员间知识共享机制的研究假设

研究假设（Research Hypothesis）
H1：参与动机与开源软件项目内成员间知识共享正相关
H1a：内在动机越强，项目内成员间知识共享越密集
H1b：外在动机越强，项目内成员间知识共享越密集
H2：社会网络与开源软件项目内成员间知识共享正相关
H2a：认知型社会网络越强，项目内成员间知识共享越密集
H2b：关系型社会网络越强，项目内成员间知识共享越密集
H2c：结构型社会网络越强，项目内成员间知识共享越密集
H3：文化认同与开源软件项目内成员间知识共享正相关
H3a：自由开放越强，项目内成员间知识共享越密集
H3b：合作共享越强，项目内成员间知识共享越密集
H3c：极客精神越强，项目内成员间知识共享越密集
H4：用户创新与开源软件项目内成员间知识共享正相关
H4a：创新意愿越强，项目内成员间知识共享越密集
H4b：创新能力越强，项目内成员间知识共享越密集
H5：成员间知识共享与开源软件项目绩效正相关
H5a：成员间显性知识共享越密集，开源软件项目绩效越高
H5b：成员间隐性知识共享越密集，开源软件项目绩效越高
H6：知识共享在开发员和用户影响开源项目绩效关系中起中介作用
H6a：知识共享在参与动机影响开源项目绩效关系中起中介作用
H6b：知识共享在社会网络影响开源项目绩效关系中起中介作用
H6c：知识共享在文化认同影响开源项目绩效关系中起中介作用
H6d：知识共享在用户创新影响开源项目绩效关系中起中介作用

7.2　研究方法

7.2.1　问卷设计

本研究采用政治学和管理学当中常用的问卷调查方法，对调查问卷采取以下设计流程：

第一，基于理论文献，对每个变量的测度进行分析，设计出科学合理的测量维度，在一定程度上保证问卷的信度与效度。

为提高问卷效度，研究者主要从以下几方面注意：①正确的理论依据；②规范的操作流程，以减少误差；③控制系统误差；④适宜的样本量，且预防流失；⑤根据变量的个数，设置适当的问卷长度；⑥排除无关因素干扰。

为提高问卷信度，研究者采取了以下方法：①适当延长问卷的长度；②保持问卷的难度适中；③尽量使问卷测度的内容同质；④设置合理且充分的问卷回答时间。

第二，在问题设置方面，结合专家的意见与建议，对问卷中较为拗口的学术语言，尽量转化为易于理解的业内情景问题。与此同时，对每个变量的题项结合现实进行分析。

第三，研究者请清华大学公共管理学院、剑桥大学科技管理中心，以及剑桥大学计算机实验室的教授对修改后的问卷进行讨论，对问卷的科学性和合理性再次把关。

第四，为了获得较高质量的数据，研究者先后进行了两轮问卷的预发放：第一轮测试投放于 Google Form，填答问卷人数为 19 人；第二轮测试投放于"问卷星"，有 8 人填答。根据回复问卷的情况和填答者建议，笔者对问卷细节进行修正，最终定稿并正式投放于网络社区。

7.2.2　变量测度

1. 参与动机

参与动机是本研究中的自变量。参与动机的变量可以分为内在动机、外在动机两个子变量，共采用六个题项。其中，内在动机分为"兴趣爱好"（题项 1）、"技能学习"（题项 2）、"乐于奉献"（题项 3）；外在动机分为"薪酬刺激"（题项 4）、"职业晋升"（题项 5）、"声望荣誉"（题项 6）。具体说明如下：

内在动机方面：题项 1 主要是指开发员对编写代码、从事软件开发等工作的热爱；题项 2 主要是指成员对于提升能力的追求；题项 3 强调成员在从事开源软件项目当中回馈社区、乐于助人的奉献精神。外在动机方面：题项 4 主要是指开发员借开源软件项目挣取一定的薪金；题项 5 主要是指希望通过对项目的贡献有利于其职业晋升；题项 6 主要是指开发员希望通过对开源软件项目的贡献获得在圈内的荣誉和赢得一定的地位。问卷采取 Likert 7 级量表，1 表示完全不符合，7 表示完全符合。

2. 社会网络

社会网络是本研究中的自变量。社会网络的变量可以分为认知维度、关系维度、结构维度三个子变量，共采用 8 个题项。其中，认知维度分为"共享目标"（题项 1）、"共享语言"（题项 2）、"共享文化"（题项 3）；关系维度分为"信任"（题项 4）、"规范"（题项 5）、"互惠"（题项 6）；结构维度分为"互动频率"（题项 7）、"关系强弱"（题项 8）。具体说明如下：

认知维度方面：题项 1 是指开发员对于开源软件项目有彼此认可的共同目标，能够吸引众多开发员聚合；题项 2 是指成员在项目开展中使用共同的语言，从一定程度上影响交流效率；题项 3 强调成员之间基于共同的文化使用彼此易于理解的方式进行交流。关系维度方面：题项 4 主要强调开源软件项目中成员之间彼此信任；题项 5 主要是指在开源软件项目方面，成员之间有一套明示或者暗示的行为规范；题项 6 强调成员之间的知识共享基于公平的原则，彼此互利互惠的预期或现实。结构维度方面：题项 7 主要是指成员之间的互动频率；题项 8 强调成员基于互动所形成的关系强弱。问卷采取 Likert 7 级量表，1 表示完全不符合，7 表示完全符合。

3. 文化认同

文化认同是研究中的自变量。文化认同的变量可以分为自由开放、合作共享、极客精神三个子变量，共采用 5 个题项。其中，自由开放主要是指"开放度"（题项 1）；合作共享分为"公平"（题项 2）、"认同"（题项 3）；极客精神分为"对失败的包容"（题项 4）、"对风险的挑战"（题项 5）。具体说明如下：

自由开放方面：题项 1 强调成员之间信息流通的速度。合作共享方面：题项 2 是指成员所处的环境是否公平，这会直接影响成员间知识共享的方式和深度；题项 3 是指成员之间对个人或项目的认可程度。极客精神方面：题项 4 是指成员对于项目开展过程中失败的容忍度；题项 5 是指成员对于探索新技术所带来的风险的态度。问卷采取 Likert 7 级量表，1 表示完全不符合，7 表示完全符合。

4. 用户创新

用户创新是本研究中的自变量。用户创新的变量可以分为创新意愿、创新能力两个子变量，共采用 6 个题项。其中，创新意愿分为"预期"（题项 1）、"探索"（题项 2）、"获益"（题项 3）；创新能力分为"仅观点"（题项 4）、"有观点无推广"（题项 5）、"有观点且推广"（题项 6）。具体说明如下：

创新意愿方面：题项 1 是指用户对于已有产品的功能存在不满意，并希望新产品、新工艺或新功能等产生；题项 2 是指用户试图通过自己的方式来探索解决问题的办法；题项 3 是强调用户对于接受或使用创新产品而从中受益。创新能力方面：题项 4 是指用户有创新观点，但仅停留在脑海，并未采取实践；题项 5 是指用户将创新观点付诸实践，并初具模型；题项 6 是指用户创新观点较为成熟，并已成功推广或广泛市场化。问卷采取 Likert 7 级量表，1 表示完全不符合，7 表示完全符合。

5. 知识共享

知识共享是本研究中的中介变量。知识共享的变量可以分为显性知识、隐性知识两个子变量，共采用 6 个题项。其中，显性知识分为"报告"（题项 1）、"总结"（题项 2）、"文档"（题项 3）；隐性知识分为"经验"（题项 4）、"专长"（题项 5）、"潜在细节"（题项 6）。具体说明如下：

显性知识方面：题项 1 是指成员之间对于报告、代码、通知等的知识共享；题项 2 是指成员之间对于已有知识的总结归纳等的共享；题项 3 是指成员之间对于文档等的知识共享。隐性知识方面：题项 4 是指成员之间乐于分享彼此的个人经验；题项 5 是强调成员之间对于个人专长分享无碍；题项 6 是指成员之间乐于挖掘并分享项目内在细节，以提高项目质量。问卷采取 Likert 7 级量表，1 表示完全不符合，7 表示完全符合。

6. 项目绩效

项目绩效是本研究中的因变量。开源项目绩效的变量可以分为市场成功、技术成功、社区成功三个子变量，共采用三个题项。其中，市场成功针对"用户"（题项 1）；技术成功针对"质量"（题项 2）；社区成功针对"社区"（题项 3）。具体说明如下：

市场成功方面：题项 1 是指成员参与的项目的市场化情况。技术成功方面：题项 2 是指成员所参与的开源软件项目的水平和质量情况。社区成功方面：题项 3 是指成员围绕项目所建立起来的项目社区活跃情况。问卷采取 Likert 7 级量表，1 表示完全不符合，7 表示完全符合。

7. 控制变量

本研究将开发员所在的组织态度、项目本身的技术难度、参与人特征（技术能力、管理能力）、环境不确定性（市场不确定性、决策不确定性）作为控制变量。控制变量的选取依据专家访谈、案例研究、参与式观察以及档案文献。研究者发现：尽管开源软件项目多属于开发员个人发起，但必须承认，开发员所在的公司或其高层对开源的态度，比如是否了解或明确支持，也会影响开源软件项目的发展走势。项目本身的技术难度也会影响到项目的阶段运转。参与人特征，特别是核心成员的技术能力和项目管理能力非常重要。而外部环境的不确定性，诸如开源软件产业市场，或者核心团队的决策也会在一定程度上影响项目内的知识共享和项目绩效。因此，以上四个方面作为本文的控制变量被嵌入调查问卷的第一部分，具体以 5 级量表表示："A"代表很弱（数值 1）；"B"代表较弱（数值 2）；"C"代表一般（数值 3）；"D"代表较强（数值 4）；"E"代表很强（数值 5）。

7.2.3　分析方法

对于回收以及处理后的数据，本研究主要采用 SPSS 22.0 进行描述性统计分析、信度与效度检验、主成分因子分析、相关性分析和多元线性回归等定量研究。具体步骤如下：

1. 描述性统计分析

描述性统计分析（Descriptive Analysis），主要针对调查问卷的基本资料进行分析，主要包括问卷填写人的基本情况和模型中的控制变量。描述性的内容包括标准差（Standard Deviation）、方差（Variance）、范围（Range）、最小值（Minimum）、最大值（Maximum）、峰度（Kurtosis）、偏度（Skewness）。

2. 效度和信度检验

效度（Validity），主要是指问卷的正确性和有效性。问卷的效度越高，表示所能测验的结果代表的真实程度越可靠。常用的效度指标有内容效度、结构效度、准则关联效度、判别效度、聚合效度。本研究利用因子分析评价问卷的结构效度。

信度，主要是指测验结果的一致性和稳定性。Cronbach's α 是评价问卷内部一致性最常用的指标，α 系数越高，表示信度越好。一般来说，$\alpha < 0.35$，表示低信度；$0.35 < \alpha < 0.70$，表示中信度；$0.70 < \alpha < 0.90$，表示高信度；$\alpha > 0.90$，表示信度非常好。本研究采用 Cronbach's α 系数和题项—总体相关系数检验样本信度：当 Cronbach's α 系数大于 0.7，题项—总体相关系数大于 0.35 时，表示通过信度检验。

3. 主成分因子分析

因子分析，是指研究从变量群中提取共性因子的统计技术。本研究主要对参与动机、社会网络、文化认同、用户创新、知识共享、项目绩效、控制变量 7 个变量对应的多个测量题项进行因子分析，以评价其建构效度，进而验证问卷的合理性。在因子检验方面，本研究选择 KMO（Kaiser-Meyer-Olkin）和巴特利特球形检验（Sig.）判断变量是否适合采用因子分析。当 KMO>0.7，Bartlett 球形检验的 Sig.<0.001 时，说明适合因子分析。本研究利用主成分分析法提取公因子，当主成分分析后的特征根大于 1，且各题项的主成分因子负载系数大于 0.5 时，可以通过因子分析将同一变量的各题项合并为一个公因子。

4. 多元线性回归

本研究拟对回归模型中的所有变量，包括自变量、中介变量、因变量和控制变量，进行相关分析，然后利用多元线性回归来分别验证本研究提出的假设。

综上，研究者要测量的概念模型及其变量间关系如下（见图 7.2）。

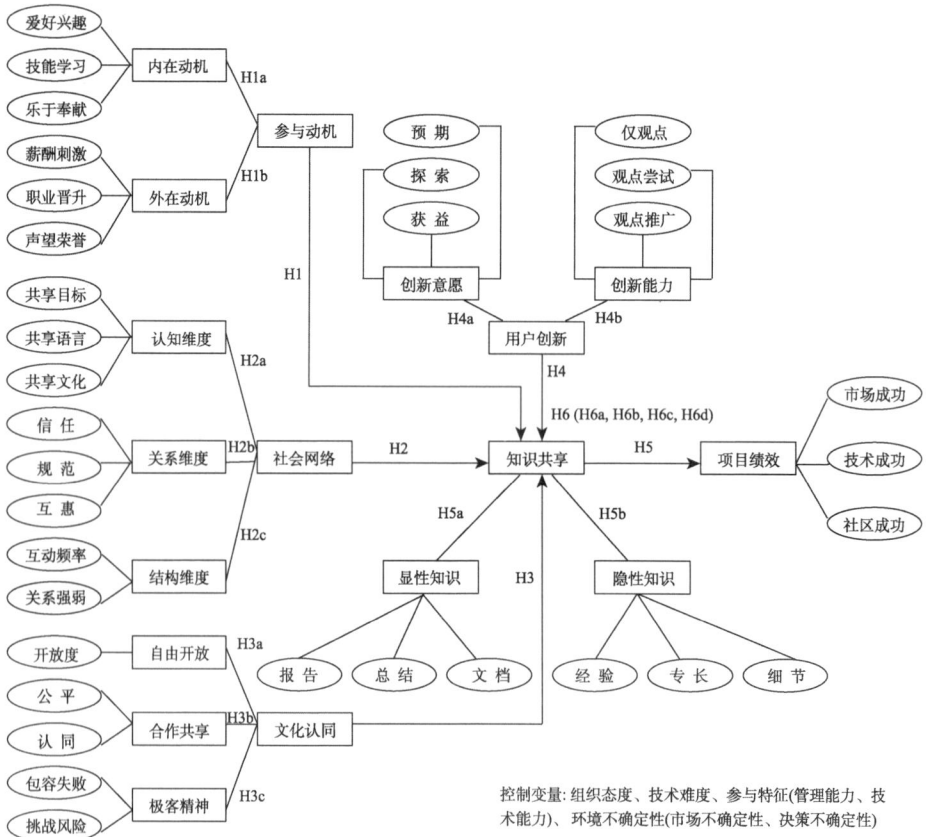

图 7.2　开源软件项目内成员间知识共享机制测量模型（修正前）

7.2.4　数据收集

本次研究以"中国开源软件项目调研"为主题，采取网络问卷形式，具体以从事或参与开源软件项目的 IT 开发员为调研对象。问卷在线投放 4 个月，共回收 617 份调查问卷，其中有效问卷 403 份，有效问卷率 65.32%。

为提高有效问卷的回复率，研究者对网络问卷设置了若干条件，比如，①每位回答者的每份问卷只能有 1 个 IP 地址，以排除单人多次回答或替他人回答的情况。②设置"所有问题为必答题，否则不得跳过"的条件，以排除问卷回复不完整的情况。所以，能够保证回复的每一份问卷为"一人一答"，以及每份问卷回复完整。

剔除无效问卷的主要条件为：①剔除未知 IP 定位问卷；②回答不符合逻辑（如开发员从事开源工作时长大于 IT 行业时长等）；③作者在问卷末尾设置了开放式问题，根据回复的情况判断是否熟悉或了解开源，主观建议乱码或者信息与主题不匹配的问卷予以剔除；④问卷回复时长过短，不符合正常回答习惯（网络后台统计每份问卷回答时长，以作为参考）；⑤回答前后矛盾或同质化严重，几乎所有回复答案一致的问卷，以作废处理。

问卷的抽样具备代表性，为了尽可能地降低随机抽样的系统偏差，研究者一方面联系之前访问的访谈专家，请其将网络问卷发至自身所处的绩效不一的各个开源软件项目社区；另一方面根据参与式观察，主动将问卷发至不同绩效的项目社区。衡量标准如下：①以开源软件项目为样本框，每个样本框包含的成员从几人到几百人，甚至上千人不等，规模各异；②抽样过程几乎涵盖所有不同绩效的开源项目；③每个样本框包含项目创立者、系统分析师、程序开发员、前端和后台设计等不同角色的项目参与者，能够较为全面地反映项目的真实情况。

根据 403 份有效问卷，北京（20.1%）、广东（15.1%）、上海（14.4%）、浙江（7.4%）、江苏（5.5%）是排名前 5 位的城市。所有从事开源或有此经历的开发员中（见图 7.4），73.9% 的所在单位属于信息技术行业，6.5% 属于制造业，4.2% 属于金融行业，4.2% 属于专业服务（如咨询业），3% 属于政府部门，2.7% 属于教育部门，以及其他（5.5%）。

回复样本的基本情况如下（见表 7.8、图 7.3 至图 7.6）：

表 7.8 开源软件开发员情况简介

题项	分类	样本数	百分比/%	累计百分比/%
性别	男	252	62.5	62.5
	女	151	37.5	100.0
年龄	<19	0	0	0
	19~25	44	10.9	10.9
年龄	26~30	174	43.2	54.1
	31~40	171	42.4	96.5
	41~50	14	3.5	100.0
	>51	0	0	0
学历	高中或以下	5	1.2	1.2
	大专	26	6.5	7.7
	本科	298	73.9	81.6
	硕士	67	16.6	98.3
	博士	7	1.7	100.0
您在 IT 领域工作____年	<1	6	1.5	1.5
	1~5	143	35.5	37.0
	6~10	195	48.4	85.4
	11~15	48	11.9	97.3
	16~20	11	2.7	100.0
	>20	0	0	0
您在开源领域工作____年	<1	40	9.9	9.9
	1~5	246	61.0	71.0
	6~10	108	26.8	97.8
	11~15	8	2.0	99.8
	16~20	1	.2	100.0
	>20	0	0	0

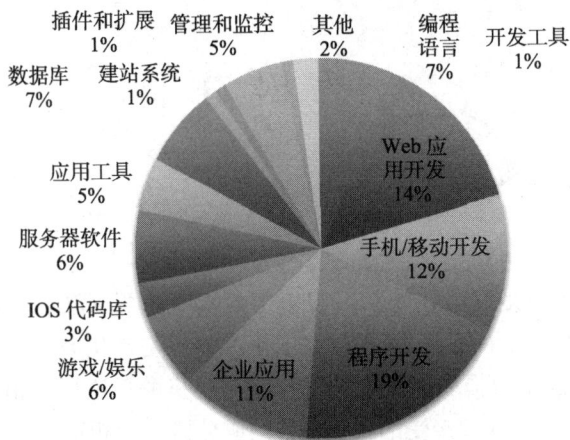

图 7.3　主要参与的开源软件项目分类

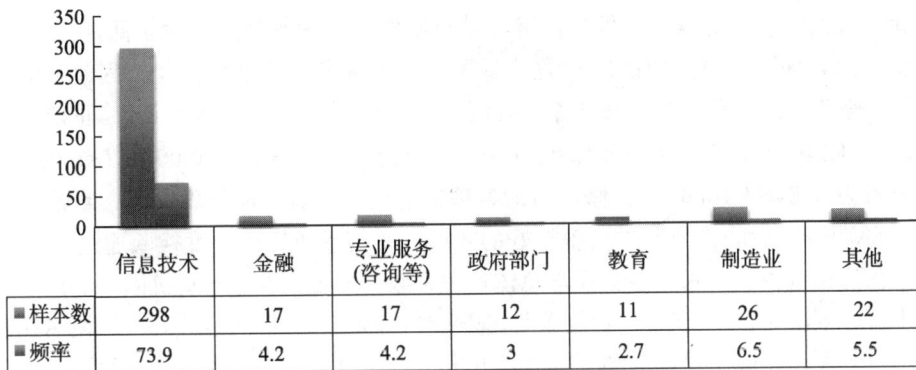

	信息技术	金融	专业服务 (咨询等)	政府部门	教育	制造业	其他
样本数	298	17	17	12	11	26	22
频率	73.9	4.2	4.2	3	2.7	6.5	5.5

图 7.4　开发员所在工作单位的行业属性

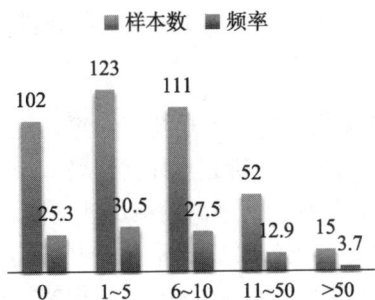

图 7.5　参与的开源项目中国外开发员人数比例

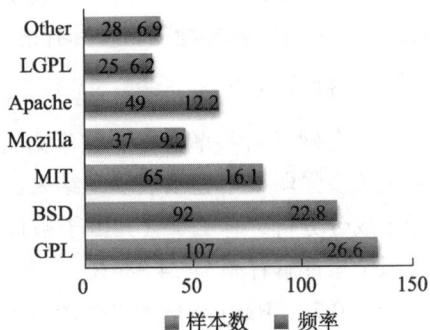

图 7.6　参与的开源项目许可证

7.3 数 据 分 析

7.3.1 效度与信度检验

1. 参与动机

参与动机由兴趣爱好、技能学习、乐于奉献、薪酬刺激、职业晋升以及声望荣誉 6 个题项表现，结果如表 7.9 所示。本研究对参与动机 6 个题项进行主成分分析，有 1 个公共因子被提取出来，刚好与参与动机的理论预设相符。公因子累计解释率为 67.604%，具有可接受的代表性。主成分因子分析的 KMO 值为 0.788（大于 0.7），Bartlett 球形度检验为 0.000，结果显著（P<0.001），研究结果符合理论预期。但"薪酬刺激"单项的标准化因子载荷值为 0.488，未超过 0.5，未通过效度检验。这说明，开源软件开发员的参与动机确实与薪酬刺激关联性较低，"薪酬"对于开源软件开发员贡献的影响力并不大，不具备足够的解释力度，因此删除该题项。修正后的题项数目变成 5 个，公因子累计解释率为 73.015%，较修正前显著提高。 KMO 值为 0.780，Bartlett's Test of Sphericity 显著值为 0.000（P<0.001），特征根为 2.846（Total>1），修正后的各项标准化因子负载值显著提高，且都大于 0.5，说明修正后的 5 个题项具备很好的效度。参与动机因子效度检验通过。

信度检验方面，根据各题项与总体相关系数，各要素在参与动机因子的影响力大小排序依次为：技能学习>声望荣誉>职业晋升>乐于奉献>兴趣爱好。这说明在参与动机方面，技能学习是驱动开源软件开发员参与贡献的主要动力；与此同时，声望荣誉和职业晋升等外在动机，相较于兴趣爱好等内在动机，发挥着更重要的作用。参与动机的 Cronbach's α 高达 0.808（大于 0.7），且各题项与总体相关系数均大于 0.35，表明研究内部题项测度具有很好的信度。参与动机因子信度检验通过。

2. 社会网络

社会网络由共享目标、共享语言、共享文化、信任、规范、互惠、互动频率以及关系强弱 8 个题项表现，结果如表 7.10 所示。本研究对社会网络 8 个题项进行主成分分析，有 1 个公共因子被提取出来，与社会网络的题项及理论预设相符。公因子累计解释率为 74.884%，具有可代表性。主成分因子分析的 KMO 值为 0.927（大于 0.7），Bartlett 球形度检验为 0.000，结果显著（P<0.001），根据特征根大于 1，其余各项标准化因子负载值大于 0.50 的经验判断，说明 8 个题项均具备很好的效度。社会网络因子效度检验通过。

信度检验方面，根据各题项与总体相关系数，各要素在社会网络因子的影响

表 7.9　参与动机变量的效度和信度检验（N=403）

核心要素	测量变量	效度					信度		
		均值	标准差	标准化因子载荷值（修正后）	KMO（修正后）	累计方差贡献率（修正后）	题项-总体相关系数	删除该题项后的Cronbach's α系数	Cronbach's α系数
参与动机	兴趣爱好	5.30	1.225	0.657（0.709）			0.554	0.784	
	技能学习	5.81	1.171	0.788（0.796）			0.644	0.756	
	乐于奉献	5.16	1.296	0.704（0.719）	0.788（0.780）	67.604%（73.015%）	0.564	0.782	0.808
	薪酬刺激	5.15	1.567	**0.488**（删除）					
	职业晋升	5.81	1.146	0.784（0.771）			0.605	0.768	
	声望荣誉	5.62	1.145	0.784（0.773）			0.614	0.766	

注：①修正前：样本数为403，KMO值为0.788，Bartlett's Test of Sphericity 显著值为0.000（$P<0.001$），特征根为1.040（Total>1），因子累计解释率为67.604%。

②修正后：样本数为403，KMO值为0.780，Bartlett's Test of Sphericity 显著值为0.000（$P<0.001$），特征根为2.846（Total>1），因子累计解释率为73.015%。

力大小排序依次为：互动频率>规范>互惠>关系强弱>信任>共享语言>共享目标>共享文化。这说明结构维度是成员交互的基础；在此基础上以规范、互惠等的关系维度发挥着稳定的作用；认知维度的作用相对较弱。核心变量社会网络的 Cronbach's α 高达 0.906（大于 0.7），各题项与总体相关系数均大于 0.35，表明研究内部题项测度具有很好的信度。社会网络因子信度检验通过。

3. 文化认同

文化认同由开放度、公平、认同、包容失败以及挑战风险 5 个题项表现，结果如表 7.11 所示。本研究对文化认同 5 个题项进行主成分分析，有 1 个公共因子被提取出来，与文化认同的题项及理论预设相符。公因子累计解释率为 85.242%，具有较高的代表性。主成分因子分析的 KMO 值为 0.854（大于 0.7），Bartlett 球形度检验为 0.000，结果显著（$P<0.001$）。根据特征根大于 1，其余各项标准化因子负载值大于 0.50 的经验判断，说明 5 个题项均具备很好的效度。文化认同因子效度检验通过。

信度检验方面，根据各题项与总体相关系数，各要素在文化认同因子的影响力大小排序依次为：挑战风险>认同感>开放度>公平>包容失败，且本研究核心变量文化认同的 Cronbach's α 高达 0.857（大于 0.7），各题项与总体相关系数均大于 0.35，表明研究内部题项测度具有很好的信度。文化认同因子的信度检验通过。

4. 用户创新

用户创新由预期、探索、获益、仅观点、有观点无推广、有观点且推广 6 个题项表现，结果如表 7.12 所示。本研究对用户创新 6 个题项进行主成分分析，有 1 个公共因子被提取出来，与用户创新的题项及理论预设相符。公因子累计解释率为 67.044%，具有可接受的代表性。主成分因子分析的 KMO 值为 0.738（大于 0.7），Bartlett 球形度检验为 0.000，结果显著（$P<0.001$），说明适合作因子分析。然而用户创新中"仅观点"的标准化因子负载值为 0.476，未超过 0.5，说明不具备效度。主要原因在于从开发员的角度来说，很难在用户未作出实际行动的情况下知晓其是否具备创新性的想法，与理论预期符合，因此建议删去该题项。修正后的题项数目为 5，公因子累计解释率为 71.452%，较修正前提高。KMO 值为 0.743，Bartlett's Test of Sphericity 显著值为 0（$P<0.001$），特征根为 2.659（Total>1），根据特征根大于 1，其余各项标准化因子负载值大于 0.50 的经验判断，说明修正后的 5 个题项具备很好的效度。用户创新效度检验通过。

信度检验方面，根据各题项与总体相关系数，各要素在用户创新因子的影响力大小排序依次为：有观点且推广>探索解决办法>有观点无推广>乐于接受新特征>用户需要，且本研究核心变量用户创新的 Cronbach's α 为 0.771（大于 0.7），

表 7.10　社会网络变量的效度和信度检验（N=403）

核心要素	测量变量	效度					信度		
		均值	标准差	标准化因子载荷值	KMO	累计方差贡献率	题项-总体相关系数	删除该题项后的Cronbach's α系数	Cronbach's α系数
社会网络	共享目标	5.69	1.118	0.757	0.927	74.884%	0.676	0.896	0.906
	共享语言	5.67	1.071	0.780			0.702	0.894	
	共享文化	5.41	1.161	0.703			0.618	0.901	
	信任	5.65	1.126	0.792			0.717	0.892	
	规范	5.70	1.111	0.800			0.724	0.892	
	互惠	5.66	1.097	0.796			0.720	0.892	
	互动频率	5.64	1.249	0.799			0.726	0.892	
	关系强弱	5.41	1.197	0.792			0.719	0.892	

注：样本数为 403，KMO 值为 0.927，Bartlett's Test of Sphericity 显著值为 0（P<0.001），特征根为 4.842（Total>1），因子累计解释率为 74.884%。

表 7.11　文化认同变量的效度和信度检验（N=403）

核心要素	测量变量	效度					信度		
		均值	标准差	标准化因子负载值	KMO	累计方差贡献率	题项-总体相关系数	删除该题项后的Cronbach's α系数	Cronbach's α系数
文化认同	开放度	5.55	1.117	0.813	0.854	85.242%	0.691	0.823	0.857
	公平	5.52	1.131	0.776			0.640	0.836	
	认同	5.68	1.090	0.825			0.708	0.819	
	包容失败	5.40	1.206	0.755			0.619	0.843	
	挑战风险	5.82	1.079	0.826			0.711	0.818	

注：样本数为 403，KMO 值为 0.854，Bartlett's Test of Sphericity 显著值为 0（P<0.001），特征根为 3.197（Total>1），因子累计解释率为 85.242%。

各题项与总体相关系数均大于 0.35，表明研究内部题项测度具有很好的信度。用户创新信度检验通过。

5. 知识共享

知识共享由报告、总结、文档、经验、专长、细节 6 个题项表现，结果如表 7.13 所示。本研究对知识共享 6 个题项进行主成分分析，有 1 个公共因子被提取出来，与知识共享的题项及理论预设相符。公因子累计解释率为 70.617%，具有可接受的代表性。主成分因子分析的 KMO 值为 0.902（大于 0.7），Bartlett 球形度检验为 0.000，结果显著（$P<0.001$），根据特征根大于 1，其余各项标准化因子负载值大于 0.50 的经验判断，说明各题项具备很好的效度。知识共享效度检验通过。

信度检验方面，根据各题项与总体相关系数，各要素在共享知识因子的影响力大小排序依次为：报告>经验>总结>专长>细节>文档，且本研究核心变量知识共享的 Cronbach's α 高达 0.873（大于 0.7），各题项与总体相关系数均大于 0.35，表明研究内部题项测度具有很好的信度。知识共享信度检验通过。

6. 项目绩效

项目绩效由市场成功、技术成功、社区成功 3 个题项表现，结果如表 7.14 所示。本研究对项目绩效 3 个题项进行主成分分析，有 1 个公共因子被提取出来，与项目绩效的题项及理论预设相符。公因子累计解释率为 73.125%，具有非常好的代表性。主成分因子分析的 KMO 值为 0.718（大于 0.7），Bartlett 球形度检验为 0.000，结果显著（$P<0.001$），根据特征根大于 1，其余各项标准化因子负载值大于 0.50 的经验判断，说明各题项具备很好的效度。项目绩效因子效度检验通过。

信度检验方面，根据各题项与总体相关系数，各要素在项目绩效因子的影响力大小排序依次为：市场成功>技术成功>社区成功，说明衡量开源软件项目绩效的关键在于用户使用数目；基于实用主义观点，能够解决实际需求的技术支撑要素次之；社区要素再次之。本研究核心变量项目绩效的 Cronbach's α 高达 0.815（大于 0.7），各题项与总体相关系数均大于 0.35，表明研究内部题项测度具有很好的信度。项目绩效因子信度检验通过。

7. 控制变量

控制变量由开发员所在组织对项目的态度、项目本身的技术难度、项目内核心成员技术能力、项目内核心成员管理能力、市场环境的不确定性、项目决策不确定性 6 个题项表现，结果如表 7.15 所示。各项均值在 5 级量表中表示。本研究对控制变量 6 个题项进行主成分分析，有一个公共因子被提取出来，与控制变量的题项及理论预设相符。公因子累计解释率为 69.355%，具有可接受的代表性。主成分因子分析的 KMO 值为 0.728（大于 0.7），Bartlett 球形度检验为 0.000，结果

表 7.12　用户创新变量的效度和信度检验（N=403）

核心要素	测量变量	均值	标准差	效度			信度		
				标准化因子负载值（修正后）	KMO（修正后）	累计方差贡献率（修正后）	题项-总体相关系数	删除该题项后的 Cronbach's α 系数	Cronbach's α 系数
用户创新	预　期	4.29	1.516	0.645（0.590）			0.424	0.775	
	探　索	4.66	1.494	0.772（0.779）			0.631	0.697	
	获　益	5.46	1.068	0.593（0.615）	0.738	67.044%	0.424	0.766	
	仅观点	4.82	1.380	0.476（删除）	（0.743）	（71.452%）		0.771	
	有观点无推广	5.13	1.278	0.770（0.809）			0.625	0.703	
	有观点且推广	5.03	1.414	0.795（0.820）			0.641	0.694	

注：①修正前：样本数为 403，KMO 值为 0.738，Bartlett's Test of Sphericity 显著值为 0（$P<0.001$），特征根为 1.148（Total>1），因子累计解释率为 67.044%。

②修正后：样本数为 403，KMO 值为 0.743，Bartlett's Test of Sphericity 显著值为 0（$P<0.001$），特征根为 2.659（Total>1），因子累计解释率为 71.452%。

表 7.13　知识共享变量的效度和信度检验（N=403）

核心要素	测量变量	均值	标准差	效度			信度		
				标准化因子负载值	KMO	累计方差贡献率	题项-总体相关系数	删除该题项后的 Cronbach's α 系数	Cronbach's α 系数
知识共享	报　告	5.66	1.015	0.810			0.709	0.846	
	总　结	5.56	1.141	0.800			0.695	0.847	
	文　档	5.50	1.116	0.728	0.902	70.617%	0.612	0.862	0.873
	经　验	5.63	1.086	0.811			0.708	0.845	
	专　长	5.53	1.075	0.775			0.666	0.852	
	细　节	5.58	1.082	0.769			0.659	0.853	

注：样本数为 403，KMO 值为 0.902，Bartlett's Test of Sphericity 显著值为 0（$P<0.001$），特征根为 3.677（Total>1），因子累计解释率为 70.617%。

表 7.14 项目绩效变量的效度和信度检验（N=403）

核心要素	测量变量	效度					信度		
		均值	标准差	标准化因子负载值	KMO	累计方差贡献率	题项-总体相关系数	删除该题项后的Cronbach's α系数	Cronbach's α系数
项目绩效	市场成功	5.33	1.289	0.858	0.718	73.125%	0.673	0.743	0.815
	技术成功	5.47	1.200	0.857			0.671	0.742	
	社区成功	5.47	1.149	0.851			0.661	0.753	

注：样本数为403，KMO值为0.718，Bartlett's Test of Sphericity 显著值为0（$P<0.001$），特征根为2.194（Total>1），因子累计解释率73.125%。

表 7.15 控制变量的效度和信度检验（N=403）

核心要素	测量变量	效度					信度		
		均值	标准差	标准化因子负载值（修正后）	KMO（修正后）	累计方差贡献率（修正后）	题项-总体相关系数	删除该题项后的Cronbach's α系数	Cronbach's α系数
控制变量	组织态度	3.34	0.738	0.618（0.649）	0.728（0.734）	69.355%（70.246%）	0.401	0.664	0.687
	技术难度	2.23	0.742	0.745（0.760）			0.518	0.593	
	技术能力	1.95	0.754	0.686（0.721）			0.474	0.620	
	管理能力	2.03	0.844	0.688（0.743）			0.494	0.608	
	市场不确定性	2.58	0.852	**0.465（删除）**					
	决策不确定性	2.47	0.861	**0.391（删除）**					

注：①修正前：样本数为403，KMO值为0.728，Bartlett's Test of Sphericity 显著值为0（$P<0.001$），特征根为1.173（Total>1），因子累计解释率为69.355%。

②修正后：样本数为403，KMO值为0.734，Bartlett's Test of Sphericity 显著值为0（$P<0.001$），特征根为2.071（Total>1），因子累计解释率为70.246%。

显著（*P*<0.001），因此可以对控制变量所涉及的 6 个题项进行因子分析。然而，市场不确定性和决策不确定性的标准化因子负载值分别为 0.465 和 0.391，未超过 0.5，说明效度检验不通过。主要原因在于，开源软件开发员参与贡献，多与自身兴趣、技能学习、职业声望等有关，即使产品最终不能市场化，参与过程对开发员亦是收获与积累，所以软件产业外部市场环境变迁，以及核心团队的项目决策对开源软件开发员知识共享影响不大。因此建议删去该题项，修正之后的题项数目为 4，公因子累计解释率为 70.246%，KMO 值为 0.734，Bartlett's Test of Sphericity 显著值为 0（*P*<0.001），特征根为 2.071（Total>1），根据特征根大于 1，其余各项标准化因子负载值大于 0.50 的经验判断，说明各题项具备很好的效度。控制变量因子效度检验通过。

信度检验方面，根据各题项与总体相关系数，各要素在项目绩效因子的影响力大小排序依次为：技术难度>核心成员管理能力>核心成员技术能力>组织态度，本研究控制变量的 Cronbach's *α* 为 0.687，各题项与总体相关系数均大于 0.35，表明研究内部题项测度具有相对很好的信度。控制变量因子信度检验通过。

综上，修正后的开源软件项目内成员间知识共享机制测量模型如下（见图 7.7）：

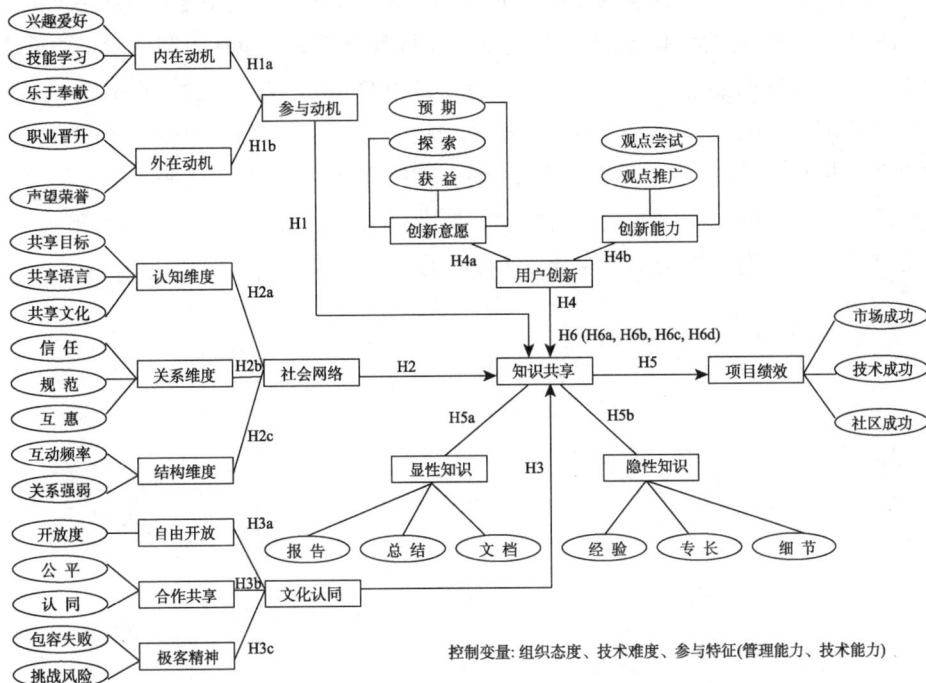

图 7.7　开源软件项目内成员间知识共享机制测量模型（修正后）

7.3.2 相关性分析

本研究分别对概念模型中的自变量、因变量、中介变量和控制变量进行相关分析，利用 SPSS 22.0 软件计算 Pearson 相关系数。如表 7.16 所示，用户创新与开发员所在单位对开源的态度之间相关系数是 0.072，显著性概率为 0.147>0.05，表明二者并无明显相关关系。用户创新与开源项目本身的技术难度间相关系数为 0.131，显著性概率为 0.009<0.01，呈现显著正相关。用户创新与开源软件项目核心成员的管理能力间相关系数为 0.119，显著性概率为 0.017<0.05，呈现显著正相关。其余各变量之间相关系数均为正，显著性概率为 0.000<0.001，说明各变量之间显著正相关。

7.3.3 线性回归方程的检验

为了保证回归结果的可靠性与稳定性，研究者对模型首先进行了多重共线性、序列相关和异方差检验，衡量标准如下：①多重共线性检验，多用方差膨胀因子（Variance Inflation Factor，VIF）指数检验。当模型存在严重的多重共线性，此时 $VIF \geqslant 100$；当模型存在较强的共线性时，$10 \leqslant VIF < 100$；当模型不存在共线性时，$0 < VIF < 10$。本研究的 VIF 值均不超过 5，说明解释变量（包括控制变量）之间不存在多重共线性的问题。②序列相关检验，多用 Durbin-Watson 值（DW 值）来判断（马庆国，2002）。当 $1.5 < DW < 2.5$ 时，表示模型不存在序列相关。本研究各回归模型的 DW 值接近于 2，因此各模型中不存在序列相关。③异方差检验，多用散点图判断。本研究以标准化的残差为纵轴，标准化的预测值为横轴做残差的散点图，图形呈无序状，说明模型不存在异方差的问题。

表 7.16　概念模型中各核心变量的相关性分析结果

	参与动机	社会网络	文化认同	用户创新	知识共享	项目绩效	组织态度	技术难度	技术能力	管理能力
参与动机	1									
社会网络	0.657**	1								
文化认同	0.592**	0.883**	1							
用户创新	0.344**	0.361**	0.317**	1						
知识共享	0.608**	0.777**	0.741**	0.403**	1					
项目绩效	0.483**	0.716**	0.690**	0.407**	0.619**	1				
组织态度	0.150**	0.293**	0.300**	0.072(00.147)	0.216**	0.349**	1			
技术难度	0.194**	0.319**	0.274**	0.131**(00.009)	0.308**	0.349**	0.349**	1		
技术能力	0.178**	0.330**	0.328**	0.211**	0.311**	0.375**	0.300**	0.373**	1	
管理能力	0.239**	0.367**	0.344**	0.119*(00.017)	0.400**	0.416**	0.287**	0.428**	0.395**	1

** 表示显著性显著水平 $P<0.01$（双尾检验）。

* 表示显著性显著水平 $P<0.05$（双尾检验）。

7.4 假 设 检 验

根据上述的概念框架和核心假设，笔者将其分为四组假设：①第一组假设检验开发员（参与动机、社会网络、文化认同）与知识共享之间的关系；②第二组假设检验用户（用户创新）与知识共享之间的关系；③第三组假设检验知识共享与开源软件项目绩效之间的关系；④第四组假设检验知识共享的中介作用。分组假设的原因在于将开发员和用户与知识共享的关系分别测量，便于清晰地分析研究结果。

在定量分析的模型中，我们将开发员所在的组织态度、项目本身的技术难度、参与人特征（技术能力、管理能力）、环境不确定性（市场不确定性、决策不确定性）作为控制变量。因而各组假设表述如下（见图 7.8）：

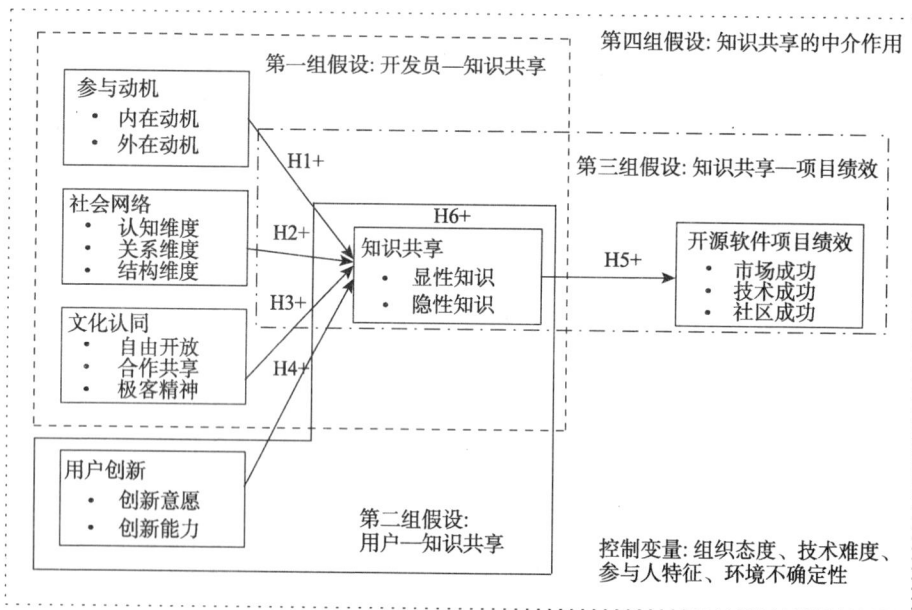

图 7.8 定量实证研究的四组假设

第一组假设：关于开发员与知识共享的关系假设

H1：参与动机与开源软件项目内成员间知识共享正相关。

H2：社会网络与开源软件项目内成员间知识共享正相关。

H3：文化认同与开源软件项目内成员间知识共享正相关。

第二组假设：关于用户与知识共享的关系假设

H4：用户创新与开源软件项目内成员间知识共享正相关。

第三组假设：关于知识共享与开源项目绩效的关系假设

H5：成员间知识共享与开源软件项目绩效正相关。

第四组假设：关于知识共享的中介作用假设

H6：知识共享在开发员和用户影响开源项目绩效关系中起中介作用。

7.4.1　第一组假设的检验：开发员—知识共享解释模型

本研究第一组假设验证的是开发员与知识共享之间的关系，如前面所述，开发员的参与动机、社会网络、文化认同与成员间知识共享共形成三组假设关系，如图 7.10 所示。

H1：参与动机与开源软件项目内成员间知识共享正相关。

H2：社会网络与开源软件项目内成员间知识共享正相关。

H3：文化认同与开源软件项目内成员间知识共享正相关。

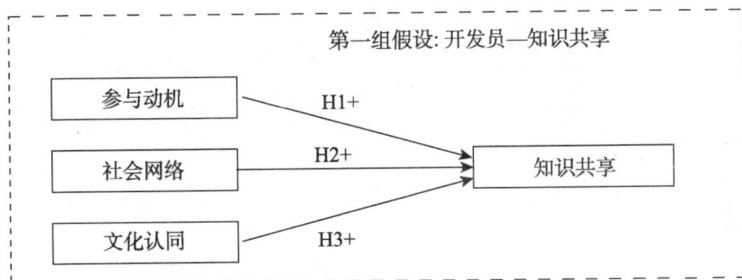

图 7.10　开发员—知识共享假设关系

根据表 7.17，本研究给出了第一组假设的多元回归分析结果，共估计了 8 组模型，被解释变量均为知识共享（Knowledge Sharing，KS）。其中，模型 1 是仅含有控制变量的参考模型；模型 2、模型 3、模型 4 在模型 1 的基础上分别加入参与动机（Participative Motivation，PM）、社会网络（Social Network，SN）、文化认同（Cultural Identity，CI）3 个自变量；模型 5、模型 6、模型 7 是在模型 1 的基础上分别加入 3 个变量中的两两变量的交叉效应模型；模型 8 在模型 1 的基础上同时加入 3 个自变量，即综合模型。本文将通过对比各模型间的标准化回归系数和 R 平方来验证假设。

结论 1：本组 3 个假设（H1、H2、H3）全部得到验证。将模型 2 与模型 1 相比，当把参与动机代入方程时，方程 R^2 显著提高，且回归系数显著，为正数，因此，假设 H1 得到验证，参与动机与开源软件项目内成员间知识共享正相关。同样，将模型 3 与模型 1 对比，当把社会网络代入方程时，方程 R^2 显著提高，且回归系数显著，为正数，因此，假设 H2 得到验证，社会网络与开源软件项目内成员间知识共享正相关。再者，将模型 4 与模型 1 对比，当把文化认同代入方程时，方程 R^2 显著提高，且回归系数显著，为正数，因此，假设 H3 得到验证，文化认同与开源软件项目内成员间知识共享正相关。因此，第一组假设全部得到验证。

表 7.17　开发员—知识共享解释模型（N=403）

变量 （标准化系数）	模型 1 参考模型	模型 2 PM	模型 3 SN	模型 4 CI	模型 5 PM-SN	模型 6 PM-CI	模型 7 SN-CI	模型 8 PM-SN-CI
控制变量								
组织态度	0.052	0.023	–0.052	–0.062+	–0.045	–0.051	–0.063+	–0.055+
技术难度	0.118*	0.076+	0.032	0.073+	0.032	0.063+	0.041	0.041
技术能力	0.141**	0.106*	0.025	0.021	0.032	0.031	0.016	0.023
管理能力	0.279***	0.194***	0.124***	0.143***	0.121***	0.132***	0.120***	0.117***
自变量								
参与动机		0.524***			0.171***	0.248***		0.165***
社会网络			0.728***		0.613***		0.513***	0.411***
文化认同				0.683***		0.537***	0.249***	0.238***
模型参数								
R^2	0.203	0.457	0.622	0.579	00.638	0.619	0.635	0.651
调整后 R^2	0.195	0.451	0.617	0.574	0.633	0.613	0.630	0.644
Durbin-Watson	1.971	2.083	2.063	1.975	2.076	2.015	2.018	2.034
F 统计值	25.374	66.959	130.603	109.387	116.528	107.334	115.015	105.114

注：被解释变量为知识共享。

***表示显著性水平 $P<0.001$（双尾检验）；**表示显著性水平 $P<0.01$（双尾检验）；*表示显著性水平 $P<0.05$（双尾检验）；+表示显著性水平 $P<0.1$（双尾检验）。

结论 2：社会网络对知识共享的影响最大。在模型 5、模型 6 与模型 7 中，当比较任意两个自变量之间的标准化回归系数的绝对值可以发现，3 个变量对知识共享的影响力，依次可以为：社会网络的影响>文化认同的影响>参与动机的影响。这说明，开发员的参与动机主要影响其是否加入，但在后期开源过程中，社会网络以及文化认同的作用更为重要，直接影响开发员是否长久开源，以及开源项目的成熟度。将模型 8 与模型 6 对比，当增加社会网络因子时，文化认同的影响系数随之下降，这说明文化认同能够促进社会网络的发展进而影响知识共享。

结论 3：开源项目中核心成员的管理能力对于知识共享影响显著。在模型 2 中，当添加参与动机到模型中时，开源项目核心团队的技术能力强于开源项目本身的技术难度，对项目内知识共享弱相关；开发员所处组织态度对于知识共享作用不显著。在模型 3 中，当添加社会网络时，组织态度、项目的技术难度和成员的技术能力对于知识共享影响不显著。在模型 4 中，当添加文化认同时，组织态度和项目难度对于知识共享弱相关；但项目核心成员技术能力对于知识共享影响不显著。在模型 2、3、4 中，开源项目内核心成员的管理能力对于开发员的参与动机、社会网络和文化认同影响知识共享作用显著。

7.4.2 第二组假设的检验：用户—知识共享解释模型

第二组假设：关于用户与知识共享的关系假设（见图 7.11）。

H4：用户创新与开源软件项目内成员间知识共享正相关。

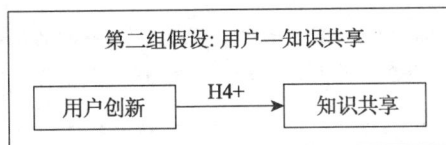

图 7.11 用户—知识共享假设关系

根据表 7.18，本研究给出了第二组假设的多元回归分析结果，其中，模型 1 是仅含有控制变量的参考模型；模型 2 在模型 1 的基础上加入用户创新（User Innovation，UI），被解释变量均为知识共享。

结论 1：本组假设 4（H4）得到验证。将模型 2 与模型 1 相比，当把用户创新代入方程时，方程 R^2 显著提高，且回归系数显著，为正数，因此，假设 H4 得到验证，用户创新与开源软件项目内成员间知识共享正相关。因此，第二组假设全部得到验证。

结论 2：开源项目中核心成员的管理能力对于知识共享影响显著。在模型 2 中，观察各控制变量，当添加用户创新变量时，各控制变量对于知识共享的影响力分别为：核心团队管理能力>核心团队技术能力>开源项目技术难度>组织态度。需要说明的是，开发员所在的组织态度对于用户的影响并不显著。

7.4.3 第三组假设的检验：知识共享—项目绩效解释模型

第三组假设：关于知识共享与开源项目绩效的关系假设。

H5：成员间知识共享与开源软件项目绩效正相关。

表 7.18 用户—知识共享解释模型（*N*=403）

变量 （标准化系数）	模型 1 参考模型	模型 2 UI
控制变量		
组织态度	0.052	0.055
技术难度	0.118*	0.100*
技术能力	0.141**	0.080+
管理能力	0.279***	0.270***
自变量		
用户创新		0.337***
模型参数		
R^2	0.203	0.312
调整后 R^2	0.195	0.303
Durbin-Watson	1.971	1.949
F 统计值	25.374	35.925

注：被解释变量为知识共享。

***表示显著性水平 $P<0.001$（双尾检验）；**表示显著性水平 $P<0.01$（双尾检验）；*表示显著性水平 $P<0.05$（双尾检验）；+表示显著性水平 $P<0.1$（双尾检验）。

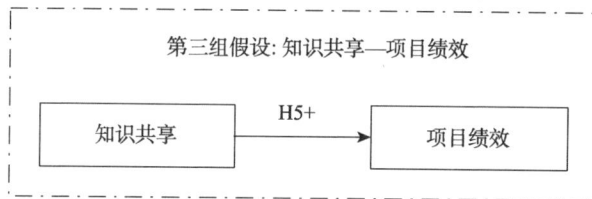

图 7.12 知识共享—开源软件项目绩效假设关系

根据表 7.19，本文给出了第三组假设的多元回归分析结果，其中，模型 1 是仅含有控制变量的参考模型；模型 2 在模型 1 的基础上加入知识共享（Knowledge Sharing，KS），被解释变量均为开源软件项目绩效。

结论 1：本组假设 5（H5）得到验证。将模型 2 与模型 1 相比，当把知识共享代入方程时，方程 R^2 显著提高，且回归系数显著，为正数，因此，假设 H5 得到验证，成员间知识共享与开源软件项目绩效正相关。因此，第三组假设全部得到验证。

结论 2：开源项目的技术难度与项目绩效的影响不显著。观察各控制变量，当把知识共享代入方程时，各控制变量的影响力分别为：组织态度（$\beta=0.160$）>技术能力（$\beta=0.111$）>管理能力（$\beta=0.107$）>技术难度（$\beta=0.055$，$P>0.05$）。技术难度影响不显著，这说明项目本身的绩效如何，与项目的技术难度并无太大关系；但是项目发展的绩效却与组织态度显著相关，这也说明，如果要推动开源项目市场、技术以及社区等的发展，以公司为载体的组织介入和支持是非常有利且必要的，鼓励公司与开源社区合作。

表 7.19　知识共享—开源软件项目绩效解释模型（$N=403$）

变量 （标准化系数）	模型 1 参考模型	模型 2 KS
控制变量		
组织态度	0.186***	0.160***
技术难度	0.113*	0.055
技术能力	0.181***	0.111**
管理能力	0.243***	0.107*
自变量		
知识共享		0.490***
模型参数		
R^2	0.273	0.465
调整后 R^2	0.266	0.458
Durbin-Watson	1.765	1.749
F 统计值	37.429	69.025

注：被解释变量为开源项目绩效。

***表示显著性水平 $P<0.001$（双尾检验）；**表示显著性水平 $P<0.01$（双尾检验）；*表示显著性水平 $P<0.05$（双尾检验）；+表示显著性水平 $P<0.1$（双尾检验）。

7.4.4　第四组假设的检验：知识共享的中介作用模型

第四组假设：关于知识共享的中介作用假设。

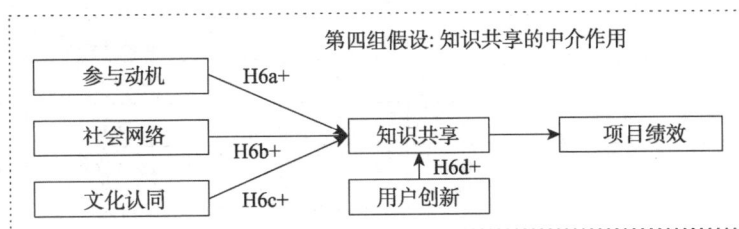

图 7.13　知识共享的中介作用假设关系

H6：知识共享在开发员和用户影响开源项目绩效关系中起中介作用。

根据表 7.20，本研究给出了第四组假设的多元回归分析结果，结合之前表格

表 7.20　知识共享的中介作用解释模型（ $N=403$ ）

变量 （标准化系数）	模型 1	模型 2 PM	模型 3 PM-KS	模型 4	模型 5 SN	模型 6 SN-KS
组织态度	0.023	0.165***	0.156***	-0.052	0.099**	0.105**
技术难度	0.076+	0.083+	0.054	0.032	0.042	0.038
技术能力	0.106*	0.156***	0.114**	0.025	0.084*	0.081*
管理能力	0.194***	0.183***	0.108*	0.124***	0.115**	0.101*
参与动机	0.524***	0.370***	0.166***			
社会网络				0.728***	0.604***	0.520***
文化认同						
用户创新						
知识共享			0.389***			0.115*
R^2	0.457	0.400	0.482	0.622	0.561	0.566
调整后 R^2	0.451	0.393	0.475	0.617	0.556	0.560
Durbin-Watson	2.083	1.723	1.715	2.063	1.950	1.915
F 统计值	66.959	52.961	61.513	130.603	101.600	86.196
变量 （标准化系数）	模型 7	模型 8 CI	模型 9 CI-KS	模型 10	模型 11 UI	模型 12 UI-KS
组织态度	−0.062+	0.090*	0.102**	0.055	0.189***	0.166***
技术难度	0.073+	0.076+	0.062	0.100*	0.095*	0.054
技术能力	0.021	0.080*	0.077*	0.080+	0.121**	0.088*
管理能力	0.143***	0.130***	0.104*	0.270***	0.235***	0.123**
参与动机						
社会网络						
文化认同	0.683***	0.571***	0.447***			
用户创新				0.337***	0.328***	0.188***
知识共享			0.182***			0.415***
R^2	0.579	0.536	0.550	0.312	0.376	0.494
调整后 R^2	0.574	0.530	0.543	0.303	0.368	0.486
Durbin-Watson	1.975	1.959	1.914	1.949	1.851	1.819
F 统计值	109.387	91.728	80.641	35.925	47.767	64.455

　　注：结合之前表格数据，模型 1、4、7、10 被解释变量为知识共享；其余模型被解释变量为开源项目绩效。

　　***表示显著性水平 $P<0.001$（双尾检验）；**表示显著性水平 $P<0.01$（双尾检验）；*表示显著性水平 $P<0.05$（双尾检验）；+表示显著性水平 $P<0.1$（双尾检验）。

数据共形成 12 组模型。其中，模型 1、2、3 主要目的在于验证知识共享在参与动机和项目绩效间的中介效应；模型 4、5、6 主要目的在于验证知识共享在社会网络和项目绩效间的中介效应；模型 7、8、9 主要目的在于验证知识共享在文化认同和项目绩效间的中介效应；模型 10、11、12 主要目的在于验证知识共享在用户创新和项目绩效间的中介效应。

结论 1：参与动机通过知识共享对项目绩效产生影响，假设 H6a 部分得到验证。模型 1 的因变量是知识共享；模型 2、3 的因变量是项目绩效。在模型 2 中自变量参与动机呈现出显著性，标准化系数为 0.370，因此说明其会对项目绩效产生显著的影响关系；模型 3 中知识共享也呈现出显著性，标准化系数为 0.166，方程 R^2 提高，因此说明中介作用存在，需要进一步检验是部分中介还是完全中介作用。从模型 1 来看，参与动机也呈现出显著性，因此说明为部分中介作用，即说明参与动机对于项目绩效的影响过程中，一部分是自身去影响，还有一部分通过知识共享去影响，中介作用的比例为：0.524×0.389/0.370=55.09%。这说明知识共享在参与动机影响项目绩效关系中存在部分中介效应。因此假设 H6a 部分得到验证。

结论 2：社会网络通过知识共享对项目绩效产生影响，假设 H6b 部分得到验证。模型 4 的因变量是知识共享；模型 5、6 的因变量是项目绩效。在模型 5 中自变量社会网络呈现出显著性，标准化系数为 0.604，因此说明其会对项目绩效产生显著的影响关系；模型 6 中知识共享也呈现出显著性，标准化系数为 0.520，方程 R^2 提高，因此说明中介作用存在，需要进一步检验是部分中介还是完全中介作用。从模型 4 来看，社会网络也呈现出显著性，因此说明为部分中介作用，即说明社会网络对于项目绩效的影响过程中，一部分是自身去影响，还有一部分通过知识共享去影响，中介作用的比例为：0.728×0.115/0.604=13.86%。这说明知识共享在社会网络影响项目绩效关系中存在部分中介效应。因此假设 H6b 部分得到验证。

结论 3：文化认同通过知识共享对项目绩效产生影响，假设 H6c 部分得到验证。模型 7 的因变量是知识共享；模型 8、9 的因变量是项目绩效。在模型 8 中自变量文化认同呈现出显著性，标准化系数为 0.571，因此说明其会对项目绩效产生显著的影响关系；模型 9 中知识共享也呈现出显著性，标准化系数为 0.447，方程 R^2 提高，因此说明中介作用存在，需要进一步检验是部分中介还是完全中介作用。从模型 7 来看，文化认同也呈现出显著性，因此说明为部分中介作用，即说明文化认同对于项目绩效的影响过程中，一部分是自身去影响，还有一部分通过知识共享去影响，中介作用的比例为：0.683×0.182/0.571=21.77%。这说明知识共享在文化认同影响项目绩效关系中存在部分中介效应。因此假设 H6c 部分得到验证。

结论 4：用户创新通过知识共享对项目绩效产生影响，假设 H6d 部分得到验证。模型 10 的因变量是知识共享；模型 11、12 的因变量是项目绩效。在模型 11 中自变量用户创新呈现出显著性，标准化系数为 0.328，因此说明其会对项目绩效产生显著的影响关系；模型 12 中知识共享也呈现出显著性，标准化系数为 0.188，方程 R^2 提高，因此说明中介作用存在，需要进一步检验是部分中介还是完全中介作用。从模型 10 来看，用户创新也呈现出显著性，因此说明为部分中介作用，即说明用户创新对于项目绩效的影响过程中，一部分是自身去影响，还有一部分通过知识共享去影响，中介作用的比例为：0.337×0.415/0.328=42.64%。这说明知识共享在用户创新影响项目绩效关系中存在部分中介效应。因此假设 H6d 部分得到验证。

综上，第四组假设全部得到验证，假设 H6 部分通过。

7.4.5 变量的方差分析

为了对研究变量内部的数据偏差进一步解构，研究者进行了方差分析（ANOVA）。如表 7.21 所示，根据 F 值表查看 P 值，当 $P<0.05$ 则表示有差异，反之则没有差异。而具体的差异由 M 值（平均值）的大小表示；标准差作为一个统计值，所起作用较小，主要考察以上数据分析的稳定性与波动情况。

本研究发现如下：

①从性别角度来说，女性样本对于开源软件项目绩效、参与动机、社会网络、文化认同、知识共享的研究变量有着更高的认可度。从下表可知，不同性别样本对于用户创新态度没有明显差异。但另外，不同性别样本对于其他研究变量均有着差异性态度，具体对比平均值可知：相对男性样本来讲，女性样本对于这 5 个研究变量的平均打分均明显高于男性样本。

②从年龄角度来说，25 岁以下样本对于研究变量的认可度明显更低一些。不同年龄样本对于这 6 个研究变量均会表现出显著性差异态度，均呈现出 0.01 或者 0.05 水平上的显著性。具体对比平均值可知：相对来讲，25 岁及以下的样本对于这 6 个研究变量的平均打分均明显低于另外两组样本。

③从学历角度来说，学历对于变量的态度并没有差异性。不同学历样本对于这 6 个研究变量均不会表现出差异性态度，P 值全部高于 0.05，因此说明无论学历如何，对于变量的态度均表现一致，没有差异性。

表 7.21　变量的方差分析（ANOVA）

	性别（平均值±标准差）				年龄（平均值±标准差）					学历（平均值±标准差）			
	男	女	F	P	25及以下	26~30	31及以上	F	P	本科及以下	硕士及以上	F	P
参与动机	5.45±0.98	5.68±0.73	6.08	0.01*	5.21±1.39	5.62±0.78	5.54±0.85	3.59	0.03*	5.54±0.93	5.55±0.79	0.01	0.90
社会网络	5.46±0.98	5.84±0.64	17.44	0.00**	4.99±1.27	5.66±0.84	5.70±0.75	12.80	0.00**	5.60±0.91	5.61±0.78	0.01	0.91
文化认同	5.46±0.99	5.81±0.66	14.40	0.00**	5.07±1.31	5.60±0.86	5.72±0.76	9.50	0.00**	5.58±0.93	5.67±0.76	0.71	0.40
用户创新	5.11±0.89	5.16±0.77	0.33	0.56	4.85±1.15	5.10±0.86	5.22±0.74	3.58	0.03*	5.14±0.86	5.08±0.81	0.30	0.59
知识共享	5.44±0.95	5.76±0.65	14.06	0.00**	5.21±1.26	5.60±0.83	5.61±0.76	4.11	0.02*	5.58±0.88	5.46±0.81	1.20	0.27
项目绩效	5.26±1.16	5.70±0.72	17.64	0.00**	4.82±1.25	5.43±1.12	5.57±0.83	9.68	0.00**	5.40±1.08	5.53±0.82	0.95	0.33

	IT行业工作年限（平均值±标准差）					开源领域工作年限（平均值±标准差）				
	5年及以下	6-10年	10年以上	F	P	<1	1~5	6年及以上	F	P
参与动机	5.50±1.01	5.59±0.80	5.50±0.93	0.49	0.62	5.19±1.18	5.59±0.86	5.55±0.85	3.56	0.03*
社会网络	5.42±1.00	5.78±0.73	5.51±0.96	7.54	0.00**	4.81±1.08	5.67±0.81	5.74±0.83	19.91	0.00**
文化认同	5.39±1.07	5.75±0.69	5.61±0.93	6.85	0.00**	4.69±1.27	5.67±0.80	5.74±0.75	25.49	0.00**
用户创新	5.00±0.96	5.17±0.76	5.31±0.80	3.29	0.04*	4.55±1.19	5.20±0.74	5.18±0.87	10.79	0.00**
知识共享	5.44±0.98	5.67±0.76	5.49±0.85	3.08	0.05	4.71±1.24	5.67±0.74	5.62±0.80	23.95	0.00**
项目绩效	5.13±1.26	5.64±0.76	5.46±1.05	10.98	0.00**	4.03±1.28	5.54±0.92	5.66±0.80	50.43	0.00**

注：* $P<0.05$ ** $P<0.01$。

④IT 行业工作年限更低的样本（5 年以下），对于研究变量的认可度相对更低。同一 IT 行业工作年限样本对于参与动机和知识共享态度这两个研究变量没有表现出差异性。而不同 IT 行业工作年限样本对于开源软件项目绩效、社会网络、文化认同、用户创新这 4 个研究变量均有着差异性态度。对比平均值可知：IT 行业工作年限在 5 年以下的样本，对于这 4 个研究变量的平均打分会明显低于另外两组样本。

⑤开源领域工作年限更低的样本（1 年以内），对于这些研究变量的认可度均明显更低一些。对于这 6 个研究变量的平均打分明显低于另外两组样本。

7.4.6　实证研究结果汇总

开源软件项目内成员间知识共享机制研究假设结果如表 7.22 所示。

表 7.22　开源软件项目内成员间知识共享机制研究假设结果

研 究 假 设	验证结果
H1：参与动机与开源软件项目内成员间知识共享正相关	通过
H1a：内在动机越强，项目内成员间知识共享越密集	通过
H1b：外在动机越强，项目内成员间知识共享越密集	通过
H2：社会网络与开源软件项目内成员间知识共享正相关	通过
H2a：认知型社会网络越强，项目内成员间知识共享越密集	通过
H2b：关系型社会网络越强，项目内成员间知识共享越密集	通过
H2c：结构型社会网络越强，项目内成员间知识共享越密集	通过
H3：文化认同与开源软件项目内成员间知识共享正相关	通过
H3a：自由开放越强，项目内成员间知识共享越密集	通过
H3b：合作共享越强，项目内成员间知识共享越密集	通过
H3c：极客精神越强，项目内成员间知识共享越密集	通过
H4：用户创新与开源软件项目内成员间知识共享正相关	通过
H4a：创新意愿越强，项目内成员间知识共享越密集	通过
H4b：创新能力越强，项目内成员间知识共享越密集	通过
H5：成员间知识共享与开源软件项目绩效正相关	通过
H5a：成员间显性知识共享越密集，开源软件项目绩效越高	通过
H5b：成员间隐性知识共享越密集，开源软件项目绩效越高	通过
H6：知识共享在开发员和用户影响开源项目绩效关系中起中介作用	部分通过
H6a：知识共享在参与动机影响开源项目绩效关系中起中介作用	部分通过
H6b：知识共享在社会网络影响开源项目绩效关系中起中介作用	部分通过
H6c：知识共享在文化认同影响开源项目绩效关系中起中介作用	部分通过
H6d：知识共享在用户创新影响开源项目绩效关系中起中介作用	部分通过

7.5　本 章 小 结

本章通过对大样本的调查问卷进行数据收集、变量测度、效度信度检验和多元回归分析，以 403 份有效问卷为基础的研究假设均得到验证，并得出一系列结论。研究表明，以知识共享为中介的开发员与用户间的互动影响开源项目绩效。其中，开发员作为供给端，从参与动机、社会网络、文化认同三方面；用户作为需求端，从用户创新角度共同对知识共享产生显著影响，进而影响开源项目绩效。社会网络对成员间知识共享的影响程度最大，这是在中国情境下有意义的研究发现。不同于闭源软件，用户创新成为影响知识共享的核心要素。组织态度这一控制变量的显著性说明鼓励开发员所在公司支持开源，并与社区积极合作的重要性。开源软件核心团队的管理能力显著于技术能力影响开源软件的项目绩效。项目本身的技术难度与项目绩效的发展并不显著相关。

第 8 章

数智时代虚拟社区创新绩效的影响因素及机制研究
——以 GitHub 开源社区为例

8.1 引　　言

　　开源合作，不仅是一种开放共享的软件形态，而且是产业互联网时代的新型生产合作模式。国家"十四五"规划和 2035 年远景目标纲要指出，"支持数字技术开源社区等创新联合体发展"。党的二十大报告指出，"扩大国际科技交流合作，加强国际化科研环境建设，形成具有全球竞争力的开放创新生态"。开源合作，对于汇聚全球智力资源、要素资源、产业资源，推进产业链、创新链、人才链的深度融合，从而构建具有全球竞争力的创新生态具有重要的战略意义。

　　随着数智时代的到来，多元主体开源合作模式也呈现出新的变化规律和趋势。一是虚拟集聚化。和传统的办公群体面对面的工作形式不同，互联网的发展使得各种利益相关方可以不局限于线下集聚，通过网络分布式创新的模式亦可以达到沟通观点、合作推进项目的效果。特别是后疫情时代的到来，更是加剧了虚拟集聚、线上办公模式的常态化。二是合作网络化。不同于传统的合作网络单核心结构，现在的虚拟合作网络结构更复杂、网络性更强，往往存在一个或者多个核心主体，多种参与主体呈现一对多、多对多等的网络结构特征。三是合作动态化。不同于传统的相对静态合作特征，外部商业环境瞬息万变、信息传播一触即发、内部多元主体自由流动等的特点，使得现有的合作状态更多变，不同阶段甚至同一阶段内部的不同时点、不同参与主体都可能因为内外部因素的动态变化而影响决策行为。

开源社区最早由 Wilson 提出，之后学者在其基础上进行了拓展。提出开源社区是理解和发展开源软件的必要方式，主要原因在于开源社区内不仅推动创造了开放、共享的社区文化，更在于开源社区构建和培育了人际间的社会关系网络。时至今日，学术界对于开源社区有了较为一致的概念定义：开源社区，是指拥有共同兴趣爱好的开发员根据开源软件许可协议，以合作的方式对软件进行共同开发、维护、增强等知识创造与传播，并积极开展交流学习和参与共同社区治理的网络平台。

作为最经典的虚拟合作社区，开源社区深刻地体现了开源创新合作本质（陈晓红、周源，2024）。和传统的实体社区相比，开源社区具备以下几点特征：第一，组织边界方面，边界模糊且知识流动更自由和快速，开发员可以自由"进出"，自主决定参与哪个项目贡献；第二，时间成本方面，因为打破了组织界线，成员可以更快速地获取技术和人力等互补性资源，从而有效地降低搜索成本和学习成本，研发成本也大大降低；第三，知识产权方面，开源社区的产出更具备公共物品属性，成员自由贡献，成果归所有人享有，"源码共享，私有必究；知识共享，私有必究"，这和传统社区强调知识产权私有的逻辑截然相反；第四，参与主体方面，开源社区中的开发员既可以作为知识的生产者，也可以作为知识的消费者，属于生产者和消费者合一的组织模式，这和传统社区合作模式中生产者和消费者分离的组织形态有本质区别。

GitHub 是全球最大的代码托管和协作平台，是开发员、公司、用户、基金会、教育机构、政府人员等多元主体自由交流、合作共享的互联网虚拟开源合作平台。截至 2023 年有超 1 亿名开发员，以美国开发员最多，中国以 800 万名开发员排名第二，印度第三。在 2022 年，GitHub 开源社区中出现了 4.13 亿次开源贡献，全球财富 100 强的公司有 90%以上在使用 GitHub 开源社区。[①]鉴于 GitHub 在全球开发员中使用的广泛性，以 GitHub 开源社区为具体的虚拟社区案例，具有一定的代表性，研究结果具备一定的普适性和推广性。

已有研究围绕开源合作可以总结为四个方面：一是组织理论方面，主要从交易成本理论等探讨开发员和企业的合作动机、合作结构等，比如束克东等认为，追求创新的成就感、互惠互利、学习提升、归属感和认同感属于参与性激励，对物质收益和声誉等外在收益的结果性激励能够促进其参与社区贡献；Liao 和 Xu 以 Google 举办的安卓开发员挑战赛为案例，研究发现开源软件社区存在合作与竞争并存的

---

① 2022 年 GitHub 年度报告，https://octoverse.github.com/2022/。

行为，且竞赛的长期和短期激励在不同阶段会影响竞争和合作的组织行为。二是创新理论方面，主要从开放式创新、分布式创新、开源创新等方面探讨，比如 Krogh 认为，开放式创新理论强调企业的创新边界是开放的，可以与外部创新者合作创新，这与开源软件社区所体现的创新无边界具有相同特征；陈晓红等在此基础上提出，开源软件是分布式创新下集体智慧的代表，以 403 份调查问卷进行定量实证发现，开源软件开发员具备地理位置分散的特质，国内外开发员协同创新；余江等提出开源创新是开放式创新理念的新拓展，其具有的技术兴趣驱动和商业需求牵引并存的双生态系统结构对促进我国基础软件产业发展以及后发追赶具有重要意义。三是软件技术方面，主要从云计算、人工智能、大数据等方面探讨开源软件的研发与应用，比如有学者以开源云平台的虚拟机设计为例，具体提出一个可调节的版本控制系统，该技术在云计算环境下能够有效管理虚拟机镜像，通过优化性能和存储机制，增强云计算平台的可靠性和灵活性，同时能够通过减少网络传输的冗余数据来提升大数据处理的资源分配效率。四是网络规则与制度方面，主要从开源许可证、开源协议、算法代码是否开源等的制度层面研究网络安全及策略，比如 Ratten 认为，尽管开源软件及其开放策略有助于增强科技公司的创新竞争力，但开源许可证要求公司开放代码的规定，也从另一方面增加了潜在的安全漏洞，因此科技公司需要在创新的开放性和安全性之间寻找平衡，在创新的不同阶段和资产的不同板块采取针对性措施。

可以发现，已有研究从不同维度分析了开源软件社区内成员为什么参与贡献、以何种结构行为、行为具备什么样的创新特质及其影响，同时也从技术及安全角度剖析了开源软件应用及安全策略，开源软件社区作为重要的技术研发社区本身具备典型的网络和互补性特征，但从社会网络视角出发，分析影响软件创新绩效因素及其机制的研究比较缺乏，特别是以 GitHub 为代表的实证研究更是极其匮乏。基于此，本研究拟以 GitHub 开源社区为例，具体探究如下问题：①影响开源软件社区创新绩效的核心要素有哪些？②各要素通过何种机制影响开源软件社区创新绩效？本研究具有如下意义：理论方面，有助于深刻理解社会网络视角下开源软件社区内的网络特征及其影响，阐明互补性合作的多样性特征如何调节以及弥合网络集群密度过高可能带来的创新同质化风险，可以丰富数智时代虚拟社区的社会网络和互补性理论研究。实践方面，开源软件已经成为推动数字创新的重要基础力量之一，相关的实证研究，有助于为虚拟社区发展、企业参与及产业创新、政府政策制定带来管理启发，助力虚拟社区在国际创新网络中的高质量发展，赋能研发创新。方法方面，本研究基于 GitHub 提供的 API 编程接口，在限定检索条件下通过 Python 机器挖掘爬取了关于项目、用户等的 59120 个数据,清理后对 606 个项目共 9090 个数据深度分析,使用 Gephi 生成项目互联网络,使用 Bing Maps API 挖掘用户地理数据等,更新方法,数据更客观、多维,多种数据挖掘和分析的技术优势在本研究中得以体现,具备一定的科学性、创新性和代表性。

本研究其余部分的结构如下:第二部分为理论基础与研究假设的提出;第三部分为研究设计,主要从数据来源和变量测度进行说明;第四部分是研究假设的实证检验结果与分析;最后,对本研究的结论进行总结,并提出相应的实践建议,提出研究的不足及未来研究方向。

8.2　理论基础与研究假设

8.2.1　主效应假设:社会网络视角下虚拟社区开源合作与创新绩效

开源合作,指多元参与主体在虚拟网络社区中开放共享的合作模式。这一概念最早由 Ayala 等提出,强调软件研发领域的合作方式;之后 Riehle 等在其基础上进行拓展,提出开源合作的三大前提,即任何人可触及项目、依据贡献进行透明决策、项目社区具备自治属性,并引入"Open Collaboration"的概念,将其应用在开源合作的场景中。2014 年,Levine 和 Prietula 提出"开源合作生产",明确提出其本质是互联网环境下的新型社会经济生产方式,该生产方式由基于目标导向、高度合作却结构松散的大众参与者构成,通过对等活动来生产具有经济价值的产品或服务。在最新的研究中,Lin 和 Likoebe 提出,随着新兴数字技术不断迭代、突变,客观上促进了开源合作在 GitHub 的发展以及对软件创新绩效的影响。

社会网络理论是研究开源合作,特别是基于 GitHub 开源社区研究开发员合作研发的重要理论视角。在社会网络中,网络由一组节点和连接节点的纽带组成,节点可以是与另一个实体有关系的任何类型的实体;关系可以是实体之间的各种形式的关系,例如个人之间的友谊、团体之间的沟通、组织之间的交易以及行业之间的交换。该理论认为,创新绩效不仅受到节点的结构和关系特征的影响,而且还受到连接节点的关系模式的影响。随着知识商业化在经济增长中的作用日益重要,跨组织合作已成为创新者之间的一种常见合作模式。在传统的实体组织中,鉴于没有一家公司能够拥有和掌握所有的技术领域和人才,特别是在技术变革迅速和知识来源多样化的领域,构建创新网络是解决上述问题的唯一途径。创新网络实体已成为各组织分享和交流资源、合作开发新想法、联合研究、开发和共同生产产品、提供服务的场所。而基于 GitHub 开源社区的虚拟网络呈现什么样的网络特征，有哪些主要的网络指标发挥作用，目前仍存在一定的研究空间。本研究认为，基于接近中心性的网络集群密度是影响开源软件创新绩效的重要因素。

网络集群密度是指网络不同节点之间的凝聚程度，反映了成员之间彼此联系的频繁程度。近年来的研究表明，在虚拟社区内，网络集群密度能够显著影响知识的流动和共享，进而提高软件研发的创新绩效，这种密集的网络关系有助于减少知识的不确定性，通过反复的交互和合作，成员逐渐建立起对彼此能力和知识的准确认识，从而在技术创新的过程中能够更有效地分配任务并推动项目发展。

一方面，高密度的网络集群有助于促进知识快速传播，虚拟社区中的开发员能够快速获取和整合他人的技术和经验，减少研发过程中的试错成本，推动更快的技术迭代和创新成果的产出，尤其是在复杂软件系统的研发中。这一现象在开源软件开发中尤为明显，高密度的网络集群不仅提高了代码共享的效率，还促进了问题解决和知识协作。

另一方面，网络集群密度也与虚拟社区内的信任水平紧密相关。频繁的交互和紧密的网络关系能够增强社区成员之间的信任感，从而促进信息的真实性和准确性，这种信任关系降低了虚拟环境中成员对信息质量的顾虑，进一步增强了知识共享的广度和深度，提升了软件研发的创新绩效。同时，高密度网络集群也能帮助成员更好地协调复杂的研发任务，尤其是在应对动态变化的市场需求时，能够提高响应的速度和创新的灵活性。因此，本研究提出以下假设：

H1：网络集群密度对开源软件创新绩效具有正向影响。

8.2.2　调节效应假设：互补性合作视角下开放性的调节效应

尽管高密度网络在一定程度上可以增强知识的共享和任务的协作，然而近年来的一些研究也对其潜在的负面影响进行了探讨。Hua 等提出，过高的网络集群密度可能导致"创新同质化"的现象，即成员之间过于频繁的互动和重复的合作会抑制创新的多样性，阻碍突破性创新的出现。因此有学者建议，虚拟社区应通过保持网络的适度开放性，引入更多的外部知识来源来避免因过高网络密度导致的创新局限，通过在高密度集群内部保持多样化的外部连接，虚拟社区可以在提高内部协作效率的同时，吸纳更多的外部创新灵感，促进更加多样化的技术创新成果。这为本研究引入互补性合作视角奠定了坚实的基础。

之所以引入互补性合作视角，主要在于内容的匹配性与重要性。"互补性合作"是在 Teece 最早提出的互补性资产的基础上提出的，主要强调组织在核心资产之外的资源互补和以最快效率获取竞争优势。近年来的研究已经逐渐把互补性资产推进到互补性合作，前者属于属性研究，后者多基于组织间关系探究不同主体之间的合作，而不同合作主体也从主观及客观角度创造了多样性，能够很好地弥合前面提到的过高网络集群密度可能导致的创新同质化风险。这里的多样性可以具体从结构多样性、地理多样性、开放多样性三方面分析。

1. 结构多样性的调节作用

结构多样性是指在一个网络中不同节点之间关系结构的异质性或多样性。具体来说，结构多样性体现为网络中成员通过多种不同的路径和关系连接在一起，而这些连接可以是跨越多个子群体或核心—边缘层之间的互动。在开源社区中，结构多样性既包括核心开发员与边缘成员之间的联系，也涵盖核心成员内部不同技术领域、背景和技能的多样化。引入结构多样性作为调节变量有助于解释不同网络位置对创新绩效的影响，特别是在复杂的开源软件开发中，它可以通过增强知识流动、促进跨学科合作来提升创新产出。

核心—边缘理论，又称中心—边缘理论，为解释这种结构多样性如何调节网络集群密度与创新绩效之间的关系提供了基础。该理论最早由 Friedmann 提出，用于解释区域间经济发展关系和区域空间结构演变模式。该理论认为任何空间经济系统均可以分解为不同属性的核心区和边缘区，因其核心—边缘结构的普遍性和通用性，使得该理论成为网络科学中不可或缺的方法论，广泛应用于社会网络、引文分析等。已有研究高度认同开源社区的"核心—边缘"结构，认为开源社区的结构更像是"洋葱型"的核心—边缘结构，即核心层主要集聚了核心开发员，边缘层则包括了共同开发员、活跃用户以及包括新手在内的其他注册用户，边缘层成员就像是"云"一般围绕在核心成员外围。处于不同位置的成员也具有不同的行为特征：核心层成员通常是项目的顶级贡献者，凭借其扎实的技术技能处于中心位置，通常情况下会贡献大部分代码，并监督开源软件项目的设计和发展；边缘层成员贡献则相对较低，比如提交补丁以修复代码错误、提供用例和错误报告，以及测试新版本等。与此同时，借助社会网络研究发现，核心成员往往也充当边缘成员的中间人或经纪人角色，距离核心的参与者比那些远距离的参与者拥有更多的项目控制权和裁量权。

结构多样性在这一框架下的调节作用主要体现在两个方面。首先，核心—边缘结构中的结构多样性通过促进不同群体之间的知识流动来增强创新效率。高结构多样性的网络能够通过跨越不同的知识领域和技术背景，带来更多的创新思路和解决方案，这种跨群体的互动有助于弥合核心开发员与边缘成员之间的认知差异，使得创新过程更加灵活高效。例如，在开源软件开发中，核心成员可能具备高级的技术知识，而边缘成员则可能更了解用户需求和应用场景，通过结构多样性的互动，这些不同背景的成员能够互补优势，推动更具创意和实用价值的软件开发。

其次，结构多样性还能够通过增强社区的灵活性来应对创新中的不确定性和复杂性。开源软件开发的一个重要特征是任务的不确定性，项目需求经常变化，而开发过程中的创新也往往需要跨学科的合作。在这种情况下，结构多样性为网络带来了更多的灵活性，使得网络中的成员可以迅速响应新的挑战并进行知识整合。

最后，边缘成员在通过贡献补丁、测试代码等基础活动的同时，可以借助高结构多样性网络更容易地进入核心圈层，获取更多的学习机会并提升其贡献水平，这种动态的角色转换也使得开源社区能够保持创新的持续性和发展活力。因此，本研究提出以下假设：

H2：结构多样性对网络集群密度与软件创新绩效之间的关系发挥正向的调节作用。

2. 地理多样性的调节作用

地理多样性是指组织或团队成员、资源、活动或合作伙伴分布在不同的地理区域或国家，这种多样性主要体现在企业或跨国合作项目，因而会带来制度、语言、文化等的异质性。传统产业集群或创新集群提倡地理邻近性，认为地理距离越短，越有助于知识交流和分享，反之越不利于合作创新，主要原因如下。

首先，高度的地理多样性可能造成冲突的高可能性，并增加交易成本。跨国合作伙伴在社会文化制度、政治经济制度、国家产业结构、政府政策等方面存在较大差异，这可能导致合作团队对事项优先排序和期望存在分歧，容易导致冲突和合作障碍。特别是沟通方面，由于语言、文化和商业习惯的差异，跨国合作伙伴在信息传递和沟通上往往面临更高的成本。

其次，高度的地理多样性还可能导致知识溢出风险和知识盗用问题。不同国家的合作伙伴往往在创新模式上存在差异，发达国家倾向于开发高端技术，而新兴市场如印度则更倾向于进行节俭式创新，这种创新模式的差异可能导致知识的非对称流动，从而增加了知识泄露和价值被盗用的风险。为了防止这些问题的发生，企业必须投入更多的资源来加强知识保护和治理机制，从而导致合作交易和治理成本显著增加。

最后，高度的地理多样性增加了组织间学习的难度。根据组织学习理论，成功的组织学习依赖于合作伙伴之间的信任、共同的价值观和学习动机。然而，由于跨国合作中存在的文化、语言和制度差异，合作伙伴之间的信任和认同感较难建立，导致学习的复杂性和难度增加。特别是当合作伙伴来自不同的国家，彼此间在商业文化、管理风格和法律体系上存在较大差异时，组织之间的学习动机会显著降低，主要原因在于可能难以理解或获取当地市场的知识，如客户偏好、竞争格局和监管环境，这导致其更加依赖合作伙伴的知识，从而增加了信息不对称的风险，并使组织学习更加困难。因此，本研究提出以下假设：

H3：地理多样性对网络集群密度与软件创新绩效之间的关系发挥负向的调节作用。

3. 开放多样性的调节作用

开放多样性是指在创新网络中，参与主体的多样性和外部合作的广泛程度，不仅包括外部知识来源的多样化，而且包括不同背景、领域、技术和文化的合作伙伴参与创新过程。这种多样性强调创新者通过开放的网络与不同组织、行业和地区建立联系，从而实现资源、知识和技术的共享。开放多样性特别适合解释开源软件社区、跨国企业或区域创新网络中的创新过程，因为这些环境下的创新活动往往依赖于多方参与和外部资源的获取。

一方面，开放多样性通过促进外部知识的引入，增强了网络集群密度对创新绩效的正向影响。通过广泛的外部合作，企业或项目能够获取来自不同领域和区域的异质性知识，这些知识对于创新活动尤其重要。开放多样性为创新网络引入了新颖的知识和经验，打破了单一领域或内部创新可能带来的路径依赖，从而增强了创新的灵活性和创造性，这对于开源软件开发等需要不断引入新技术和解决方案的领域尤为重要。

另一方面，开放多样性通过增加互动频率和信息流动，促进了资源共享和协作创新。网络中的开放程度越高，意味着参与者之间的互动机会和频率越高，知识交换和资源流动越广泛。在开源软件项目中，开放多样性带来的异质性知识和多样化技能不仅能够提升技术创新质量，而且能够增强团队对复杂问题的应对能力。因此，本研究提出以下假设：

H4：开放多样性对网络集群密度与软件创新绩效之间的关系发挥正向的调节作用。

8.3　研　究　设　计

8.3.1　数据来源和样本

本研究数据来源于全球最大的代码托管平台 GitHub 开源软件社区，主要借助 GitHub API 爬取了 2019 年 1 月到 2023 年 6 月创建的开源软件项目数据。GitHub API

（Application Programming Interface）是 GitHub 提供的一组编程接口，用于与 GitHub 平台进行交互和数据获取。

本研究以开源软件项目为基本单位，使用检索式"*OSS* OR *Open source software* and created:2019-01..2023-06"，第一步共获取了 3200 条项目信息；第二步去除缺失数据之后，获得 2956 个项目共 59120 个数据；第三步，根据贡献者数据进一步筛选数据集：考虑到本研究需和合作网络结合，根据 Contributor API，将贡献者数量为 0 的数据所在项目进行删除，最终获得分析数据 606 个项目共 9090 个数据。需要说明的是，在 GitHub 上，如果一个开源软件项目的贡献者数量显示为 0，这通常意味着该项目目前只有一个人在维护，即项目发起人。这表明没有其他用户对该项目作出被接受的贡献，或者没有其他用户的贡献被合并到项目的主分支。

之所以选取这个时间段，原因在于一是研究时效性。开源软件社区的技术更迭和变化趋势极其迅速，在研究团队爬取更海量的数据之后发现，大部分有创新动力的开源项目存活时间通常在 6 个月到 1 年，甚至更久，其间能够稳定贡献代码和保持研发活跃度；而社区活跃度低或者成员参与度不高的项目，通常会在半年左右停止更新。因此，该时间跨度能够有效涵盖开源项目从创建到发展、创新，乃至最终停滞的全过程，从而更全面地理解开源项目生命周期中的动态变化与创新趋势。二是数据代表性。由于研究团队使用了可靠的、经过验证的 GitHub API，这一工具能够提供详尽且高质量的数据，保证了数据的准确性和完整性，以支持实证分析。三是现实政策及疫情影响下的虚拟社区现状。2019 年，GitHub 开源社区推出了免费私有仓库功能，使得更多开发员可以在线上社区灵活管理和推动开源软件项目，该政策大大激励了全球开发员的加入贡献，而在此之前以开源合作模式的项目数据增长相对较少。另外在新冠疫情期间，囿于远程办公等工作形式成为主流，客观上使得 GitHub 开源社区上的项目更多以开源合作模式进行开放研发。

在获取的项目数据方面，使用 GitHub API 获取项目名称、项目语言、创建时间、项目粉丝数、创建者用户名、创建者用户 ID、收藏项目数量、Fork 数量、问题数量、贡献者数量、简介、话题数量、合并请求数量、开源认证、分支数量、项目中的参与者用户等信息。在参与者的用户数据方面，研究获取了五种用户类型，包括项目的创建者、贡献者、问题提出者、合并请求提出者、评论者；收集范围包括贡献者用户 ID、用户名、贡献数量、地址信息、机构信息、问题提出者用户 ID、拉取请求者用户 ID、评论者用户 ID。

8.3.2　变量测度

因变量方面，本研究选取软件创新绩效作为因变量，参考 Edison 等学者的经典测度，用项目被收藏数量（Star）作为测量指标。传统的衡量创新绩效的指标有创新成果数量和质量、创新投入与产出的比例，以及创新周期和速度等，但并不能完全适用于虚拟软件社区，特别是以 GitHub 为代表的开源软件研发社区，原因在于传统创新产出常以产品、专利、论文等衡量，数量相对容易测度，开源社区的产出往往表现为代码的迭代、功能的改进、bug 修复以及模块化设计等方面，这些成果不一定可以被数量质量精确量化。在创新投入和产出方面，开源社区的开发员多为志愿者，时间和资源投入相对自由、弹性较大，流动性较强，而产出除了代码、功能等技术性成果之外，比如成员之间的问答、文档、技术讨论等也是贡献，因此将多样化的投入和产出进行精确匹配及比例测算存在一定难度。创新周期和速度方面，开源软件项目的开发周期通常是非线性的，创新速度也不能完全代表绩效，有些开发周期越长的项目反而意味着更高的质量和影响力，而这和传统强调创新效率的指向恰恰相反。综上所述，本研究参考经典测度，选取开源软件项目的被收藏数进行测度，选取依据及科学性阐释如下：一方面，这是社区认可、受欢迎程度及质量的标志。由于开源软件的创新绩效在很大程度上依赖于社区的反馈和参与，Star 被收藏数是一个能反映实际创新价值的综合指标，通常被频繁收藏的项目往往也意味着技术、设计或功能具有更强的创新性，吸引更多开发员参考或学习的数量越多，被接纳和应用的程度越高，通用性或质量认可程度越强。另一方面，其易于量化且公开透明。GitHub 开源社区提供了清晰的项目被收藏数据，也在每个项目主页清晰可见，而这些数据都是由社区的实际用户收藏产生的，并不是由开发员个人创造的，避免了人为干预，因此数据更具客观性、代表性和可信度。加之本项目借助 GitHub API 可直接获取量化数据，结合以往学者做法，以项目被收藏数作为因变量测度具备科学性。考虑到本研究的 Star 数量参差不齐，研究对其进行了对数处理。

自变量方面，本研究选择网络集群密度作为自变量，采用接近中心性（Closeness Centrality）测度。在网络影响力方面，分以下三个步骤：①基于 GitHub API，使用 Python 爬取每个项目的参与用户列表。②基于参与者列表对项目进行匹配。如果项目共享参与成员，有至少一位社区用户同时参与了两个开源项目，则这些项目被认为是相连的，由此将两个项目在社会网络矩阵中的交叉项标记为 1，意为项目之间产生互动、存在一条边。根据此种方式，本研究使用 Gephi 在 GitHub 中自动生成了互连项目的样本。③参考 Zhao 等，本研究使用接近中心性来测量。

从社交网络的角度来看，接近中心性反映了一个节点与其他节点的紧密程度。接近中心性越高，表示其与其他节点的距离越近，越容易到达其他节点，能够更快、更准确地访问网络中的信息。接近中心度的计算公式如下：

$$\text{closeness centrality} = \frac{N-1}{\sum_{j=1}^{N} d(g_{i,j})} \tag{1}$$

在式（1）中，其中 N 是网络中的用户总数，$d(g_i, j)$ 是用户 i 和 j 之间的大地测量（最短）路径，由 i 和 j 之间的最小链接数确定。基于与计算度中心度一致的矩阵，本研究使用 Gephi 自动生成每个项目的接近中心度指标。由于上一步得到的接近中心性指标取值过小，为了保证结果的可视性，本研究使用 MinMaxScaler 方法对上述值进行归一化。MinMaxScaler 是一个特征缩放方法，用于将数据缩放到指定的范围，通常是[0, 1]，以避免某些特征对模型产生过大的影响。[①]

在调节变量方面，本研究选取了结构多样性、地理多样性、开放多样性作为调节变量。其中，结构多样性用每个项目的核心数量进行测度。指标的构建参照了卢冬冬等的研究，即若一个贡献者的贡献次数达项目总贡献的20%以上，则可以被认定为核心贡献者。数据处理步骤为：①本研究通过 GitHub API 获取项目收到的总贡献（Commit）数量。②使用 GitHub API 获取项目的贡献者信息，分别获取每个项目中各个成员的贡献数量，通过（单个成员贡献量/项目收到的总贡献量）的方法计算每个成员的贡献次数占总贡献的比例，并统计其中比例超过20%的人数，记为项目核心数量。如果一个项目中只有一个核心贡献者或不存在核心贡献者，则为单核心，编码为 1；有两个及以上的核心贡献者，则为多核心，编码为 2；上述核心数量指标的计算结果被整合为一个类变量加入数据集。

地理多样性，是指项目团队成员所属的国家数量。从合作绩效角度考虑，多样化的团队成员意味着项目的合作网络可以获得更加丰富的信息，并通过信息共享的方式在网络中传递，从而提升项目的整体开发水平与产出绩效。本研究参照 Wachs 等的理论，采取如下步骤形成地理多样性数据：①基于项目列表获得参与项目的开发员列表。②通过 GitHub API 使用 Python 脚本获得每个开发员的个人主页信息，并从中提取"地理位置"以及"电子邮箱"标签值，与用户名匹配后形成原始数据。③使用 Bing Maps API 判断用户"地理位置"变量所代表的国家/地区。Bing Maps API 是微软提供的免费地理信息服务，可以自动识别不同语言的地址信息并输出从国家/地区到米级精度的格式化地址信息；此外，Bing Maps API 可以剔

---

① MinMaxScalar 计算方法：（观测值－最小值）/（最大值－最小值）。

除明显不符合实际情况的信息（例如"月球"）。将第 2 步提取的"地理位置"原始数据提供至 Bing Maps API，并摘取返回结果内的国家/地区信息。④考虑到部分用户未填写地理信息，本文额外使用"电子邮箱"标签中的邮箱后缀，通过两种方式判断其对应的地理位置信息：其一，除常见的.com 后缀之外，部分邮箱后缀会对应特定地区（例如中国为.cn，日本为.jp）；其二，高校等教育机构通常拥有特定的邮箱域名。若用户填写的电子邮箱地址带有地区特定域名或为教育邮箱，则依此识别用户的地理位置。⑤人工检查第 3、4 步处理后得到的地理位置标签，删除明显有误的结果，并按照"Bing Maps API–邮箱后缀"的优先度形成"国家/地区"变量。⑥使用经典的 Blau Index 衡量项目的地理位置多样性，该测度方法被广泛用于衡量地域等的多样性水平。其计算公式为：

$$\text{Geographic diversity} = \left(1 - \Sigma \rho_i^2\right) \tag{2}$$

在式（2）中，其中 ρ 为来自国家 i 的贡献者占项目贡献者总人数的比例。地理多样性取值越高，说明该开源项目的地理多样性越高。例如，一个项目中有五个贡献者，其中有三个来自英国，一个来自美国，一个来自中国，则地理多样性结果为$[1-(3/5)^2-(1/5)^2-(1/5)^2]=0.56$。当项目只有一个贡献者时，地理多样性取值为$(1-1^2)=0$。

开放多样性，主要用开源软件许可证进行测度。本研究基于 GitHub API，使用 Python 脚本获取项目的许可证信息，随后根据原始数据中对应的许可证类型进行编码，得到每个项目的开放度指标。参考 Xu 等（2023）的研究，按照开源项目是否有许可证以及许可证的开放程度分为低开放度、高开放度两类。高开放度的许可证包括 MIT、Apache 等，编码为 2；低开放度许可证包括 GPL、CC 等，编码为 1。此外，由于部分的开源项目没有许可证，因此本研究添加"无开放度"作为一个独立的开放度测度类型，编码为 0。

控制变量方面，选取以下五个变量：①问题数量：通常用于追踪项目中的错误报告、功能请求或其他任务，是指记录和解决的项目问题数量，用 Issue 表示，反映了项目活动水平和社区成员参与度。②拉取请求：是指项目外部贡献者提交代码并被合并到主项目的数量，用 Pull Request 表示，反映了项目外部贡献程度。③提交数量：是指项目代码库的更改提交频率，用 Commits 表示，反映项目开发进度。④项目大小：指代码库大小，用代码行数表示，反映项目的复杂性。⑤项目年龄：是指项目自创建以来的时间长度，用 Project Age 表示，反映项目稳定性。上述所有数据均通过 GitHub API 访问项目主页信息以及项目开发员信息页面获得。本研究所有变量类型及指标测度说明如表 8.1 所示。

表 8.1 变量类型及指标测度说明

变量类型	变量名称	指 标 测 度	参 考 文 献
因变量	软件创新绩效	项目被收藏数量（Star）	Brown et al.（2024）；Fang et al.（2024）
自变量	网络集群密度	接近中心性（Closeness Centrality）	Fang et al.（2016）
调节变量	结构多样性	每个项目的核心数量，若一个贡献者的贡献次数达项目总贡献的 20%以上，则被认定为核心贡献者；一个核心编码为 1，两个及以上核心贡献者数量编码为 2	Crowston et al.（2006）
	地理多样性	项目团队成员所属的国家数量，使用 Blau Index 测度	Blau（1977）；Wachs et al.（2022）
	开放多样性	开源软件许可证，无许可证编码为 0，低开放度许可证编码为 1，高开放度许可证编码为 2	Xu et al.（2023）
控制变量	问题数量	记录和解决的项目问题数量（Issue）	He et al.（2023）
	拉取请求	贡献者提交代码并被合并到主项目的数量（Pull Request）	Alami et al.（2021）
	提交频率	对项目代码库的更改提交频率（Commits）	Eiroa-Lledo et al.（2023）
	项目大小	指代码库的大小，用代码行数表示（Project Size）	Wang & Ji（2022）
	项目年龄	项目自创建以来的时间长度（Project Age）	Ait et al.（2022）

8.4　实证结果与分析

8.4.1　描述性统计

本研究借助 Stata 软件进行了数据分析，描述性统计结果如表 8.2 所示。可以发现，在 GitHub 开源社区中，选取的项目生命周期为 2019 年 1 月 1 日到 2023 年 6 月 30 日，最长的为 4.73 年，说明一直持续维护更新。项目 Star 取对数最大值为 6.4677，则说明该项目共获得 644 次收藏，充分说明了开源软件社区开放、共享的合作氛围。

表 8.2 变量描述性统计

变量类型	变 量 名	样本量	平均值	标准差	最小值	中位数	最大值
因变量	Star	606	2.22	0.573	0	2.07944	6.4677
	Contributor	606	1.30	0.878	0	1.0986	6.459905
自变量	Closeness centrality	606	0.06	0.112	0	0.0494	1

续表

变量类型	变 量 名	样本量	平均值	标准差	最小值	中位数	最大值
调节变量	Structural diversity	606	1.63	0.484	1	2	2
	Geographic diversity	606	0.17	0.27	0	0	0.88
	Openness diversity	606	1.63	0.496	1	2	3
控制变量	Issues	606	1323.93	856.331	1	1335	2953
	Pull request	606	2.27	10.010	0	0	209
	Commits	606	34.10	324.863	0	2	6100
	Size	606	10.82	33.774	1	3	404
	Project age	606	2.54	1.250	0.246575	2.53562	4.73973

8.4.2　相关分析

本研究对变量进行了相关性分析，结果如表 8.3 所示。绝大多数自变量之间的 Pearson 相关系数小于 0.8，结构多样性与开放多样性的相关系数较高（$\beta=0.99$，$P<0.01$），说明项目核心数量和开放度有强关系。同时对自变量进行了方差膨胀因子（VIF）检验，自变量的方差膨胀因子均小于 10，故不存在严重的多重共线性问题。通过观察相关系数的显著性可知，调节变量之中，结构多样性、地理多样性、开放多样性对因变量均呈现显著正相关关系，但地理多样性对因变量呈现显著负相关关系；同时，自变量对因变量呈现显著相关关系，说明适合进一步对模型进行回归分析。

表 8.3　变量相关性分析

	平均值	标准差	VIF	1	2	3	4	5
Star	2.22	0.573	—	1	0.94***	0.41***	0.70***	0.51***
Contributors	1.30	0.878	—	0.69***	1	0.42***	0.75***	0.54***
Closeness Centrality	0.06	0.112	1.02	0.24***	0.35***	1	0.34***	0.21***
Structural Diversity	1.63	0.484	1.29	0.39***	0.15***	0.12***	1	0.35***
Geographic Diversity	0.17	0.27	1.19	0.45***	0.25***	0.10**	0.35***	1
Openness Diversity	1.63	0.496	1.26	0.38***	0.15***	0.11***	**0.99***	0.35***
Issues	1323.93	856.331	1.14	−0.02	−0.04	−0.02	0.27***	−0.08**
Pull Request	2.27	10.010	1.59	−0.01	0.01	−0.03	−0.03	0.02
Commits	34.10	324.863	1.43	−0.03	−0.01	−0.02	−0.05	0.02
Size	10.82	33.774	1.39	0.06	0.06	0.00	−0.01	0.06
Project Age	2.54	1.250	1.01	−0.00	−0.01	−0.00	0.01	0.02

	平均值	标准差	VIF	6	7	8	9	10
Star	2.22	0.573	—	0.69***	−0.01	−0.02	−0.05	0.03
Contributors	1.30	0.878	—	0.75***	−0.06	−0.04	−0.03	0.04
Closeness Centrality	0.06	0.112	1.02	0.33***	0.17***	0.01	0.04	0.03
Structural Diversity	1.63	0.484	1.29	0.99***	0.25***	−0.03	−0.07	−0.02
Geographic Diversity	0.17	0.27	1.19	0.35***	−0.08**	−0.03	0.07*	0.02
Openness Diversity	1.63	0.496	1.26	1	0.24***	−0.04	−0.06	−0.02
Issues	1323.93	856.331	1.14	0.25***	1	0.07	−0.02	−0.01
Pull Request	2.27	10.010	1.59	−0.03	0.07*	1	0.34***	0.35***
Commits	34.10	324.863	1.43	−0.05	0.03	0.52***	1	0.33***
Size	10.82	33.774	1.39	−0.01	0.01	0.50***	0.41***	1
Project Age	2.54	1.250	1.01	0.01	−0.04	0.06	0.06	0.08**

8.4.3　回归分析

1. 主效应检验

在回归分析中，本研究首先按照第四部分描述的步骤对部分变量进行归一化处理；之后按照模型设定，基于统一的控制变量，逐次在模型中对不同的自变量进行回归分析。由模型（1）可知，表 8.4 中项目在合作网络之中的接近中心性的相关系数为正（$\beta=1.23$），且在 1%的置信水平下显著（$P<0.01$），假设 H1 得到验证。实证结果表明，网络集群密度对软件创新绩效具有正向作用。

2. 调节效应检验

为检验调节变量对网络集群密度与创新绩效的调节作用，本研究在基准模型的基础上加入交互项，通过观察交互项的相关系数以及显著性验证调节效应相关的假设。在表 8.4 中，由模型（2）可知，结构多样性与网络集群密度的交互项系数为正（$\beta=1.55$），且在 1%的水平下显著（$P<0.01$），假设 H2 得到验证。实证结果表明，结构多样性正向调节网络集群密度与软件创新绩效之间的关系，即在开源软件项目"核心—边缘"结构的情况下，项目内的核心贡献者数量越多，越有利于促进网络集群密度对创新绩效的影响。原因在于，更多的核心贡献者往往意味着更容易发现问题、解决问题，技术创新及贡献产出也更大，当项目治理结构中出现多个核心贡献者时，也意味着对单个成员的依赖性减弱，因而项目稳定性更强，创新产出更多样和持续。由模型（3）可知，开源项目地理多样性与网络集

群密度的交互项系数为正（β=1.88），且在 1%的水平下显著（P<0.01），假设 H3 得到验证。实证结果表明，地理多样性正向调节网络集群密度与软件创新绩效之间的关系，即开源软件项目内成员的地理位置越分散，越有利于促进网络集群密度对创新绩效的影响。这一研究发现与传统线下实体社区或产业创新集群强调的"地理邻近性"恰恰相反，原因在于地理位置多样化越强，基于不同文化背景的开发员所带来的思维碰撞的可能性越高，"众智"程度的多样化越高，国际化网络的程度越强，因而越有助于开源软件创新成果的产出、扩散和应用。由模型（4）可知，开源项目开放多样性指标与网络集群密度的交互项系数为正（β=1.51），且在 1%的水平下显著（P<0.01），假设 H4 得到验证。实证结果表明，开放多样性正向调节网络集群密度与软件创新绩效之间的关系，即开源软件的许可证或协议越开放，越有利于促进网络集群密度对创新绩效的影响。原因在于，社区项目越开放，成员贡献和收益越多，基于"一报还一报"的社区原则，越有助于成员不断正向贡献，以及促进不同领域的融合创新。综合调节作用的影响程度，从大到小依次为地理多样性、结构多样性、开放多样性，恰恰说明了在虚拟软件社区中，成员之间地理位置分散的重要性；在多元主体合作的基础之上，项目结构的多样性更胜于软件许可证的制度设计，也进一步明确了项目治理结构对软件研发创新的重要影响。

表 8.4　主效应和调节效应回归分析

	（1）	(2)	(3)	(4)
Closeness Centrality	1.22869***	−1.70206**	0.46651*	−1.61950**
	(6.11)	(−2.27)	(1.94)	(−2.16)
Issues	−0.00001	−0.00009***	0.00001	−0.00008***
	(−0.38)	(−3.56)	(0.24)	(−3.26)
Pull Request	−0.00115	−0.00033	−0.00093	−0.00036
	(−0.40)	(−0.13)	(−0.37)	(−0.14)
Commits	−0.00008	−0.00005	−0.00008	−0.00005
	(−1.02)	(−0.68)	(−1.11)	(−0.70)
Size	0.00156**	0.00138*	0.00110	0.00141*
	(1.98)	(1.92)	(1.56)	(1.95)
Project Age	−0.00316	−0.00769	−0.00708	−0.00817
	(−0.17)	(−0.46)	(−0.44)	(−0.49)
Structural Diversity		0.39065***		
		(7.88)		

续表

	（1）	(2)	(3)	(4)
Closeness Centrality * Structural Diversity		1.54939***		
		(3.70)		
Geographic Diversity			0.77671***	
			(9.07)	
Closeness Centrality * Geographic Diversity			1.87801***	
			(3.36)	
Openness				0.37355***
				(7.75)
Closeness Centrality * Openness Diversity				1.51133***
				(3.61)
Constant	2.15369***	1.64975***	2.03344***	1.66446***
	(33.40)	(17.76)	(33.75)	(18.04)
N	606	606	606	606
R^2	0.066	0.227	0.263	0.223
调整 R^2	0.06	0.22	0.25	0.21

8.4.4 稳健性检验

1. 替换因变量

现有对于开源项目绩效的研究当中，一是基于社区用户视角，讨论用户对项目收藏数所反映的不同项目知识共享的情况；二是基于开发员视角，从为项目贡献代码的核心用户角度来测量项目的表现。前面使用了第一个视角对开源项目的产出绩效进行回归分析，为了进一步证明实证结果的可靠性，本研究的稳健性检验部分采用项目的贡献者人数作为替代因变量，代表开发团队角度的项目绩效。

在稳健性检验表 8.5 中，由模型（5）可知，开源项目的接近中心度指标与被贡献者人数之间存在正相关（β=1.77），且在 1%的水平下显著，与主结论一致，稳健性检验通过。由模型（6）可知，项目接近中心度指标与结构多样性指标的交互项系数为正且显著（β=2.50，P<0.01），与主结论保持一致，稳健性检验通过。由模型（7）可知，项目接近中心度指标与地理多样性指标的交互项系数为正且显著（β=350.06，P<0.01），与主结论保持一致，稳健性检验通过。由模型（8）可知，项目接近中心度指标与开放度指标的交互项系数为正且显著（β=2.49，P<0.01），与主结论保持一致，稳健性检验通过。

表 8.5　稳健性检验——替换因变量

	（5）	（6）	（7）	（8）
Closeness Centrality	1.76852***	−3.11782***	−7.42188	−3.06989***
	(5.73)	(−3.07)	(−0.59)	(−3.02)
Issues	−0.00007*	−0.00025***	−0.00179	−0.00023***
	(−1.82)	(−7.33)	(−1.44)	(−6.86)
Pull Requests	−0.00309	−0.00131	0.04667	−0.00136
	(−0.71)	(−0.37)	(0.35)	(−0.38)
Commits	−0.00012	−0.00004	−0.00292	−0.00004
	(−0.91)	(−0.36)	(−0.76)	(−0.39)
Project Size	0.00209*	0.00168*	0.04582	0.00174*
	(1.73)	(1.72)	(1.25)	(1.78)
Project Age	−0.00754	−0.01702	−0.68853	−0.01818
	(−0.27)	(−0.76)	(−0.81)	(−0.81)
Structural Diversity		0.93630***		
		(13.94)		
Closeness Centrality * Structural Diversity		2.49984***		
		(4.41)		
Geographic Diversity			−1.09016	
			(−0.24)	
Closeness Centrality * Geographic Diversity			350.06842***	
			(11.99)	
Openness				0.89834***
				(13.73)
Closeness Centrality * Openness Diversity				2.49273***
				(4.39)
Constant	1.29136***	0.05898	7.40226**	0.09232
	(13.05)	(0.47)	(2.35)	(0.74)
N	606	606	606	606
R^2	0.064	0.396	0.334	0.391
调整 R^2	0.05	0.39	0.33	0.38

注：*、**和***分别代表在 10%、5%、1%的水平上显著。

2. 减少控制变量

考虑到本研究涉及的变量较多，研究认为前述回归与调节效应检验的结果可能受到控制变量影响，而非出自自变量与调节变量的作用。因此，为了排除控制变量可能导致的误差，本研究采取减少控制变量的方法，从回归模型与调节效应模型中删除控制变量 Commits 进行稳健性检验。在稳健性检验表 8.6 中，由模型（9）可知，项目的接近中心度指标与被收藏数之间存在正相关（β=1.23），同样在 1% 的水平下显著，模型结果与主结论一致，稳健性检验通过。由模型（10）可知，项目接近中心度指标与结构多样性指标的交互项系数为正且显著（β=1.54，$P<0.01$），与主结论保持一致，稳健性检验通过。由模型（11）可知，项目接近中心度指标与地理多样性指标的交互项系数为正且显著（β=1.88，$P<0.01$），与主结论保持一致，稳健性检验通过。由模型（12）可知，项目接近中心度指标与开放度指标的交互项系数为正且显著（β=1.51，$P<0.01$），与主结论保持一致，稳健性检验通过。

表 8.6　稳健性检验——减少控制变量

	（9）	(10)	（11）	（12）
Closeness Centrality	1.23223***	–1.69186**	0.47055*	–1.60921**
	(6.12)	(–2.26)	(1.95)	(–2.15)
Issues	–0.00001	–0.00009***	0.00001	–0.00008***
	(–0.38)	(–3.56)	(0.25)	(–3.27)
Pull Requests	–0.00231	–0.00103	–0.00205	–0.00108
	(–0.88)	(–0.43)	(–0.88)	(–0.45)
Project Size	0.00140*	0.00128*	0.00094	0.00131*
	(1.82)	(1.82)	(1.37)	(1.85)
Project Age	–0.00355	–0.00794	–0.00746	–0.00842
	(–0.20)	(–0.48)	(–0.46)	(–0.51)
Structural Diversity		0.39238***		
		(7.93)		
Closeness Centrality * Structural Diversity		1.54431***		
		(3.69)		
Geographic Diversity			0.77723***	
			(9.08)	
Closeness Centrality * Geographic Diversity			1.87559***	
			(3.36)	
Openness				0.37521***
				(7.79)

续表

	（9）	(10)	（11）	（12）
Closeness Centrality * Openness Diversity				1.50627***
				(3.60)
Constant	2.15574***	1.64852***	2.03531***	1.66333***
	(33.45)	(17.75)	(33.79)	(18.04)
N	606	606	606	606
R^2	0.065	0.226	0.261	0.222
调整 R^2	0.06	0.22	0.25	0.21

注：*、**和***分别代表在 10%、5%、1%的水平上显著。

8.5　结论与讨论

8.5.1　研究结论

第一，社会网络对开源软件创新绩效具有重要的影响作用，网络集群密度对软件创新绩效具有正向促进作用。主要原因可能在于，首先，接近中心性高的个体或项目更靠近网络中的其他成员，能够更迅速地获取和传播信息，这种信息的高效流通对创新至关重要，因为其加速了知识共享和新思想的扩散。其次，接近中心性高的节点可以更容易获取关键资源，包括人力、技术和资金等，有助于促进互补性合作。最后，高接近中心性的项目或个体更易于建立强大的社会网络与信任关系，不仅有助于促进虚拟开源社区的协作文化，而且有益于快速适应技术和市场变化，以及时作出调整。

第二，结构多样性正向调节网络集群密度对开源软件创新绩效的关系。一是结构多样性通常意味着项目中核心贡献者的数量较多，这样的多样性带来了不同的知识、技能和经验，从而为创新提供了广泛的视角和方法，每个贡献者可能带来独特的专长和创意，从而助力提高解决问题的能力和创新的质量。二是拥有更多核心贡献者的项目能够更快地识别并解决问题，因为有更多的人参与到问题的讨论和解决中，这种集体智慧有助于快速应对挑战，促进创新的发展。三是项目中核心贡献者数量的增加可以降低对单个成员的依赖，从而提高项目的稳定性和可持续性，这种多元化贡献者结构有助于确保项目在长期内保持活力和创新能力。

第三，地理多样性正向调节网络集群密度对开源软件创新绩效的关系。不同于实体社区，虚拟社区并不遵从"地理邻近性"的原则，这与以往的线下社区集聚存在"反直觉"的研究发现，来自不同地理位置的开发员越多，越有助于开源软件创新绩效的发展。原因可能在于，一是不同区域背景的开发员可能会带来不同思维方式、技术经验和解决问题的方法，这种多样性可以激发新的创意，促进创新。二是不同区域位置的开发员可能面临不同的挑战和问题，这有助于更全面地识别和解决软件开发中可能遇到的问题。三是促进了文化交流，不仅有助于丰富团队成员的个人经验，而且能够促进软件的国际化和本地化创新扩散。

第四，开放多样性正向调节网络集群密度对开源软件创新绩效的关系。研究表明，开源软件社区越是开放，越有助于参与成员促进软件的创新绩效。一方面，开放的许可证（如 MIT 等）允许开发员自由地使用、修改、分发和共享源代码，这种开放性降低了知识产权壁垒，使得更多的开发员能够参与项目开发并贡献代码。由于创新往往依赖于知识的共享和重组，开放许可证使得不同领域的开发员能够自由地获取和贡献他们的技术知识，从而加速创新进程。另一方面，开放许可证允许不同的项目和开发员将各自的技术和经验结合在一起，形成跨领域创新。开放的环境使得开发员能够轻松地借鉴其他项目的代码，整合异质性的知识和技术，比如一个项目的算法可以被另一个领域的开发员加以改进和应用，推动交叉融合，这种知识和技术的共享与整合有助于衍生新的应用场景，塑造新的技术突破甚至颠覆式创新。

8.5.2　理论贡献

本研究为二十大报告强调的"加强国际化科研环境建设，形成具有全球竞争力的开放创新生态"提供了重要的理论创新及实证依据，有助于深度理解数智时代下影响虚拟社区创新绩效的要素及其机制，丰富了社会网络和互补性理论研究，为完善数字治理在虚拟社区中的应用场景提供了新的思路，具体体现为以下几方面。

第一，拓展了社会网络对开源软件创新绩效影响的研究。本研究通过对网络集群密度的探讨，揭示了高接近中心性的项目和个体在促进开源软件创新中的关键作用，深化了社会网络理论在虚拟社区背景下的应用。这一研究发现补充了现有关于社会网络中心性如何影响知识流动和资源获取的文献，并进一步说明了这些因素对创新绩效的促进作用。

第二，提出了结构多样性作为创新促进因素的新见解。研究发现，结构多样性在网络集群密度对创新绩效的影响中起到正向调节作用，强调了核心贡献者数量多样性的重要性。本研究拓宽了关于多样性与创新之间关系的理解，表明项目的多元化贡献结构能够显著提高创新能力，尤其是在解决问题的速度和质量方面。

第三，挑战了传统地理邻近性正向促进实体社区创新的观点，为虚拟社区地理多样性带来了新的理论贡献。传统线下产业集聚或创新集群观点认为，越是地理临近越有助于显性和隐性知识传播，而虚拟社区研究发现恰恰相反，地理位置越分散，结构多样性越强，开放度越高，反而越有助于虚拟社区团队合作项目绩效。

第四，为在新时代下软件开源或闭源的研发路径提供借鉴。在开源环境下，开放的许可证允许开发员自由使用、修改和分发代码，降低了知识产权壁垒，促进了跨领域的知识共享与技术融合，以 OpenAI 研发的 ChatGPT 开源大模型就是典型代表，这为软件研发的阶段性策略提供了依据和借鉴。

8.5.3　管理启示

本研究为虚拟社区成员及项目发展、企业参与及产业创新、政府政策制定带来了管理启发，有助于虚拟社区在国际创新网络中实现高质量发展，并充分赋能研发创新。具体说明如下：

针对开源软件社区开发员和项目，一是建议提升核心贡献者的中心性和参与度。开源软件项目管理者应积极促进核心贡献者之间的沟通与协作，提升其网络中心性，帮助核心贡献者更快地获取信息，有更多的资源贡献项目以及吸引更多的外围边缘层开发员；同时也鼓励通过定期或不定期的线上会议、技术研讨、社群分享等方式，尽可能最大化发挥核心贡献者的影响力和价值。二是增加项目的结构多样性。通过设置科学完善的激励机制促进核心贡献者投入，并鼓励多核心开发员以多样化的网络结构共同参与软件项目研发。

针对企业，鼓励积极参与虚拟社区项目合作，以开源软件的项目多样性以及融合互补促进企业创新能力。企业在参与社区项目时，建议优先选择具有地理多样性、结构多样性和开放多样性的软件项目，借助其国际化项目视角和技术研发方法，提升企业的创新能力，实现"追赶、跃迁，甚至领跑"。同时也鼓励企业以虚拟社区为依托，宣传推广自身产品及创新技术，实现企业与虚拟社区之间的"数实融合"、双向赋能。

针对产业，特别是工业软件"卡脖子"的困境，鼓励开源和工业软件融合，推动开源工业软件创新生态体系建设，一方面建议推动大模型在开源软件开发中的广泛应用，借助大模型技术的效率和创新能力，通过自动化代码生成、问题识别与解决、知识推荐等手段，减少开发员的工作负担并提升项目成果；另一方面，针对开源工业软件的产业创新追赶，设计适应大模型时代的创新生态制度，包括开源开放许可证、知识产权等保护机制。

针对政府，一方面建议鼓励支持跨区域的社区协作与创新。制定政策鼓励全球化的合作与交流，通过资助全球开源创新项目、国际创新大赛、简化跨境合作等的技术法规措施，进一步推动虚拟社区的创新发展；另一方面，制定激励政策促进开源虚拟社区生态建设，促进数字经济的新质生产力。

8.5.4　研究局限与未来研究方向

当然，本研究仍存在一些局限性。本研究基于社会网络视角探究网络集群密度对软件创新绩效的影响，在此基础上依托互补性合作视角探究多样性，具体从结构多样性、地理多样性、开放多样性的角度阐释对其的调节作用，限于调节要素数量有限，尚未探究外部政策或技术复杂性等的调节机制，未来也将继续探究该方面的影响，进一步丰富模型的解释力和预测力，不断完善数智时代的虚拟社区合作机制研究。除此之外，开源合作模式已经逐渐成为在新型举国体制下，破解关键核心技术比如工业软件"卡脖子"问题等的关键举措。我国工业软件长期存在核心技术受制于人、竞争力不强、人才短缺等困境。倪光南院士多次提到要积极利用开源合作模式做好国家急需的、能用的、好用的、管用的工业软件，助力实现创新追赶。然而现有研究尚未深刻剖析如何利用开源指向性地发展工业软件，这一研究空白也为后续深化该研究方向奠定了坚实的理论和实证基础。

第 9 章

开源合作影响虚拟社区价值共创的
元分析研究

9.1 引　　言

在开放式创新背景下，开源合作对实体经济中企业间合作及实体社区发展有着深远影响。随着数字技术的发展，这种合作模式逐渐扩展到虚拟社区，并显著改变了信息和资源的共享方式，不仅促进了不同参与主体之间的合作与交流，也影响了虚拟社区价值共创的合作绩效。比如，在 Apache 和 Mozilla 等开源软件社区中，多元参与主体通过合作提高软件质量和创新速度，显著提升了整个虚拟社区的技术水平和创新能力；Wikipedia 作为一个基于开源合作精神的知识共享平台，展示了如何通过协作促进信息的积累和精炼，增强了虚拟社区的知识价值；而开放科学社区如 OpenAI 等，也展示了开源合作在促进科学研究和创新中的潜力。这些例子不仅证明了开源合作在促进技术和知识发展方面的效果，而且突显了其在加强虚拟社区成员间关系和促进价值共创绩效的作用。

本研究对开源合作的概念界定如下：开源合作是指在互联网社区中，多元主体通过合作和共享来创造、扩展和重构知识资产的合作模式。已有文献研究了开源合作对虚拟社区价值共创的影响，然而关于二者关系尚未形成一致结论，主要包括正向影响和负向影响两种不同的研究结论。一种观点认为，开源合作对虚拟社区价值共创产生了显著的正向影响，不仅加强了社区成员间的合作关系，促进了知识共享和合作效率，也增强了虚拟社区的可持续发展能力，促进了技术和创新水平。比如 Dabbish 等以 GitHub 开源社区为例，研究发现开源合作模式不仅增加了合作的透明度，而且通过社区集体成员智慧加速了问题解决和新功能的实现（2012）。Nielsen 和 Ganter 以 Zenodo 全球科研社区为例，发现科学家开放共享研究数据，显著地促进了跨学科合作，推动了社区合作绩效和科学知识的快速创新。另一种观点认为，开源合作对虚拟社区价值共创产生了显著的负向影响，主要体现在激励机制不明确、"搭便车"现象、资源分配不均以及治理结构复杂性等方面。比如 Roberts 等研究发现，当贡献者感受到个人能力的认可和职业发展的激励时，他们的参与度和贡献质量更高，然而在激励机制不明确的情况下，贡献者的动力会显著减少。Riehle 等研究发现，尽管志愿者和付费开发员都能从虚拟社区获益，但实际贡献的不均衡性可能会削弱整体的项目效率和成员间的信任，进而影响合作。Li 等分析了 GitHub 开源社区的治理结构，提出开放性导致治理结构变得更为复杂，有效的领导和透明的决策过程对于维持社区的稳定和效率至关重要，缺乏这些因素可能导致管理上的混乱和成员间的冲突。

综上，虽然现有文献对开源合作和虚拟社区价值共创的关系进行了探讨，但尚存在以下三个方面的研究局限：第一，对开源合作影响虚拟社区价值共创的因素分析存在较大差异，目前鲜有研究对相关结论进行整合并得出一致结论，这也为虚拟社区价值共创带来了实际的管理困惑。基于此研究局限，本研究拟采用元分析（Meta-analysis）对已发表的实证研究数据进行二次分析，将开源合作对虚拟社区价值共创的研究结论运用科学方法进行分类汇总，解释众多学者对不同研究结果之间的争论，并得出两者之间关系的定量研究结果。因此，本研究是对开源合作——虚拟社区价值共创创新合作绩效关系研究的尝试性探索，而这一探索通过单一的实证研究方法是无法实现的。第二，现有研究关于开源合作的相关文献主要聚焦于开源合作的整体效应或单一维度效应，鲜有文献对不同维度下开源合作对虚拟社区价值共创的影响进行比较研究。开源合作是一个多维度概念，个体层开源合作要素包括自我效能、社会认同、热爱、归属感，交互层开源合作要素包括信息支持、社交互动、用户信任、互惠互补，环境层开源合作要素包括共同愿景、社区激励、社区文化、社会规范。由于开源合作不同层面的影响要素会对虚拟社区价值共创产生不同的作用，本研究拟从更微观的视角比较开源合作不同维度要素对虚拟社区价值共创的影响机制，以拓展开源合作的理论范畴。第三，已有研究忽略了开源合作向虚拟社区价值共创的调节机制，而调节变量的挖掘有助于探索不同样本变量间关系存在差异的原因。基于此研究局限，本研究拟挖掘影响开源合作与虚拟社区价值共创的调节变量，运用元分析中的亚组分析深入探究影响开源合作和虚拟社区价值共创的调节机制，从而得出更为全面、可靠的研究结论。

综上所述，探讨哪些核心因素影响虚拟社区价值共创的创新合作绩效具有重要的理论意义和现实意义。为了更系统全面地理解开源合作和虚拟社区价值共创的复杂关系，本研究基于开源合作的相关理论构建研究模型。9.1 节引言结束后，9.2 节将基于文献综述，提出开源合作影响虚拟社区价值共创的研究假设；9.3 节将具体介绍本研究的研究方法、数据收集、文献筛选、数据处理及编码过程，为后续的数据分析奠定基础；9.4 节数据分析环节将详细地解释发表偏倚检验、异质性检验、效应值检验及敏感性分析，运用元分析探究开源合作及其不同层面各维度对虚拟社区价值共创的综合效应，运用亚组分析探讨开源合作和虚拟社区关系中可能存在的调节机制，探讨可能的情境影响因素和测量影响要素；9.5 节将基于元分析研究结果提出研究结论、理论贡献、主流研究热点及未来研究展望，并基于此进一步提出促进虚拟社区价值共创的管理建议，为虚拟社区开源合作提供实践启示。

9.2　理论与研究假设

9.2.1　开源合作与虚拟社区价值共创

虚拟社区又称"网络在线社区"，最早是由 Rheingold 提出的，主要是指通过计算机网络相互交流，共享各种知识和信息，并形成关系网络的社区。Faraj 等认为，虚拟社区内的网络成员基于共同的兴趣和目标，可以不受时间和空间的限制聚集在一起，共同就一定的主题和需求开展交流和学习。随着网络技术的发展，根据用户的需求和目的，虚拟社区也逐渐衍生出更多的类型和辐射范畴，主要分为四类：①交易导向型社区，主要是指社区作为平台和桥梁，为买卖双方之间传递产品和服务信息以完成交易，如亚马逊、eBay 交易社区；②兴趣导向型社区，是指成员基于共同的兴趣爱好聚集在网络社区，这种社区一般多为技术爱好者平台，如小米社区、华为技术社区、GitHub 开源社区等；③情境模拟类游戏社区，主要是指在虚拟世界内虚构角色，为成员创造一个可供扮演的游戏社区环境，如原神、Second Life 等游戏社区；④关系导向型社交社区，主要指专注于搭建、维护朋友关系或商业合作关系，比如 Facebook、Twitter 等社交社区。

虚拟社区之所以能够建立并不断运营发展壮大，主要原因在于价值共创。虚拟社区价值共创，主要是指用户在网络社区中与其他成员合作，共同创造价值并持续积极发挥作用的过程，而这些共同创造的价值来源和关键资源就是知识，这些知识作为信息的集合，可以是思想、观点、经验、新闻、技术细节等。知识在虚拟社区的成员之间进行传播、解释、交流，并且得到使用的过程就是共享的过程。因此本研究认为，虚拟社区价值共创的本质就是知识共享，而衡量价值共创的合作绩效本质就是衡量知识共享的绩效。

开源合作，从狭义角度而言，特指开源软件社区内，开发员、用户、公司、基金会等多元主体之间的合作，合作的主要表现形式为联合进行软件开发。随着通信技术的发展以及社区类型的扩展，开源合作早已不局限于开源软件社区，而是扩大衍生为更大范围的虚拟社区，主要强调在数字化的网络社区内部多元主体之间的合作与共享。从合作共享的主体而言，可以分成知识需求方和知识供给方，即当知识需求方在社区提出问题时，知识供给方可以以经验共享、知识传授等形式帮助解决问题，一方面需求方的问题得以解决，另一方面提供方在帮助他人的过程中获得成就感，双方得到价值共创。已有研究表明，虚拟社区内部多元主体之间的开源合作带来了大量的社会互动，因而促进了知识共享，特别是对于拥有共同兴趣和爱好的成员来说，更是加深和拓宽了知识共享。

综上，本研究提出如下假设：

H1：开源合作对虚拟社区价值共创具有正向的促进作用。

9.2.2　开源合作各层次与虚拟社区价值共创

基于已有研究，本研究将开源合作影响虚拟社区价值共创的主要因素分为个体层、交互层、环境层。其中，个体层主要强调个体内部的心理过程和特质，如自我效能、社会认同、热爱和归属感，以及这些因素如何影响个体的行为和决策。交互层关注于个体之间的信息交流、社交互动、信任建立和互利互惠行为，以及这些交互如何塑造社会关系和网络。环境层涵盖共同愿景、社区激励、社区文化和社会规范等宏观因素，强调社区环境及规范等如何对个体和集体行为产生影响。基于开源合作不同的分层，本研究将开源合作分为三个维度，并分别探讨每个细分维度对虚拟社区价值共创的作用机理。

1. 开源合作个体层与虚拟社区价值共创

开源合作个体层，主要是指虚拟社区的微观方面，强调各个主体的心理特质。本研究从个体心理动力学出发，将开源合作个体层分为自我效能、社会认同、热爱和归属感四个维度。

首先，自我效能，指个体在组织和执行活动方案时对实现特定目标的能力判断，这种对任务执行结果的信心会直接影响其思维和行为模式。已有研究表明，虚拟社区中参与成员的自我效能直接影响其合作创新绩效。第一，自我效能会影响成员的自我激励和信念。当具有高水平自我效能的成员参与社区活动时，会倾向于更加积极主动地分享知识，同时在社区也有更强的责任意识来贡献在线社区；相反，具有低水平自我效能的成员对能够为他人提供有价值的信息更没有信心，可能会认为即使花费时间主动分享合作，也不太会获得采纳或认可，因而也更倾向于在社区"潜水"，即通过阅读外部信息而非与他人主动共享知识的形式参与社区活动。第二，自我效能和自我发展高度相关。通常对自我能力的判断会影响成员自我发展的内驱力，由于虚拟社区的开放属性，成员在贡献知识的过程中可以通过应用已有知识或者探索未知领域的知识来提升自己，从而不断提升自我认知和效能，不断更新自己的合作意愿和能力。第三，自我效能也会影响成员在合作中面对挑战的态度。自我效能水平高的成员面对挑战更具备掌控感和获得胜利的信心，因而更愿意持久地参与合作；自我效能水平低的成员对于合作中遇到的困难容易具备畏难情绪，在感到恐惧的同时也倾向于焦虑，担心自己共享的方案或者提出的建议错误而受到他人指责，会尽量回避或"绕开"合作中遇到的挑战，也会倾向于避免知识分享。

其次，社会认同，主要是指成员对自身属于某个社区或者社群的情感上的认知，主要表现为归属感以及对群体成功或失败的共鸣，这种认同感会促进个体与群体的一体化，进而影响其态度、参与度和行为效果。一方面，社会认同会影响成员的自我判断。成员通常会将自己归类到不同的群体，并通过归类和比较，判断自己所处群体和外部其他群体的价值，高社会认同的成员也会对自我有高的价值认同，行为更加积极；而消极的社会认同也会导致持续的竞争、频繁的社会流动或者创造更加积极形象的认知策略。另一方面，社会认同也会影响成员对社群的参与感。当成员更认同社群时，其更倾向于认同自己属于该社区，社区的吸引力会不断地激励成员参与和频繁贡献。有学者以在线健康社区为例研究发现，当个体感觉到与社区有较强的心理联系时，他们更愿意分享知识，以支持群体的目标和需求。

再者，热爱是指个人分享知识带来的享受感的程度（Teo et al., 1999），这种对快乐的预期会影响个人在虚拟社区中的合作行为。一方面，合作所带来的快乐本身会激励成员持续贡献。成员在进行智力追求和克服困难的过程中本身就认为是愉快和有乐趣的，这种分享知识获得的满足感和认同感往往会超过行为本身的实用价值，基于热爱的内在激励使得成员更倾向于分享知识，而不仅仅是为了获得外在奖励。以成员参与开源硬件的合作研发为例，成员花费数小时获得的愉悦感受不仅会吸引成员首次参与社区，也鼓励他们持续参与和贡献。另一方面，从合作中感受到的热爱和享受的程度也会进一步增强成员的回馈感。根据社会交换理论，参与集体贡献的员工往往具备一定的道德义务，即从集体中获得乐趣，这种道德义务常常超过最大化自身利益的欲望，认为既然获得了享乐体验就应该更有义务对在线社区回报有益的资源。

最后，归属感是个体对群体的归属意识，表现为个体将自己视为学校、班级或任何社群环境的重要部分，并感受到成员的接纳和支持。马斯洛在其需求层次理论中将归属感视为基本需求之上的一个重要层次，强调个体对爱和归属的需求，这种感觉不仅在面对面的学习环境中重要，在虚拟社区中也同样重要。对社区的归属感使人们将社区的目标和价值观视为自己的目标和价值观。当成员交换意见、经验和感受，为彼此提供反馈，并探讨有关他们任务的行动和可能性时，成员就会有归属感；当参与者积极参加社区活动并投入更多时间时，他们将比那些不太活跃的人有更强的社区归属感；当成员的贡献得到尊重、成员之间存在信任感、社区能够自我激励、领导权在成员之间共享并且鼓励成员提问时，社区归属感就会增长。这种归属感增加了合作者的坚持度和信息流动的强度，促进了成员之间的相互支持和合作。

综上，本研究提出如下假设：

H2：开源合作个体层对虚拟社区价值共创的合作绩效具有正向影响。

H2a：自我效能对虚拟社区价值共创的合作绩效具有正向影响。

H2b：社会认同对虚拟社区价值共创的合作绩效具有正向影响。

H2c：热爱对虚拟社区价值共创的合作绩效具有正向影响。

H2d：归属感对虚拟社区价值共创的合作绩效具有正向影响。

2. 开源合作交互层与虚拟社区价值共创

开源合作交互层，主要是指虚拟社区的中观方面，强调各个主体之间的互动。本研究从社会交互动力学出发，将开源合作交互层分为信息支持、社交互动、用户信任和互惠互补四个维度。

首先，信息支持，指的是来自他人以建议、意见或知识形式等的帮助。在虚拟社区中，成员之间的信息支持有助于合作关系的建立和维持。一方面，成员倾向于将在线社区视为可行的伙伴，甚至赋予这些社区动态特征。高信息性的网站可以促使用户认为它们有价值，从而增加用户满意度而选择继续留在社区。换句话说，当成员从浏览其他成员提供的信息或接收有价值的信息中受益时，他们感到有义务在未来回报社区。另一方面，信息支持有助于进一步促进成员的知识共享。因为用户知识是一种公共产品，除非用户能从他人那里获得信息利益，否则他们可能不愿意贡献知识，这种与其他用户的相互关系被证明可以提高关系质量，增加自我效能感，从而促进知识共享。

其次，社交互动，常被认为是社会资本结构维度中最重要的变量，指的是通过网络成员内部互动形成的人际关系网络。它通常通过网络成员之间的网络连接来表达，并且基于社会结构内连接及其配置的存在。在社交环境中，社交互动被认为是影响个体心理机制和随后行为意图的重要属性，一些研究将社交互动视为知识共享的关键促进因素。首先，社交互动是影响用户持续使用虚拟社区的主要因素之一。有学者以在线健康社区为例，研究发现患者和医生在虚拟社区中对于特定主题内容、新闻或事件的分享与讨论，有助于加强论坛用户之间的关系，帮助论坛用户理解并接受，促进共同目标和相似价值观的实现。其次，社交互动的加强在很大程度上减少了成员对知识共享的抵抗。Botkin 提出，在线知识共享是虚拟社区中成员关于知识和经验的沟通过程，频繁的沟通互动是虚拟社区的一个重要原则。除了人与人之间的相互沟通，社交互动对于虚拟社区的认同也非常关键，当成员的参与度和互动水平低时，会有越来越多的成员"潜水"，从而负向影响知识共享。

再者，用户信任被定义为一种心理状态，包括对合作方特定行为的预测、相信预期的行为将会发生，以及基于该信任愿意承担风险。虚拟社区中成员之间的信任有助于促进合作和共享。一方面，信任被视为有效知识交流的前提和合作的基础，在虚拟环境中，信任尤其关键，它使人们能够在不一定非常了解对方的情况下共享知识。当社区成员相互信任时，他们相信其他人愿意并且有能力分享信息或知识，且成员假设共享的知识会被适当使用，并不会被用来抵制或削弱个人能力。另一方面，在虚拟社区中，信任可以被作为替代性的治理模式。由于虚拟环境中的交互仅限于屏幕上的书面和口头通信，信任将减少披露信息相关的风险焦虑，接收者不需要花费时间和精力去验证获得知识的准确性，而是会倾向于立即使用它。

最后，互惠互补指的是由于期待回报而执行的行动，这种期待不仅基于公平的交换原则，也包括对未来利益的预期，即当前进行知识分享，未来也会相应得到社区其他成员的回报。第一，虚拟社区知识分享通过强烈的互惠性得以促进。比如当发帖者在线分享时，他们可能会花费大量时间撰写帖子，并回应知识接收者提出的额外问题，这有助于与其他成员建立有益的互惠关系。因此，发帖者一般倾向于期望更高水平的互惠，因为他们在分享知识时投入了更多的时间和努力，如果他们对互惠互补的期望得到满足，将促进其共享更多知识。第二，在虚拟社区中，社区成员之所以贡献内容，也与公平感高度相关，比如互惠在维基百科中也是一个主要动机，因为用户之所以贡献维基百科，可能也希望从该社区中获得同样的回报。第三，互惠互补还可以增加社会资本并扩展网络关系，这从很大程度上将促进创新及其扩散，从而进一步促进虚拟社区价值共创的合作绩效。

综上，本研究提出如下假设：

H3：开源合作交互层对虚拟社区价值共创的合作绩效具有正向影响。

H3a：信息支持对虚拟社区价值共创的合作绩效具有正向影响。

　　H3b：社交互动对虚拟社区价值共创的合作绩效具有正向影响。

　　H3c：用户信任对虚拟社区价值共创的合作绩效具有正向影响。

　　H3d：互惠互补对虚拟社区价值共创的合作绩效具有正向影响。

3. 开源合作环境层与虚拟社区价值共创

　　开源合作环境层，主要是指虚拟社区的宏观方面，强调外界环境对个体及其之间互动的影响。本研究从组织与文化框架出发，将开源合作环境层分为共同愿景、社区激励、社区文化和社会规范四个维度。

　　首先，共同愿景是指个体对群体是否共享相同的愿景、目标和知识分享的价值观的看法。一般来说，拥有共同愿景或目标的成员更容易聚合在一起合作。一方面，社区用户拥有共同的目标和价值观，将影响持续参与的意愿。在数字时代，网站的核心资源是用户，社区平台将用户视为价值共创者，并积极进行整合。如果虚拟社区的用户共享价值观，这将鼓励用户继续使用该社区。另一方面，共同愿景的用户也更容易彼此理解，强化成员间合作行为和知识共享，提高感知的知识质量，进而促进合作绩效。

　　其次，社区激励是指在虚拟社区中通过一系列奖励和认可措施，促进成员参与社区活动、分享知识、提升合作和创新绩效的策略，这些激励可以是有形的，如奖金、薪资提升，也可以是无形的，比如声誉提升、社会认可等。研究发现，成员在没有强有力激励措施的情况下，主动共享知识的概率不会太高，社区激励将影响虚拟社区成员的知识共享意愿和行为。比如虚拟社区中发帖者倾向于因奖励而受到激励，因为他们在分享知识方面更为活跃，他们想要表明自己值得这些奖励；当受到奖励的激励，发帖者通常会更积极提供想法和见解给他人，以展示他们的努力和对组织的贡献。再如在线问答社区中，清晰的会员等级也是一种激励机制，因为更高级别赋予成员更多特权并授予更广泛的活动范围，成员的等级象征着他们在虚拟社区中的权力，因此，社区成员倾向于努力获得此类特权，自然会达到促进合作的效果。

　　再者，社区文化是组织文化的缩影和体现，主要是指价值观、信仰、沟通和行为的观念集合，为社区成员的行为提供了方向，通常在与组织内部和外部联系的互动合作中体现出来。比如已有文献关于虚拟环境和信息系统研究中的跨文化差异表明，文化差异如同在物理世界中观察到的，也会在虚拟环境中发挥作用。Pfeil等观察到维基百科上的跨文化差异导致了不同的知识贡献风格。Ardichvili等运用定性研究方法，探究了成员所在国别的文化差异如集体主义对合作中知识寻求和分享模式的影响，发现由于不同的国家文化，知识分享模式存在差异。例如，与俄罗斯和巴西的受访者相比，中国受访者由于害怕"丢脸"而倾向于更多地避免在线知识分享，因为他们谦虚并担心自己的英语表达不够好。再者，虚拟社区是否具备合作文化或者合作文化的深浅也会直接影响成员合作。因为合作文化是知识创造和分享的主要促进因素，是竞争优势的来源，有助于促进成员知识共享、彼此学习和提升合作绩效的意愿。

最后，社会规范指影响个体行为意图的群体基准或规则，在塑造个体行为意图中起着关键作用，有时亦被称为"主观规范"。根据计划行为理论，主观规范是行为意图的预测因素，对虚拟社区中的线上行为，比如是否继续使用 Facebook、对技术的行为意图、社交网络工具的行为意图等有显著正面影响。当成员受到组织、领导和同事的期望围困时，他们感受到更严厉的知识共享社会压力，如果拒绝遵守该规范，可能会产生诸如失去他人信任、降低组织声誉和地位等不良后果。因此，由于拒绝知识共享的成本很高，感知主观规范的员工更愿意参与知识分享，从而帮助提升合作绩效。

综上，本研究提出如下假设：

H4：开源合作环境层对虚拟社区价值共创的合作绩效具有正向影响。

H4a：共同愿景对虚拟社区价值共创的合作绩效具有正向影响。

H4b：社区激励对虚拟社区价值共创的合作绩效具有正向影响。

H4c：社区文化对虚拟社区价值共创的合作绩效具有正向影响。

H4d：社会规范对虚拟社区价值共创的合作绩效具有正向影响。

9.2.3　情境因素与测量因素的调节效应

已有开源合作与虚拟社区价值共创关系研究受样本所限，无法全面且深入地探究潜在调节变量的影响，从而导致研究结论存在差异。本研究采用元分析研究方法，基于更大样本梳理可能对两者关系起调节作用的潜在调节变量，主要包括情境因素和测量因素两类。其中，情境因素是指样本所处环境相关的因素，本研究主要考察区位因素（中国社区/非中国社区）、文化差异（单一文化/多元文化）、社区类型（交易导向型社区/兴趣导向型社区/关系导向型社区/混合型社区）三个变量的情境调节作用；测量因素指与测量方法相关的因素，本章主要考察实证研究方法（结构方程模型/线性回归）和绩效测度（主观合作意愿/客观合作行为）两个变量的测量调节作用。

1. 情境因素

（1）区位因素的调节因素

区位因素是指虚拟社区创立者所在的地理位置以及主要服务客群所在的地理

区域。据此，本研究将虚拟社区分为中国社区和非中国社区两类，其中中国社区主要服务于中国用户，而非中国社区则服务于国际或其他国家的用户。本研究提出，区位因素调节开源合作与虚拟社区价值共创的正向关系，具体而言，在中国社区，开源合作对虚拟社区价值共创的促进作用比在非中国社区更为显著。原因在于：一方面，中国具有独特的互联网治理环境和技术发展背景。在政策上，中国政府近年来大力推动数字经济的发展，并对开源合作给予了极大的支持和鼓励。例如，政府相关部门推出多项措施促进开源软件和开放科技创新，这些措施为中国社区的开源合作提供了有利的外部环境，从而更有效地促进了价值共创。另一方面，中国社区在用户规模和活跃度方面具有独特优势。由于中国网民基数庞大，开源项目往往能够快速聚集大量的用户和开发员参与，这种高度的参与度和协作精神，加速了信息和资源的交流与共享，有效促进了虚拟社区的创新活动和价值创造。相比之下，非中国社区可能由于用户基数和活跃度相对较低，而在开源合作推动价值共创方面的效率较低。综上，提出如下假设：

H5：区位因素调节开源合作与虚拟社区价值共创合作绩效的正向关系，相比非中国社区，中国社区的开源合作对虚拟社区价值共创的合作绩效促进作用更显著。

（2）文化差异的调节因素

文化差异指的是虚拟社区成员在语言、价值观、工作习惯和交流风格等方面的差异，这些差异通常来源于成员所在不同国家及其文化背景。据此，本研究将虚拟社区划分为单一文化社区和多元文化社区：前者主要由同一国家或相似文化背景的成员构成，后者则涵盖多个国家或文化背景的成员。本研究提出，文化差异调节开源合作与虚拟社区价值共创的正向关系，具体而言，在单一文化的开源合作环境中，对虚拟社区价值共创的促进作用比多元文化社区更为显著。原因在于：首先，单一文化社区中的成员通常有着相似的交流习惯和工作方式，这种文化的一致性可以降低合作中的沟通成本和误解风险。研究表明，文化一致性能够促进信任的建立，从而增强合作效率。在这种环境中，成员更容易达成共识，协调行动以有效推动项目进展和创新实现。其次，相对于多元文化社区，单一文化社区中成员的价值观和期望更加一致。这种价值观和目标的一致性有助于集中资源和努力，针对共同的目标开展深入合作。此外，单一文化社区在决策和执行过程中通常会表现出更高的效率和协调性，因为它们不需要克服由文化差异引起的潜在分歧和冲突。综上，提出如下假设：

H6：文化差异调节开源合作与虚拟社区价值共创合作绩效的正向关系，相比多元文化差异，单一文化的开源合作对虚拟社区价值共创的合作绩效促进作用更显著。

（3）社区类型的调节因素

社区类型作为一种调节变量，有助于深入理解不同类型的虚拟社区如何影响开源合作与价值共创的关系。本研究基于虚拟社区的主要功能和目的，结合所筛选文献内容，将其分为交易导向型社区、兴趣导向型社区、关系导向型社区、混合型社区四种类型。其中，交易导向型社区主要侧重于促进买卖双方的交易活动，如 eBay 或 Amazon。兴趣导向型社区集中于特定兴趣或爱好，成员共享相关知识和经验，如 Reddit 中的特定主题板块、GitHub 开源技术社区等。关系导向型社区着重于建立和维持社会关系，如 Facebook 或 LinkedIn。混合型社区融合了以上几种功能，既有交易，也有兴趣分享及社交互动。本研究认为，在促进开源合作对虚拟社区价值共创合作绩效的影响中，兴趣导向型社区将展现出最显著的促进作用。原因在于：首先，兴趣导向型社区通过围绕共同的兴趣或爱好吸引社区参与者，这种基于共同兴趣的集聚效应可以显著提高成员之间的参与度和合作意愿。成员在这类社区中自发分享知识和资源，促进知识的快速流动和创新发生。其次，这种类型的社区往往具有更高的成员忠诚度和活跃度，成员因共同爱好而形成紧密联系，进而加强了彼此之间的信任和合作。再次，兴趣导向型社区的成员通常更愿意接受新事物，这种开放态度是开源合作成功的重要因素。最后，与其他类型的社区相比，兴趣导向型社区在促进合作和创新方面拥有内在的动力和优势，成员间的相似兴趣和目标有助于凝聚力的形成和创新活动的持续。综上，提出以下研究假设：

H7：社区类型调节开源合作与虚拟社区价值共创合作绩效的关系，相比其他类型的社区，兴趣导向型社区对开源合作促进虚拟社区价值共创的合作绩效具有更显著的促进作用。

2. 测量因素

（1）实证研究方法的调节因素

本研究将重点探讨两种常见的实证研究方法：结构方程模型（Structural Equation Modeling，SEM）和线性回归（Linear Regression），以理解这些方法如何影响开源合作与虚拟社区价值共创合作绩效的关系。首先，结构方程模型是一种复杂的统计方法，能够同时考虑多个因变量和多个自变量之间的关系，允许研究者建立和测试由多个方程组成的理论模型。这种方法特别适用于处理潜在变量和观察变量之间的关系，使其在考察开源合作与虚拟社区价值共创的复杂作用中具有优势。相比之下，线性回归是一种更为简单直接的方法，主要用于分析一个或多个自变量对一个因变量的影响。尽管这种方法在数据分析中广泛应用，但它在处理多层次影响和反馈机制方面的能力较弱。基于以上对两种方法的概念界定，本研究提出以下假设：在测量开源合作对虚拟社区价值共创合作绩效的影响时，采用结构方程模型的研究方法比采用线性回归方法的影响更为显著。提出这一假设的原因包括：第一，模型复杂性的处理能力。结构方程模型由于能够同时考虑多个相互关联的依赖变量，因此可以更全面地捕捉开源合作与虚拟社区价值共创之间的动态关系和复杂交互效应，这种方法可以揭示潜在变量背后的结构关系，可为理解更复杂的因果机制提供更强的解释力。第二，潜在变量的分析能力。在开源合作和虚拟社区价值共创合作绩效的研究中，许多重要变量如信任感、热爱等通常是潜在的，不易直接测量，而结构方程模型允许通过观察变量间接测量这些潜在变量，进而可提供更准确的分析结果。第三，误差项的处理。结构方程模型允许研究者在模型中包含测量误差和方程误差，从而提供更为精确和可靠的结果，这对于开源合作这类研究主题尤为重要，因为其中的变量往往受多种非观察因素的影响。综上，提出如下假设：

H8：实证研究方法调节开源合作与虚拟社区价值共创合作绩效的正向关系，相比线性回归，结构方程模型下的开源合作对虚拟社区价值共创的合作绩效促进作用更显著。

（2）绩效测度的调节因素

在探究开源合作对虚拟社区价值共创的影响时，合理选择绩效测度尤为重要。本研究将虚拟社区价值共创的合作绩效区分为两种绩效测度方式：主观合作意愿和客观合作行为。主观合作意愿反映的是参与者对合作的态度、满意度及未来合作的意向，而客观合作行为则具体指合作的行动层面，如共同开发项目的数量和合作的频次等。本研究提出，在测量开源合作对虚拟社区价值共创合作绩效的影响中，以主观合作意愿作为绩效测度，比客观合作行为更能显著地反映开源合作的促进作用。一方面，主观合作意愿不仅能够揭示当前合作状态，还能有效预测未来合作的可能性和潜在质量。合作伙伴的积极态度和持续意向能够激励更多的资源投入和更深入的交流，这些都是推动长期合作成功的关键因素。另一方面，主观合作意愿更能体现文化与心理因素的作用。在虚拟社区的环境中，合作双方的文化和心理因素极为重要，主观合作意愿能够反映出双方的心理契合和信任程度，这对于虚拟社区价值共创至关重要。心理和文化契合度较高的团队往往能产生更具创造性和效益的合作成果。相对而言，虽然客观合作行为提供了合作活动的直接数据，但这种测度可能无法完全揭示合作的动态性和复杂性。比如 Ko 等认为，客观行为数据（如会议频次和文档数量）可能无法完全揭示合作的质量和深度，相对而言，诸如合作动机和满意度等的主观合作意愿能够从心理学角度更为细致地评估合作绩效。综上，提出如下假设：

H9：绩效测度调节开源合作与虚拟社区价值共创合作绩效的正向关系，相比客观合作行为，以主观合作意愿作为合作绩效测度下的开源合作对虚拟社区价值共创的合作绩效促进作用更显著。

9.3　研　究　设　计

9.3.1　研究方法

元分析这一概念最早由美国教育心理学家 Gene V. Glass 在 20 世纪 70 年代提出，Glass 将元分析定义为"对已有研究成果的分析的分析"，作为一种高级统计分析方法，主要用于综合分析多个独立研究的结果，以提供对某个特定问题或主题进行更全面、客观、精确的理解，这种方法通过量化手段合并来自不同研究的数据，旨在识别、评估，并总结现有研究证据中的共同趋势和模式。目前元分析在医学、心理学、教育学、生态学等多个学科领域都有广泛应用，成为科学研究中不可或缺的工具之一。元分析通常在以下情况下使用：第一，当研究结果存在分歧。当不同的研究对相同的问题给出不一致或相互矛盾的结论时，元分析可以通过统计合成的方法来揭示整体趋势和答案。第二，提高统计功效。单个研究因样本量限制可能难以发现小的效应大小，而元分析通过合并多个研究的数据，增大样本量，提高了检测小效应的能力。

本研究采用 CMA 3.0 对数据进行软件分析，具体研究过程分为以下几个环节：①对筛选的文献进行编码及数据转化。对于文献进行数据收集，由于有些文献只有原始的效应值，因此需要转化后将相关系数 r、样本量、变量编码录入 CMA3.0 软件，软件会对相关数据进行 Fisher's Z 转换。②对数据进行发表偏倚检验，通过漏斗图、Begg 检验和失安全系数来检验是否存在发表偏倚，以及存在偏倚的程度。③通过 Q 统计值以及 I^2 进行异质性检验，并进一步确定元分析的统计模型是使用固定效应模型还是随机效应模型。④效应值检验。通过 CMA3.0 软件进行主效应、调节效应以及敏感性分析。

9.3.2　数据收集

第一步，关键词检索：中文文献方面，本研究主要在中国知网（CNKI）数据库以"虚拟社区""虚拟社群""IT 社区""网络社区""互联网社区""互联网在线社区""开放式创新数字社区""数字创新社区"等为关键词进行检索，得出 6165

篇中文文献。英文文献方面，本研究主要在 Web of Science 数据库以 "Virtual Community" "IT Community" "Internet Community" "Internet Online Community" "Open Innovation Digital Community" "Digital Innovation Community" 等为关键词进行检索，得出 10550 篇文献。

第二步，管理学重点期刊限定：为了保证检索的样本文献有高质量且可靠的数据依托，同时能够从管理学角度进行学科领域的深度对话，中文文献方面，本研究将 2023—2024 年最新版 CSSCI 来源期刊认定的 36 种管理学期刊和国家自然科学基金委认定的管理类 30 种重要期刊目录进行整理，排除重复的期刊列表，最终限定为 49 本期刊，结合重点期刊检索后，中文文献为 204 篇。英文文献方面，本研究针对 UTD24、FT50 以及管理学领域 SSCI 期刊目录进行重点期刊检索，英文文献为 777 篇。

第三步，研究方法限定：本研究的元分析主要采用的是定量元分析，即所筛选的样本文献需要使用定量研究方法，因此在前述基础上继续限定研究方法，以 "定量" "实证" "定量实证" "研究假设" 等为关键词进行限定，进一步缩小中文文献为 144 篇。英文文献方面，在前面基础上继续限定 "Quantitative" "Quantitative Study" "Quantitative Research" "Empirical" "Research Hypothesis" 等关键词，进一步缩小英文文献为 218 篇。

第四步，研究问题限定：本研究主要进行的是虚拟社区合作绩效影响要素的元分析，因此结合研究主题，中文方面，以 "合作" "协作" "联合" "同盟" "互惠" "互补式合作" "联合开发" "知识共享" "集体智慧" 等为主题，进一步缩小中文文献为 94 篇。英文方面，以 "Cooperation" "Collaboration" "Alliance" "Partner" "Reciprocity" "Complementary Collaboration" "Joint Development" "Knowledge Sharing" "Collective Intelligence" 等为主题，进一步缩小英文文献为 182 篇。

9.3.3　文献筛选

经过第一轮共 4 步检索后，得出中文文献 94 篇，英文文献 182 篇。检索公式筛选出来的文献和最终的样本之间还存在一定的系统误差，因此需要第二轮人工进行文献筛选。为了保证研究质量，研究团队分别进行背靠背 "双盲" 筛选，各自筛选之后经过 3 轮面对面讨论，在教授指导下确认最终筛选的文献。研究人员共同遵循以下文献筛选原则：①研究主题方面，必须是虚拟社区或者互联网社区内的合作，并非线下的实体企业与企业，或者线下人与人、人与企业的合作，所有的合作行为都必须在线上虚拟社区进行。②研究方法方面，样本文献须是定量实证研究方法，扎根理论、文献综述、质性案例研究等定性研究方法的文献需排除。③样本数据方面，由于元分析需要提取具体的实证数据，因此文献须包含样本数量和相关系数等数据。④样本独立性方面，所筛选的研究样本必须相互独立，如果多篇文献采用的是同一个样本，则筛选更早发表的文章，以避免样本重复。经过第二轮人工阅读摘要、全文内容后，筛选出中文样本文献 10 篇，英文样本文献 32 篇，一共 42 篇样本文献。

9.3.4　数据处理及编码

在确定了最终的筛选样本文献之后，需要对文献数据进行整理和提取。本研究的数据处理和编码工作由两名研究者独立完成，研究者依据共同的编码表格进行数据整理，需要提取的数据包括但不限于：文献编号、第一作者、发表时间、独立样本量、自变量、因变量、中介变量、调节变量、原始效应值及类型、转化后的效应值。编码完成后，研究团队对编码数据进行交叉核验并经过多次讨论，最终达成一致编码。通过对 42 篇文献进行编码之后，通过数据透视图进行总结分析，得出 166 个效应值，224354 个独立样本量。本研究对所有效应值进行频次统计，将效应值出现次数大于 3 的变量进行筛选提取，总共有 69 个效应值，共计 30016 独立样本量作为本研究的筛选样本数据，表征了融合创新对虚拟社区合作绩效的影响变量。根据各变量所蕴含的理论意义，可以将其分为 3 层：个体层融通创新效应值数量为 27（$k=27$），样本量为 9072，其中自我效能效应值数量为 9，样本量为 3083；社会认同效应值数量为 8，样本量为 2394；热爱效应值数量为 6，样本量为 2415；归属感效应值数量为 4，样本量为 1180。交互层融通创新效应值数量为 24（$k=24$），样本量为 11376，其中信息支持效应值数量为 7，样本量为 4888；社交互动效应值数量为 6，样本量为 2107；用户信任效应值数量为 6，样本量为 2368；互惠互补效应值数量为 5，样本量为 2013。环境层融通创新效应值数量为 18，样本量为 9568，其中共同愿景效应值数量为 6，样本量为 2147；社区激励效应值数量为 4，样本量为 4066；社区文化效应值数量为 4，样本量为 1257；社会规范效应值数量为 4，样本量为 2098。

9.4　分析与结果

9.4.1　发表偏倚检验

发表偏倚检验，主要是指对所筛选的样本文献质量进行偏倚性检验，以保证研究结果的真实性和可靠性。一般来说，漏斗图（Funnel Plot）是常见的发表偏倚检验研究工具，主要是以转化后的 Fisher's Z 效应值作为 X 轴，标准误作为 Y 轴，通过展示两者之间的关系来判断发表偏倚。小样本研究的抽样误差大，离散度较大，多处于漏斗图底部；而大样本研究的抽样误差相对较小，离散度也较小，常处于漏斗图顶部。本研究整体效应、个体层、交互层、环境层对虚拟社区合作绩效的漏斗图分别如图 9.1 至图 9.4 所示。漏斗图中的空白小圆圈代表发表论文的数量，从图示可以看出，整体效应有 69 个圆圈，即代表 69 项研究样本（见图 9.1），其中个体层 27 项研究样本（见图 9.2）、交互层 24 项研究样本（见图 9.3）、环境层 18 项研究样本（见图 9.4）。各漏斗图的点主要集中在顶部，且均匀地分布在中线及两侧，说明存在发表偏倚的可能性较低。

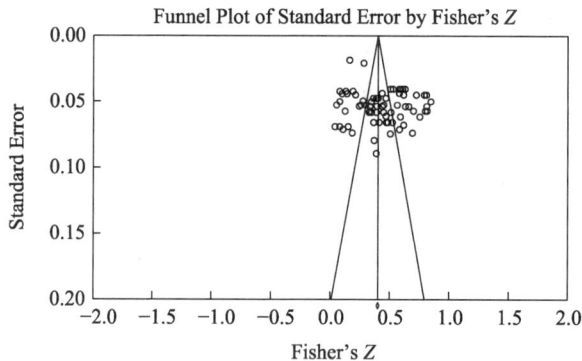

图 9.1 整体效应漏斗图

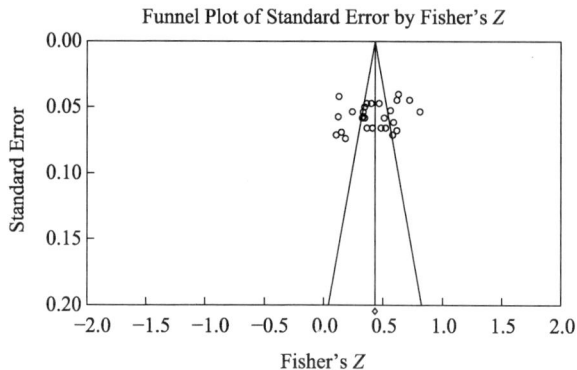

图 9.2 个体层－虚拟社区合作绩效漏斗图

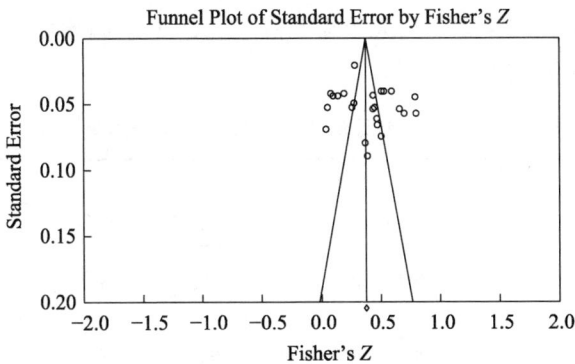

图 9.3　交互层–虚拟社区合作绩效漏斗图

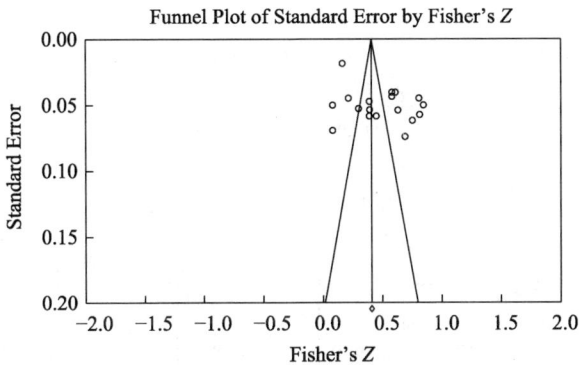

图 9.4　环境层–虚拟社区合作绩效漏斗图

除此之外，本研究采用 Begg 检验和失安全系数作进一步的定量验证，研究结果如表 9.1 所示。Begg 检验是由 Begg 和 Mazumdar 在 1994 年提出的，基本原理是利用秩相关系数（Rank Correlation Coefficient）来评估元分析中各独立研究效应量估计与其标准误之间的相关性，常用 P 值来判断假设关系的相关性是否具备统计学意义。当 P 值小于显著性水平 0.05，则认为有足够的证据表明存在发表偏倚；当 P 值大于 0.1，则表明不存在发表偏倚。根据表 9.1，所有假设关系的 Begg 检验 P 值均大于 0.1，表明本研究涵盖效应值的发表偏倚不严重。

失安全系数（Fail-safe N），是指需要加入多少篇遗漏或者相关结论的研究才会使分析结果失去统计意义。一般来说，失安全系数越大，发表偏倚的可能性越小。临界值等于 $5 \times K + 10$，其中 K 等于样本量。如果失安全系数大于临界值，则认为元分析的结果是"安全的"，即使存在未发表的研究，元分析的研究结论也不太可能因此被推翻，更进一步说明不存在发表偏倚。根据表 9.1，可以看到本研究的所有假设关系中的失安全系数均大于临界值（5×K+10），因此可以表明研究结果比较可靠，不存在发表偏倚。

表 9.1　发表偏倚检验和异质性检验结果

假设关系	样本量 K	异质性检验				发表偏倚检验		
		Q 值	P-value	df	I^2（%）	失安全系数	5×K+10	Begg 检验 P 值
H1 整体效应 – 虚拟社区合作绩效	69	1433.159	0.000	68	95.255	6280	355	0.988
H2 个体层 – 虚拟社区合作绩效	27	323.418	0.000	26	91.961	1110	145	0.393
H2a 自我效能 – 虚拟社区合作绩效	9	60.000	0.000	8	86.667	2029	55	0.754
H2b 社会认同 – 虚拟社区合作绩效	8	19.567	0.007	7	64.225	343	50	0.266
H2c 热爱 – 虚拟社区合作绩效	6	144.046	0.000	5	96.529	644	40	0.707
H2d 归属感 – 虚拟社区合作绩效	4	5.778	0.123	3	48.081	258	30	0.308
H3 交互层 – 虚拟社区合作绩效	24	495.132	0.000	23	96.355	9531	130	0.535
H3a 信息支持 – 虚拟社区合作绩效	7	117.091	0.000	6	94.876	712	45	0.548
H3b 社交互动 – 虚拟社区合作绩效	6	20.065	0.001	5	75.081	724	40	0.707
H3c 用户信任 – 虚拟社区合作绩效	6	183.401	0.000	5	97.274	490	40	0.707
H3d 互惠互补 – 虚拟社区合作绩效	5	108.332	0.000	4	96.308	465	35	0.462
H4 环境层 – 虚拟社区合作绩效	18	596.576	0.000	17	97.150	8186	100	0.970
H4a 共同愿景 – 虚拟社区合作绩效	6	88.791	0.000	5	94.369	658	40	0.707
H4b 社区激励 – 虚拟社区合作绩效	4	76.468	0.000	3	96.077	263	30	0.308
H4c 社区文化 – 虚拟社区合作绩效	4	138.238	0.000	3	97.830	417	30	0.734
H4d 主观规范 – 虚拟社区合作绩效	4	42.128	0.000	3	92.879	779	30	0.734

9.4.2　异质性检验

异质性检验在元分析中是非常重要的，因为这可以帮助研究者了解纳入分析的研究结果之间是否存在显著差异，以及这些差异的可能大小。如果研究存在较高的异质性，表明这些研究结果可能受到不同因素的影响。一般情况下，多用 Q 统计量和 I^2 进行元分析的异质性检验。Q 统计量是检验所有研究效应量是否共同来自同一总体的统计检验，如果 Q 值对应的 P 值小于 0.05，则认为存在异质性。根据表 9.1，所有研究假设中只有 H2d 的 Q 值为 5.778，对应的 P 值为 0.123，大于 0.05，表明该研究归属感与虚拟社区合作绩效之间不存在异质性，其余所有研究假设 Q 值对应的 P 值均小于 0.05，说明各变量之间存在一定的异质性。

I^2 统计量衡量的是异质性在总变异中所占的比例，其值介于 0% 至 100%。当 $I^2<25\%$，说明数据之间具备轻度异质性；当 $25\%\leqslant I^2\leqslant 50\%$，说明具有中度异质性；当 $I^2>50\%$，说明数据之间存在高度异质性。根据表 9.1，只有 H2d 研究假设的 I^2 为 48.081%，介于 25% 和 50%，说明存在中度异质性，其余所有研究假设均大于 50%，说明存在高度异质性。整体效应 H1 的实验结果表明：Q 值为 1433.159，在 0.01 水平上显著，I^2 值为 95.255%，超过 50%，表明 95.255% 的变异是由效应值的真实差异造成的，只有 4.745% 的变异是由随机误差导致。个体层 H2、交互层 H3、环境层 H4 的实验结果中，Q 值对应的 P 值均显著，I^2 分别为 91.961%、96.355%、97.150%，均大于 50%，表明存在较强的异质性，需要采用随机效应模型进行元分析检验。

9.4.3　效应值检验

1. 整体效应

效应值检验，是指对元分析中包含的单项研究的效应量进行统计分析，以确定这些研究结果的整体效应是否显著及其整体效应的大小。一般来说，当 Q 值在统计上显著时，应采用随机效应模型；当 Q 值不显著时，由于异质性较小，固定效应模型和随机效应模型均可。当 I^2 大于 50% 时，异质性较大，需使用随机效应模型。由于本研究的 Q 值均显著，且所有研究假设的 I^2 大于 50%（H2d 除外），因此需要使用随机效应模型进行检验。为了保证模型的稳健性且方便对比，本文同时展示了固定效应模型和随机效应模型下各假设关系的综合效应值。一般来说，当相关系数的效应值（r）为 $0.1\leqslant r<0.4$，表示中等强度关系；当 $r\geqslant 0.4$，表示强关系。根据表 9.2，在随机效应模型下，整体效应值数量为 69，样本量为 30016，

虚拟社区各主体融通创新与合作绩效的综合相关系数为 0.405，属于强相关，置信区间为 0.360~0.448，根据显著性判断依据：95%置信区间的上下限同时大于 0 或者同时小于 0，则认为研究变量之间存在显著的相关关系。因此可以得出：虚拟社区各主体融通创新正向影响合作绩效（$P<0.01$），即假设 H1 整体效应得到验证。

表 9.2　整体效应检验结果

效应模型	效应值数目	样本量	效应值	95%置信区间		双尾检验	
				下限	上限	Z 值	P 值
固定效应模型	69	30016	0.382	0.372	0.392	69.454	0.000
随机效应模型	69	30016	0.405	0.360	0.448	15.941	0.000

2. 不同层面与虚拟社区合作绩效关系检验

根据表 9.3 的随机效应模型，从个体层来看，虚拟社区个体层融通创新与合作绩效的综合相关系数为 0.397（$P<0.01$），95%置信区间为 0.333~0.457，两者之间存在显著的正相关关系，即假设 H2 得到验证。具体来说，个体层自我效能与虚拟社区合作绩效的综合相关系数为 0.492（$P<0.01$），95%置信区间为 0.414~0.563，两者之间存在显著的正相关关系，即假设 H2a 得到验证。个体层社会认同与虚拟社区合作绩效的综合相关系数为 0.261（$P<0.01$），95%置信区间为 0.197~0.323，两者之间存在显著的正相关关系，即假设 H2b 得到验证。个体层热爱与虚拟社区合作绩效的综合相关系数为 0.415（$P<0.01$），95%置信区间为 0.382~0.448，两者之间存在显著的正相关关系，即假设 H2c 得到验证。个体层归属感与虚拟社区合作绩效的综合相关系数为 0.438（$P<0.01$），95%置信区间为 0.370~0.501，两者之间存在显著的正相关关系，即假设 H2d 得到验证。研究结果表明，自我效能、社会认同、热爱、归属感均与虚拟社区合作绩效存在显著的正相关关系；且不同的个体维度对虚拟社区合作绩效存在差异，各相关关系影响强度大小从大到小依次为自我效能、归属感、热爱、社会认同，个体层自我效能对虚拟社区合作绩效的正向作用最为显著。

从交互层来看，虚拟社区交互层融通创新与合作绩效的综合相关系数为 0.377（$P<0.01$），95%置信区间为 0.300~0.450，两者之间存在显著的正相关关系，即假设 H3 得到验证。具体来说，交互层信息支持与虚拟社区合作绩效的综合相关系数为 0.315（$P<0.01$），95%置信区间为 0.187~0.432，两者之间存在显著的正相关关系，即假设 H3a 得到验证。交互层社交互动与虚拟社区合作绩效的综合相关系数为 0.452（$P<0.01$），95%置信区间为 0.378~0.521，两者之间存在显著的正相关关

系，即假设 H3b 得到验证。交互层用户信任与虚拟社区合作绩效的综合相关系数为 0.352（*P*<0.01），95%置信区间为 0.119~0.548，两者之间存在显著的正相关关系，即假设 H3c 得到验证。交互层互惠互补与虚拟社区合作绩效的综合相关系数为 0.406（*P*<0.01），95%置信区间为 0.197~0.580，两者之间存在显著的正相关关

表 9.3　不同层面与虚拟社区合作绩效关系检验结果

维度	模型	效应值数目	样本量	效应值	95%置信区间		双尾检验	
					下限	上限	*Z* 值	*P* 值
H2 个体层	固定效应模型	27	9072	0.408	0.391	0.425	41.086	0.000
	随机效应模型	27	9072	0.397	0.333	0.457	11.218	0.000
H2a 自我效能	固定效应模型	9	3083	0.492	0.464	0.518	29.746	0.000
	随机效应模型	9	3083	0.492	0.414	0.563	10.784	0.000
H2b 社会认同	固定效应模型	8	2394	0.268	0.231	0.305	13.393	0.000
	随机效应模型	8	2394	0.261	0.197	0.323	7.687	0.000
H2c 热爱	固定效应模型	6	2415	0.415	0.382	0.448	21.642	0.000
	随机效应模型	6	2415	0.388	0.188	0.557	3.658	0.000
H2d 归属感	固定效应模型	4	1180	0.432	0.384	0.477	15.795	0.000
	随机效应模型	4	1180	0.438	0.370	0.501	11.321	0.000
H3 交互层	固定效应模型	24	11376	0.357	0.341	0.373	39.740	0.000
	随机效应模型	24	11376	0.377	0.300	0.450	8.875	0.000
H3a 信息支持	固定效应模型	7	4888	0.289	0.263	0.314	20.733	0.000
	随机效应模型	7	4888	0.315	0.187	0.432	4.676	0.000
H3b 社交互动	固定效应模型	6	2107	0.460	0.425	0.493	22.712	0.000
	随机效应模型	6	2107	0.452	0.378	0.521	10.581	0.000
H3c 用户信任	固定效应模型	6	2368	0.360	0.324	0.394	18.243	0.000
	随机效应模型	6	2368	0.352	0.119	0.548	2.906	0.004
H3d 互惠互补	固定效应模型	5	2013	0.404	0.367	0.440	19.157	0.000
	随机效应模型	5	2013	0.406	0.197	0.580	3.653	0.000
H4 环境层	固定效应模型	18	9568	0.386	0.369	0.403	39.680	0.000
	随机效应模型	18	9568	0.452	0.348	0.545	7.691	0.000
H4a 共同愿景	固定效应模型	6	2147	0.437	0.402	0.471	21.637	0.000
	随机效应模型	6	2147	0.412	0.251	0.551	4.731	0.000
H4b 社区激励	固定效应模型	4	4066	0.222	0.193	0.251	14.383	0.000
	随机效应模型	4	4066	0.333	0.144	0.498	3.377	0.001
H4c 社区文化	固定效应模型	4	1257	0.508	0.465	0.548	19.739	0.000
	随机效应模型	4	1257	0.532	0.207	0.751	3.035	0.002
H4d 主观规范	固定效应模型	4	2098	0.540	0.509	0.570	27.583	0.000
	随机效应模型	4	2098	0.536	0.412	0.641	7.280	0.000

系，即假设 H3d 得到验证。研究结果表明，信息支持、社交互动、用户信任、互

惠互补均与虚拟社区合作绩效存在显著的正相关关系；且不同的交互层维度对虚拟社区合作绩效存在差异，各相关关系影响强度大小从大到小依次为社交互动、互惠互补、用户信任、信息支持，交互层社交互动对虚拟社区合作绩效的正向作用最为显著。

从环境层来看，虚拟社区环境层融通创新与合作绩效的综合相关系数为 0.452（$P<0.01$），95%置信区间为 0.348~0.545，两者之间存在显著的正相关关系，即假设 H4 得到验证。具体来说，环境层共同愿景与虚拟社区合作绩效的综合相关系数为 0.412（$P<0.01$），95%置信区间为 0.251~0.551，两者之间存在显著的正相关关系，即假设 H4a 得到验证。环境层社区激励与虚拟社区合作绩效的综合相关系数为 0.222（$P<0.01$），95%置信区间为 0.193~0.251，两者之间存在显著的正相关关系，即假设 H4b 得到验证。环境层社区文化与虚拟社区合作绩效的综合相关系数为 0.532（$P<0.01$），95%置信区间为 0.207~0.751，两者之间存在显著的正相关关系，即假设 H4c 得到验证。环境层主观规范与虚拟社区合作绩效的综合相关系数为 0.536（$P<0.01$），95%置信区间为 0.412~0.641，两者之间存在显著的正相关关系，即假设 H4d 得到验证。研究结果表明，共同愿景、社区激励、社区文化、社会规范均与虚拟社区合作绩效存在显著的正相关关系；且不同的环境层维度对虚拟社区合作绩效存在差异，各相关关系影响强度大小从大到小依次为社会规范、社区文化、共同愿景、社区激励，环境层社会规范对虚拟社区合作绩效的正向作用最为显著。

9.4.4　情境因素与测量因素的调节效应检验

从整体效应的异质性检验结果来看，开源合作与虚拟社区之中的价值共创之间存在高度异质性（$Q=1433.16$，$P<0.01$），表明效应值之间存在的异质性不仅来自样本随机误差，而且受到潜在调节变量的影响。Q 统计量可以有效体现亚组之间的差异，因此本研究采用 Q 统计量对调节效应进行检验。若组间 Q 统计量显著，则说明该调节变量显著减少了亚组间的异质性，对变量间关系起到调节作用。

本研究提出了 7 个潜在调节因素，根据研究内容进行分类编码，编码规则如下。从产业分类来看，根据虚拟社区是否涉及新一代信息技术、高端装备制造等战略性新兴产业，分为"战略性新兴产业"与"非战略性新兴产业"两类；从区位因素来看，根据社区所依托的国家/地区，分为"中国社区"与"国际社区"两类；从合作绩效来看，存在用户是否愿意在虚拟社区之中参与价值共创的"主观合作意愿"、用户是否在虚拟社区中实际参与价值共创的"客观合作行为"以及同时涉及上述两种绩效测度的"主观+客观"三类；从实证研究方法来看，分为注重变量间路径系数的"结构方程"，以及注重回归系数的"OLS 方法"两类；从社区类型来看，分为"兴趣社区""交易导向型社区""关系导向型社区"及存在多重功能特性的"混合社区"四类，各类社区的定义在 9.2.1 部分；从文化差异来看，分为社区用户来自同一文化圈、在文化方面达成较高一致性的"单一文化"，以及用户来自不同地区、社区中存在混合多元文化的"多元文化"两类；从技术创新度来看，主要分为用户在社区中仅参与兴趣讨论，不涉及专业知识的"低技术创新度"；用户在社区中贡献较为专业的知识，且可能被开发员采纳的"中技术创新度"；社区主要由开发员组成，讨论紧密围绕技术创新展开的"高技术创新度"三类。

1. 情境因素

本研究三个情境因素（区位因素、文化差异、社区类型）的亚组分析检验结果如表 9.4 所示。就虚拟社区区位因素而言，在中国社区中，价值共创的综合效应值（$r=0.442$，$P<0.01$）要高于国际社区之中的价值共创综合效应值（$r=0.320$，$P<0.01$），且组间异质性显著（$Q=5.388$，$P<0.05$），由此假设 H5 得到验证。相较国际社区，中国社区从开源合作中获得的价值共创更为显著。就文化差异而言，在具有单一文化特征的社区中，价值共创的综合效应值（$r=0.422$，$P<0.01$）要高于具有多元文化特征社区的价值共创综合效应值（$r=0.301$，$P<0.01$），且组间异质性显著（$Q=4.706$，$P<0.05$），由此假设 H6 得到验证。相比多元文化环境的社区，当虚拟社区中存在一个特定主流文化时，其开展的开源合作对价值共创的影响更加明显。就社区类型而言，混合社区的综合效应值（$r=0.457$，$P<0.01$）高于关系导向型社区（$r=0.432$，$P<0.01$）、兴趣导向型社区（$r=0.391$，$P<0.01$）、交易导向型社区的综合效应值（$r=0.390$，$P<0.01$），但组间异质性不显著（$Q=1.694$，$P>0.1$），即假设 H7 未得到验证。其原因在于开源合作并不因虚拟社区类型而影响价值共创，这也充分说明了开源合作在虚拟社区存在的广泛性和普适性。

2. 测量因素

本研究两个测量因素（实证研究方法和绩效测度）的亚组分析检验结果如表 9.4 所示。就实证方法而言，采用结构方程方法、计算变量之间的路径系数的研究综合效应值（$r=0.430$，$P<0.01$)要高于使用线性回归方法的研究综合效应值（$r=0.287$，$P<0.01$)，且组间异质性显著（$Q=6.622$，$P<0.05$），由此假设 H8 得到验证。相较使用 OLS 方法、基于回归系数进行实证研究，使用结构方程方法的研究得到的开源合作对虚拟价值共创的影响效果更明显。就合作绩效因素而言，以主观合作意愿作为价值共创测度的综合效应值（$r=0.510$，$P<0.01$）要高于以客观合作行为作为测度的综合效应值（$r=0.350$，$P<0.01$)，高于同时包含主观合作意愿

与客观合作行为作为测度的综合效应值（r=0.314，$P<0.01$），且组间异质性显著（Q=17.711，$P<0.01$），由此假设 H9 得到验证。以主观合作意愿作为测度时，用户通过开源合作在虚拟社区中开展价值共创的效果更加明显。

表 9.4 调节变量亚组分析结果

调节变量		效应值数	综合效应值	95%置信区间	Z 值	I^2	Q	df
区位因素	中国社区	43	0.442	0.396~0.485	16.938	92.478	558.339***	42
	非中国社区	22	0.320	0.220~0.413	6.027	96.786	653.327***	21
	组间异质性						5.388**	1
文化差异	单一文化	54	0.422	0.372~0.468	15.173	94.781	1015.481***	53
	多元文化	11	0.301	0.195~0.398	5.424	93.815	161.686***	10
	组间异质性						4.706**	1
社区类型	兴趣社区	35	0.391	0.326~0.451	10.997	94.855	660.886***	34
	交易导向社区	16	0.390	0.274~0.494	6.225	96.536	432.983***	15
	关系导向社区	8	0.432	0.309~0.541	6.351	96.003	175.134***	7
	混合社区	6	0.457	0.364~0.541	8.669	86.117	36.016***	5
	组间异质性						1.694	3
实证研究方法	结构方程	56	0.430	0.383~0.474	16.265	94.263	958.755***	55
	OLS	13	0.287	0.180~0.386	5.147	95.089	244.362***	12
	组间异质性						6.622**	1
绩效测度	主观合作意愿	17	0.510	0.452~0.562	14.834	91.443	186.985***	16
	客观合作行为	42	0.350	0.295~0.403	11.664	94.084	693.037***	41
	主观+客观	5	0.314		3.732	92.677	54.626***	4
	组间异质性						17.711***	2

9.4.5 敏感性分析

在元分析中，敏感性分析的研究焦点在于判断合并结果稳健与否，本研究关注的重点在于整合结果时是否存在异常的效应值，即这些效应值与其他效应值是否存在本质差别。因此，本研究采用逐一排除法对其进行敏感性分析，每排除一个研究效应值，并计算剩余研究的综合相关系数，考察结果是否发生本质性变化。如图 9.5 所示，整体效应下共 69 个效应值，每排除任何一项研究后，随机效应模型下的综合效应值及 95% 置信区间范围未见明显改变，即开源合作与虚拟社区价值共创的关系具有稳定性，不会受控于某一个效应值，因此，表明元分析结果稳定可靠。

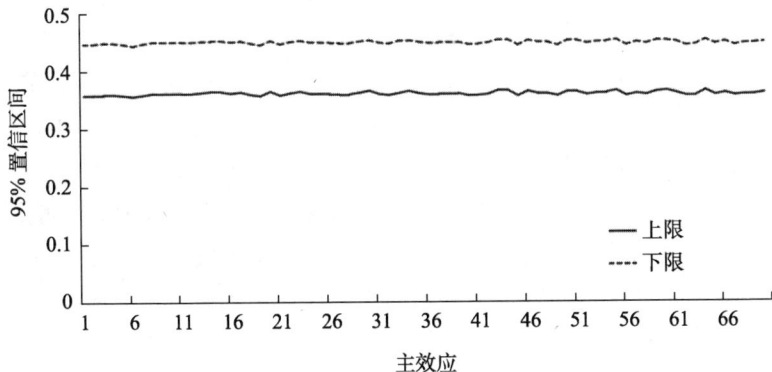

图 9.5　敏感性分析

9.5　研究结论与展望

9.5.1　研究结论与理论贡献

在开放式创新背景下，开源合作成为影响虚拟社区价值共创的重要战略，探讨哪些核心因素影响虚拟社区价值共创的创新合作绩效具有重要的理论和现实意义。本研究采用元分析研究方法，以全数据库筛选后选择的 2006—2023 年共 18 年的 42 个独立研究为样本，全面探究了开源合作与虚拟社区价值共创之间的关系及调节机制。研究结论和理论贡献如下：

①已有研究关于开源合作与虚拟社区价值共创的关系尚未形成一致结论，且尚未采用元分析方法来综合全面地探究二者关系。本研究通过严谨的文献筛选、编码过程和统计方法，揭示了开源合作有助于提升虚拟社区价值共创，得出了更具普适性和规律性的研究结论，不仅拓展了元分析在开源合作领域的应用，在一定程度上避免了传统实证研究方法的局限，而且深化了开源合作影响虚拟社区价值共创合作绩效的关系研究。

②已有研究关于开源合作的维度研究比较宽泛，主要围绕开源合作整体层面或单一维度展开研究，缺乏对各维度的细分和比较研究。本研究不仅关注整体效应，而且将开源合作划分为个体层、交互层和环境层三个层面。研究证实，开源合作整体效应能够促进虚拟社区价值共创合作绩效的提升。具体到各个维度，个

体层中自我效能、社会认同、热爱、归属感均与虚拟社区价值共创绩效存在显著的正相关关系，其影响程度从大到小依次为自我效能、归属感、热爱、社会认同，个体层自我效能对虚拟社区价值共创的正向作用最为显著。交互层中信息支持、社交互动、用户信任、互惠互补均与虚拟社区合作绩效存在显著的正相关关系，其影响程度从大到小依次为社交互动、互惠互补、用户信任、信息支持，交互层社交互动对虚拟社区价值共创的正向作用最为显著。环境层中共同愿景、社区激励、社区文化、社会规范均与虚拟社区价值共创存在显著的正相关关系，其影响程度从大到小依次为社会规范、社区文化、共同愿景、社区激励，环境层社会规范对虚拟社区合作绩效的正向作用最为显著。研究结果揭示，拘泥于开源合作单一维度并不能反映与虚拟社区价值共创的深层次作用关系，不同的参与主体及合作层次决定了虚拟社区价值共创的合作绩效，这也进一步说明了对开源合作进行维度划分的必要性。由此，研究结论从更为微观的视角出发，深度挖掘了不同维度的开源合作对虚拟社区价值共创的多元化作用机理，得出的结论也更具说服力，从而拓展了开源合作的理论研究范畴。

③已有研究主要聚焦开源合作对虚拟社区价值共创合作绩效的直接关系，缺乏对调节变量的深度探究。本研究通过构建一个包含调节变量的理论模型，将区位因素和文化差异纳入情境因素，将方法类型和绩效测度纳入测量因素，通过采用元分析方法的亚组分析有效识别了提升虚拟社区价值共创的调节机制。研究结果证实，情境因素中，区位因素调节开源合作与虚拟社区价值共创的正向关系，具体而言，中国社区的开源合作对虚拟社区价值共创的促进作用比非中国社区的影响更显著。文化差异调节开源合作与虚拟社区价值共创的正向关系，具体而言，单一文化的开源合作对虚拟社区价值共创的促进作用比多元文化社区的影响更显著。不同类型的虚拟社区对开源合作的影响作用并不显著。测量因素中，实证研究方法调节开源合作与虚拟社区价值共创的正向关系，具体而言，采用结构方程研究方法研究开源合作对虚拟社区价值共创的促进作用比线性回归方法的影响更显著。绩效测度调节开源合作与虚拟社区价值共创的正向关系，具体而言，以主观合作意愿作为合作绩效测度下开源合作对虚拟社区价值共创的促进作用比客观合作行为的影响更显著。综上，研究结果揭示了情境因素和测量因素是开源合作影响虚拟社区价值共创的重要异质性来源，这也从另一个角度解释了为什么不同研究存在差异，即一些学者可能没有将情境因素和测量因素作为控制变量纳入研究过程，从而使开源合作与虚拟社区价值共创之间的关系呈现分歧。因此，本研究全面拓展了开源合作对虚拟社区价值共创的情境机制和测量机制研究，丰富了开源合作的理论研究边界。

9.5.2　管理建议与研究局限

基于上述研究结果，提出以下管理建议：

①从开源合作视角出发，虚拟社区管理者应该重视开源合作的结构和过程，鼓励不同参与主体从不同维度开放合作。首先，应建立一个开放的合作平台，鼓励社区成员自由分享知识。其次，应提供足够的技术支持和资源，如高效的协作工具和稳定的平台维护，确保合作活动的顺利进行。最后，管理者应定期组织线上和线下的交流活动，增强社区的凝聚力和成员的归属感，从而提升开源合作的活跃度和创新能力。通过这些措施，可以有效地激发和维持成员的参与热情，促进知识的广泛共享和新创意的产生。

②从开源合作在不同层面的应用实践出发，在个体层面，管理者应重视培养成员的自我效能感，这是提升虚拟社区价值共创绩效的关键因素。具体做法包括提供定制化的培训和发展计划，帮助成员提升专业技能和解决问题的能力。此外，应通过设置透明的目标和反馈机制，让成员看到自己的贡献如何影响社区发展，从而增强其参与感和成就感。这些措施不仅能提升个体的自我效能感，而且有助于激发其内在动机，促进更积极的参与态度和更高的创造力。在交互层面，建议通过优化社区的交互设计和增强社交互动来促进合作绩效。管理者设计便于使用的交互界面和丰富的社交功能，如讨论组、直播教学和实时反馈系统，这些工具可以促进信息的流通和经验的分享。同时，通过建立信任机制，如用户评级和认证系统，来增强成员间的信任感。管理者还需关注社区文化的塑造，鼓励开放和包容的氛围，使成员愿意分享个人见解并尊重多样性，这有助于激发更多的创新想法和合作机会。在环境层面，建议管理者关注构建有利于开源合作的外部环境。这包括与外部组织如学术机构、行业协会和其他社区建立合作关系，引入新的资源和观点，丰富社区的知识库和视野。同时，关注政策环境的变化，适时调整社区规则和策略，确保社区活动符合法律法规的要求。此外，通过持续的市场研究，了解社区需求变化，并及时调整服务和产品，以满足成员的新需求和预期。

③从开源合作和虚拟社区价值共创的调节机制出发，元分析显示，区位因素、文化差异、方法类型和绩效测度调节变量对开源合作与虚拟社区价值共创的关系有显著影响。因此，管理者在设计和实施开源合作策略时，建议考虑这些因素的具体影响。比如，在多文化的社区中，管理者可采取策略来适应不同文化背景成员的特定需求和行为模式，如提供多语言服务和考虑不同文化对交流方式的偏好。在选择研究方法和绩效评估工具时，建议考虑其适应性和准确性，确保能够真实反映社区的合作绩效和价值创造情况。

　　通过以上管理建议的实施，不仅可以提升虚拟社区开源合作效率和价值共创能力，而且可以为成员提供更丰富、更有效的合作体验，持续推动虚拟社区的高质量发展和创新合作绩效。当然，本研究尚存在以下几个方面的局限，需要在未来研究中深入探讨：首先，关于开源合作影响虚拟社区价值共创的研究文献数量不足，尤其是实证研究文章相对较少，而元分析研究方法对所纳入的文献数量和质量又有较高要求，因此，后续可持续追踪研究，在不断扩展研究样本的基础上进一步验证研究结论的准确性和适用性。其次，从亚组分析的结果来看，不同研究样本间存在差异化影响，说明仍有部分潜在调节变量需要挖掘，限于篇幅，本研究仅选取最主要的几项调节变量进行研究，未来还可持续探索其他调节变量以丰富研究框架。

第 10 章

数字经济时代下开源软件科技创新政策及治理建议

10.1 引　　言

中国工程院院士倪光南表示，"谁掌握了开源主动权，谁就掌握了新一代信息技术的主动权"。开源软件作为全球范围内基础设施的核心要素，是构成操作系统、数据库等重要"卡脖子"基础软件的核心"元器件"，也是芯片等关键领域的核心竞争力。目前全球 97%的软件开发员和 99%的企业使用开源软件，全球 70%以上的新立项软件项目采用开源模式，一些创新科技如人工智能、云计算、大数据等，也广泛采用开源创新。可以说，开源是数字经济时代下的主流开发和创新模式，也是建设数字中国的重要依托。

为了推动开源产业创新发展，国家在"十四五"规划中提出："支持数字技术开源社区等创新联合体发展，完善开源知识产权和法律体系，鼓励企业开放软件源代码、硬件设计和应用服务。"学术界也围绕开源进行了系列研究，包括但不限于开源软件知识共享机制研究、开源设计演化过程等，但对开源科技创新政策鲜有研究。研究将立足于政府公共政策，基于政策工具的视角，探索性地分析以下几个问题：①开源软件产业是否存在市场失灵？②如果是，政府应该采用何种政策工具进行干预？③现有的国外政府采用哪些政策发展开源软件产业？④在中国现有的开源软件产业环境下，中国政府采用了哪些政策工具？整体情况如何，是否有优化的可能？本章将针对研究问题依次分析，希望在帮助梳理开源政策工具、国外政策等的同时，深入剖析中国开源软件创新政策工具及治理建议，为理论和实践提供必要的借鉴和启发。

10.2　文　献　回　顾

10.2.1　开源软件

开源软件所代表的知识共享和闭源软件所代表的知识保护争议由来已久。自 1976 年起，比尔·盖茨用不公开源代码的软件私有制缔造出 20 世纪最强大的知识霸权帝国 Windows。为了对闭源软件所强调的产权私有进行反击，理查德·斯托曼在《GNU 宣言》中辩斥，以不公开源代码的方式进行软件的商业化，是阻碍开发员学习和帮助他人的不道德行为。因此，发起创建自由软件运动，其后演变为开源软件。

开源软件，亦称"开放源代码软件"，主要强调源代码免费开放，任何人对作品及其派生品都有使用、修改、发布的权利，唯一的前提就是以开源软件的许可规则进行发布。简单地说，就是"源码共享，私有必究；知识共享，私有必究"。Bruce Perens 对其特点解释如下：①自由可再散布；②原始代码；③可衍生著作；④原创作者程式原始码的完整性；⑤不得对任何人或团体有差别待遇；⑥对程式在任何领域内的利用不得有差别待遇；⑦散布授权条款；⑧授权条款不得专属于特定产品；⑨授权条款不得限制其他软件；⑩授权条款必须技术中立。开源软件以其独有特征，大大降低了软件的研发成本，提高了技术创新水平，时至今日，也已经成为人工智能、智能手机应用、大数据等不可或缺的一部分。

开源软件与闭源软件有本质的区别，是一种新型的创新研发模式。第一，组织边界存在差异。一般的闭源软件存在柔性的组织结构，在虚拟网络的背后有相对稳定的团队，参与者分工明确。开源软件项目中的组织边界更为模糊，人员流动较大，且自由选择工作内容。第二，组织关系更为复杂。由于开源软件项目内的成员数目极大，且不断变化，组织间网络关系更为复杂。亚当·斯密在《国富论》中提出，工业社会的财富源于分工，生产者和消费者一分为二。信息社会使得组织关系逐渐发生变革，逐渐由"分工"走向了"融合"，即出现"生产者和消费者合二为一"的"产销者"模式。在开源软件当中，用户也可以自由地参与到开源软件的产品研发，不仅可以提供项目使用反馈，而且可以充当开发员的角色免费测试等，而这些也都是闭源软件所不具备的特质。

10.2.2　开源软件市场失灵

经济学家认为，市场往往是解决资源分配的最佳场所和方式，衡量政府该不该进行干预的前提，就在于分析到底存不存在"市场失灵"。市场失灵的出现，为"政府干预"提供了合理的理论依据和作用空间。市场失灵，就是指市场无法有效率地分配商品和劳务的情况，主要表现在消极外部性、自然垄断、信息不对称、分配不公平等方面。现有学术界针对开源软件是否存在市场失灵，有两种争议：一种认为不存在市场失灵，不需要政府干预；另一种则认为存在市场失灵，主张政府应该干预，以政策制定等形式推动开源软件的发展。

有些学者认为不存在市场失灵，如 Bessen 认为，软件市场原本存在市场失灵，比如信息不对称和不完全竞争，但开源的出现，反而能够在不用套装或定制专有软件的情况下较好地弥补市场缺陷，因此原本市场失灵的情况转变为不存在市场失灵。Smith 认为，市场是能够最大化地满足用户需求的主体，如果政府干预，则会破坏软件市场正常的生态秩序，因此，不建议政府政策干预。还有一些学者认为存在市场失灵，如 Lessig 认为，虽然开发员乐于开源，但开源工作并不能有效促进软件的市场化价值，没有商业化刺激的软件开发并不利于整个软件产业的技术创新。还有学者认为，软件市场存在大批的专有软件用户，用户从对开源的知情情况来说，存在知情和不知情两种，这种信息不对称的体现和专有软件垄断的地位说明存在市场失灵，政府应该干预。

根据 Comino 和 Manenti 的观点，大众市场的消费者可以按照对开源软件的了解程度划分为两类用户：一类是使用并熟知开源软件产品的用户，称为"知情用户"；另一类则是不了解开源软件产品的用户，称为"不知情用户"。一方面，开源软件开发员多属于个人决策，加之大部分并不以获取经济利润为直接目的，因此在开源软件推广方面的动机较弱；而另一方面，闭源软件多从公司的商业化角度出发，为了扩大市场份额会积极进行推广，因此，与微软等专有软件相比，大多数消费者可能并不了解开源软件及其具体特点。以开源办公套件 OpenOffice 为例，它已被普遍认为是一个非常强大和灵活的应用程序，可以从互联网上免费下载，并与 Microsoft Office 高度兼容，但事实上它的使用还只局限于小众，大部分的潜在用户还并不知道 OpenOffice 的存在和功能。

基于现有软件市场存在 Windows 闭源软件的垄断地位，以及很多用户对开源软件认知存在信息不对称的事实，加之各个国家包括美国、欧盟、中国在内的政府已纷纷借助政策工具参与到开源软件建设中，可以看出开源软件存在市场失灵，政府政策干预具有必要性和紧迫性。

10.2.3　开源软件创新政策工具

创新政策工具的出现，主要目的就是弥补市场失灵的缺陷。对政策工具的研究也就是对政策本身的研究。广义的政策工具可以细分为不同的结构和层级，包括战略层、综合层和基本层，其中战略层包括科技规划、科技计划等；综合层则包括科技中介、大学科技园、中小企业创新基金等；基本层政策工具指税收优惠、金融支持等。三者在关系上，战略层更多强调对宏观方向的指导，综合层既是对战略层的中观分解，也是对微观基本层更为细化和落实性政策的集合。Rothwell和Zegveld认为，政策工具对促进技术创新具备有益作用，根据对技术的影响层面，可将其分为供给型政策工具、环境型政策工具和需求型政策工具。其中，供给型政策工具强调政府的推动力，具体包括人才支持、信息支持、基础设施建设、资金支持、公共服务支持等措施；环境型政策工具表现为政府对产业环境生态的支持，具体包括目标规划、金融支持、税收优惠、知识产权保护和法规管制等；需求型政策工具则表现为政府为了减少市场不确定性而采取的参与或干预行为，具体措施包括政府采购、外包、贸易管制、海外机构管理等。由于政策工具可结合其他维度进行组合，因此不同学者对其框架设计进行了说明。有学者将其分为二维框架结构，X坐标轴为横轴，分为供给型、环境型和需求型政策工具；Y坐标轴为纵轴，可根据产业价值链将其分为研发、投资、生产和消费环节。有的学者将其分为三维框架，X轴依旧为供给型、环境型、需求型政策工具，Y轴为基础研究、研究开发和产业化，Z轴则根据产业类型包括了第一产业、第二产业和第三产业。

　　围绕开源软件政策工具，国内研究较少，国外现有的研究议题主要集中在以下几个方面。第一，提倡政府对开源软件进行科普宣传，即供给型政策工具当中的提供科技信息支持，主张政府向不知道开源软件的用户提供其使用推广信息，加大宣传力度。从公共政策对社会福利的影响模型分析，假设在市场中存在两种用户：一种是知道闭源软件和开源软件的知情消费者，另一种是知道CSS，但是不知道OSS的不知情消费者，所以不知情消费者只会选择CSS。消费者人数均匀地分布在[0,1]，假设η是不知情消费者，而$1-\eta$是知情消费者，当政府向一部分不知情用户α提供关于OSS特性的信息时，不知情的消费者人数下降为$\eta-\alpha$，而知情消费者增加到$1-\eta+\alpha$。如果α足够大，提供信息会使开源软件的使用用户增多，有利于降低市场失灵中的信息不对称，继而与闭源软件的垄断地位形成平衡。

　　第二，主张政府应该以明确的态度支持甚至公开采购开源软件。支持的学者主要从政治经济学的角度出发，从经济角度分析，政府采购开源软件可以较大程度地降低成本，因为开源软件没有许可费用，同时也允许不多加限制地再用和修改代码，使用开源能够有效地降低软件锁定效应，特别是对于美国以外的国家，积极采购开源软件能够极大程度降低对微软所在总部——美国的区域经济依赖。从政治角度分析，开源软件能够保证更大的透明度。原则上，允许更新软件代码能够保证对算法的控制，继而保证安全。尤其是美国斯诺登事件发生之后，驱使很多国家政府部门更愿意采购和使用开源软件，可以说，开源已经成为国家获得信息安全和科技独立性的重要武器。当然，不可否认的是，现实应用过程中也存在一些阻碍政府采购开源软件的因素，比如转换已有系统需要花费一定的培训成本、学习的时间成本和恢复数据的成本；在缺乏完整数据迁移系统的情况下，还需要再建系统，且存在用户的操作习惯和其他软件或硬件之间的兼容性与互操作性等问题，但总体上不影响政府公开支持以及采购开源软件的趋势。

第三，不主张对开源软件进行政策补贴，即不支持采用环境型政策工具中的优惠补贴。一方面，通过金钱刺激鼓动用户使用开源，无疑会很大程度上增加政府开支，且不能保证用户后续是否继续使用。另一方面，政府不应该替用户作出选择，政府的这一政策会增加市场失灵。

第四，主张政府增加对开源软件的研发力度以促进技术创新，即增加供给型政策工具当中的基础设施建设支持力度，但对于支持何种开源软件许可证制度目前存在争议。开源许可证是开源软件项目的内核之一，而最能够体现开源精神的许可证就是 GPL 许可证。事实上，GPL 许可证下的开源项目也是限制最多的：他人修改源码后不可以将开源转为闭源；新增代码必须采用同样的许可证，这就意味着 GPL 下的开源软件不可能以盈利的模式出现，其与专有软件和商业软件均不兼容。与此同时，另外一种应用较广的开源许可证是 BSD，与商业联系较为紧密：他人修改源码后，依然可以将开源转为闭源；在每一个修改过的文件中，也不必须放置版权说明；在衍生软件的广告中，也可以用自己名字作促销。

有学者认为，政府以公共财政支出的形式来支持一个免费的软件项目是欠妥的，因为虽然这类开源项目确实能够体现开源精神，但没有商业刺激的技术创新是不足的。一方面，会对开源软件的商业化潜质造成负面影响；另一方面，从整个软件产业来考虑，对软件开发员也会造成一定影响。当然，也有学者认为，应该允许政府支持以 GPL 为许可证的开源项目公共研发，鼓励技术和产品的多样性。

综上，目前现有的学术研究认为，结合政府力量推动开源软件产业的发展是非常有必要的。具体从创新政策工具角度来说，①主张政府加大对开源的科普宣传；②主张政府以明确的态度支持以及公开对开源进行政府采购；③不主张对开源软件进行补贴；④主张政府加大对开源的研发力度，但对于开源软件许可证的研发制度，目前依旧存在争议。

10.3 国外开源软件政府政策研究

美国在过去近 20 年的时间里，对开源政策、软件应用、模式非常关注，特别是细分的安全领域，一直是开源政策的重点。有 2 个政府部门应用案例值得高度关注：一个是国防部，另一个是美国国家安全局。美国国防部的一项研究中提到，开源软件的安全因素是最为突出的，有 100 多个开源产品被应用在 250 多个应用程序上，比如一种轻量级的入侵检测工具 Snort，主要用于新攻击出现时的网络安全漏洞检测。同时也考虑到应用开源会增加产品的多样性，降低对闭源软件的依赖。假设发生网络攻击时，能够很大程度上提升软件环境的安全性和系统的可靠性，降低网络安全事件的风险。而美国国家安全局不仅应用开源软件，而且参与软件的研发。在这方面，开源软件代码的可审核性是其考虑的重要因素。如果美国政府需要审查国内公司微软的应用程序是否存在安全漏洞，那么政府可要求微软制定相应的漏洞披露机制，但是对于美国以外的其他国家来说无疑会增加难度。在这一点上，开源软件的代码免费且可修改非常符合政府的需求。

除此之外，美国白宫也陆续制定了一系列其他的政策。比如 2012 年 5 月 23 日，时任美国总统奥巴马签署题为"建立 21 世纪的智能政府"决议，明确提出建立开放型政府（Open Government）的目标，并鼓励政府积极利用开源开放平台，促进开源技术。同时，白宫还在 GitHub、Drupal.org 开源社区，建立了一系列的开源软件项目，推动政府信息公开和民众参与共享。再者，开源美国（Open Source for America, OSFA）每年也会为促进美国政府使用开源软件的个人、项目和部门颁奖，美国白宫（凭借 Drupal 平台迁移）和国土安全部（凭借国土开放安全技术 HOST 技术）就曾获得过"政府开源部署奖"。

欧盟对于开源的政策主要集中在以下五个方面：第一，数据开放和再用。主张在共同认知的基础上使用开放标准；强调开源软件与闭源软件之间的可互操作性；建立数据开放和再用的支持机制。第二，建立许可证和政府采购政策。欧盟会清晰地界定许可证政策，在不同的公共部门之间建立共同的许可策略；通过公开竞标以控制软件歧视的存在，建立相互认同的竞标策略，在中标方面提倡软件的"再用"而不是"再造"；同时升级软件采购框架和流程，平衡市场供应和需求。第三，帮助推动开源的可持续发展。完善 IT 产业规划；在软件环境中建立开放标准和内部流程，规范开源软件的相关制度规范；为潜在的开源软件生产商提供支持，中小开源企业提供引导和政策支持，包括开源认知培训和技术培训；制定区域之间的开源软件整合策略。第四，创新与研发。投资开源软件研发机构；

修正欧盟开源软件标准策略；投资创新性的开源软件解决方案。第五，培训与教育。整合开源软件培训策略，以提升 IT 技能；整合开源软件的教育体系。

英国政府发布 *Government Service Design Manual*，明确表示政府办公系统优先使用开源软件。同时，政府发布 *Open Source*，*Open Standards and Re-use*: *Government Action Plan*，开启"开源行动"。政府也宣布在政府采购中将更多引进如 OpenOffice、Google Docs 等开源工具，削减政府开支，力图打破微软供应商的垄断地位。俄罗斯政府主张开发基于 Linux 的本土操作系统，用其取代所有学校办公电脑中的微软操作系统，以减少对国外软件和许可协议的依赖；同时要求在 2015 年前，政府所有办公系统都必须使用开源软件。德国政府以立法形式，对开源软件的知识产权以及相关利益方的所有者权益进行说明；日本产业生态报告显示，53.3% 的政府部门有公开的开源技术采用标准，以避免受单一软件供应商控制，25.3% 的企业已经将开源软件引进到日常业务环境下，5.7% 的企业试验引进，5.8% 的地企业初步引进，13.3% 的企业正在作前期调研。新加坡为促进经济复苏，政府以税收减免和财政补贴的形式鼓励开源软件发展；与此同时，政府和红帽公司合作建立新加坡商业信息分析中心，鼓励利用红帽开源平台和开源工具。哥伦比亚政府开展题为"Apps for Democracy"的开源软件技术竞赛，鼓励民众参与软件设计，参与者在 30 天之内就创造出 47 项便于政府决策的开源软件。

可以发现，很多国家政府都已积极地参与到推动开源的建设中，从政策工具的应用角度来说，运用得比较多的集中在：帮助民众、企业、教育用户等增加对开源的认知；建立一定的培训和教育体系；政府积极使用并逐渐转向对开源的政府采购；大力支持开源软件的创新与研发，政府参与到开源的相关标准、制度以及许可证的设计中。

10.4　中国开源软件政府政策分析

10.4.1　开源软件政策文本样本选择

中国目前尚未发布专门仅针对开源并带有"开源"标题的政策，主要是围绕信息产业、云计算、人工智能、软件产业发布政策时，以条款的形式说明对开源的政策内容。本研究中的开源软件政策均来源于可查询的公开数据渠道，主要是从中央部委，如中国政府网、工信部、中国政府采购网等官方网站，获取政府政策的发布来源。检索的方式主要是以"开源""开源软件""开源社区"等为关键词在政府政策文件库当中查询。选取文本的标准为：①需要和开源软件强相关，政府政策具有明确的针对性；②政策类型包括如通知、规划、公告等的工具类型。人工剔除了如"开源公司""开源大道""开源节流"等带有"开源"字眼但实际内容不相关的政策文本。最终梳理后的开源软件政策文本有 23 条（见表 10.1）。

表 10.1   中国开源软件产业相关的政策文本表

序号	政　策　名　称
1	《云计算综合标准化体系建设指南》
2	《工业和信息化部关于公布 2015 年电信行业网络安全试点示范项目的通知》
3	《工业和信息化部关于开展两化深度融合创新推进 2016 专项行动的通知》
4	《2016 年国家信息消费示范城市建设指南》
5	《智能硬件产业创新发展专项行动（2016—2018 年）》
6	《信息化和工业化融合发展规划（2016—2020 年）》
7	《工业和信息化部 国家发展和改革委员会 财政部 国土资源部 国家税务总局 关于推动小型微型企业创业创新基地发展的指导意见》
8	《信息产业发展指南》
9	《云计算发展三年行动计划（2017—2019 年）》
10	《促进新一代人工智能产业发展三年行动计划（2018—2020 年）》
11	《关于深化"互联网+先进制造业"发展工业互联网的指导意见》
12	《工业互联网 APP 培育工程方案（2018—2020 年）》
13	《工业互联网平台建设及推广指南》
14	《新一代人工智能产业创新重点任务揭榜工作方案》
15	《中小企业数字化赋能专项行动方案》
16	《工业和信息化部关于推动 5G 加快发展的通知》
17	《特色化示范性软件学院建设指南（试行）》
18	《工业互联网创新发展行动计划（2021—2023 年）》
19	《工业和信息化部 中央网络安全和信息化委员会办公室关于加快推动区块链技术应用和产业发展的指导意见》
20	《中国信息通信研究院 5G 知识产权战略研究及专利评估数据库项目 5G 标准开源代码知识产权状态评估平台项目公开招标公告》
21	《国务院关于印发新一代人工智能发展规划的通知》
22	《中央网络安全和信息化委员会办公室支撑开展半导体及开源软件产业生态研究相关工作成交公告》
23	《国家气象信息中心气象雷达数据共享平台数据加工处理系统建设开源系统软件技术采购项目公开招标公告》

10.4.2　基于政策工具的内容分析编码

本研究对政策工具的编码遵循"政策序号—章节—条款"的方式，所有编码将按照供给型政策工具、环境型政策工具、需求型政策工具进行分类。需要说明的是，由于 23 条政策文本中，有些政策可能不止一次提到了对开源的多个方面内容，将根据不同细则内容进行编码以确保不会遗漏，所以最终的编码数量会多于 23 个。政策文本及编码数据示例如表 10.2 所示。

表 10.2　政策文本内容分析编码表（部分示例）

序号	政　策　名　称	开源软件产业政策文本分析单元	编码
1	《云计算综合标准化体系建设指南》	企业和开源社区共同推动关键技术研发取得突破性进展	1-1-1
2	《工业和信息化部关于公布 2015 年电信行业网络安全试点示范项目的通知》	基于 OSSIM 开源安全架构，集成开源产品，实现安全信息管理	2-4
3	《工业和信息化部关于开展两化深度融合创新推进 2016 专项行动的通知》	建设众创综合服务平台，发展创客空间、创新工场、开源社区等新型众创空间	3-4-1
4	《2016 年国家信息消费示范城市建设指南》	支持研发测试、创业培训、投融资、创业孵化等大众创业、万众创新服务平台的研发推广，鼓励创客空间、创新工场、开源社区等众创空间的发展	4-2-6
5	《智能硬件产业创新发展专项行动（2016—2018 年）》	加强智能硬件核心关键技术创新。鼓励国内外企业开源或开放芯片、软件技术及解决方案等资源，构建开放生态	5-4-2
…	…	…	…
23	《国家气象信息中心气象雷达数据共享平台数据加工处理系统建设开源系统软件技术采购项目公开招标公告》	中国气象局政府采购中心受国家气象信息中心委托，根据《中华人民共和国政府采购法》等有关规定，现对气象雷达数据共享平台数据加工处理系统建设开源系统软件技术采购项目进行公开招标	23

10.4.3　开源软件创新政策工具数据分析

根据编码分析（见表 10.3），政府创新政策工具中数量最多的是供给型政策工具（70%），其次是环境型政策工具（19%），最后是需求型政策工具（11%）。在供给型政策工具当中，最多的是基础设施建设，内部占比 63%，主要体现在"政府鼓励和支持骨干企业、科研院所等基于开源、开放模式，参与国际开源项目，加强开源技术和产品创新研发水平"。其次是提供公共服务，内部占比 21%，即提供相应的配套服务，比如政府提倡"建设众创综合服务平台，发展开源社区等众创空间"。再者是人才教育培训，内部占比 11%，比如政府在《信息产业发展指南》中强调，"要加强与国际主流开源社区的对接，积极开展开源技术交流和案例推广，建立完善人才培养机制"。最后是科技信息支持，内部占比仅为 5%，主要体现在政府为促进产业会收集或发布相关的开源软件项目或活动信息。

表 10.3　基本政策工具分配比例

工具类型	工具名称	条　文　编　码	小计	百分比（%）
供给型	人才教育培训	8-4-3，17-3-5	2	70%
	科技信息支持	18-2-4	1	
	基础设施建设	2-4，5-4-2，8-1-3，8-3，11-1，13-4-2，14-2-11，15-2-8，16-3-12，19-2-4，21-2-2，21-3-3	12	
	公共服务	3-4-1，4-2-6，7-2-3，11-3	4	
环境型	目标规划	1-1-1，6-3-1，10-3-3，12-2-3	4	19%
	金融支持	N/A	N/A	
	税收优惠	N/A	N/A	
	知识产权保护	9-2	1	
	法规管制	N/A	N/A	
需求型	政府采购	23	1	11%
	外包	20，22	2	
	贸易管制	N/A	N/A	
	海外机构管理	N/A	N/A	

在环境型政策工具当中，目标规划是最多的，内部占比 80%，主要是指政府为了达到远景目标而制订的行动计划。比如《促进新一代人工智能产业发展三年行动计划（2018—2020 年）》《工业互联网 APP 培育工程方案（2018—2020 年）》《工业互联网创新发展行动计划（2021—2023 年）》等，政策文件中都提到了对促进开源社区建设的愿景计划，具有比较明确的目标指向性。其次是知识产权保护，内部占比 20%，鼓励企业提高技术服务水平的同时，保护科技工作者的权益。

在需求型政策工具当中，采用最多的政策工具是外包，占比 67%；其次是政府采购，占比 33%。前者是指政府委托第三方研究机构或企业进行研发，比如中央网络安全与信息化委员会委托第三方开展半导体及开源软件产业生态研究。后者既包括政府作为消费者进行开源软件购买，又包括协调众多购买者需求，建立一套采购系统。比如政府对气象雷达数据共享平台、数据加工处理系统建设的开源系统软件，采取公开招标的方式进行技术采购。

总体来说，国内政府在政策工具的运用上相对比较全面，供给型政策工具、环境型政策工具、需求型政策工具都有，但当中细化的工具措施并不完备。比如在环境型政策工具中，对知识产权保护和法规管制的说明非常欠缺，这对于保护开源软件科技研发工作者的权益存在一定风险，对于促进开源加入国际化竞争舞台是亟须完善的。另外，需求型政策工具中，贸易管制和海外机构管理暂缺，这也为后期政府出台新政策完善政策体系预留了填充的空间。

10.5　研究结论和建议

10.5.1　研究结论

综合国外和国内政府的政策工具运用情况，可以发现，国外和国内政府在科普宣传、应用采购、培训教育、研发创新等方面存在共性，但具体实施程度因各国国情而异。但必须提出的是，国外政府在开源软件开放标准、许可证设计和法规管制方面明显投入极大力度。就以欧盟为例，不仅细化了国家内部的标准、制度设计；更是考虑到了区域之间以及整个欧盟内部的设计，制度设计的细化程度和重视程度可见一斑。

具体分析国内政策工具的使用情况，存在以下两个方面的问题。

第一，供给型政策工具存在过溢，尤其是基础设施建设的政策工具使用过多，科技信息支持和人才教育培训需要继续加强。

在三种类型的政策工具中，供给型政策工具就占到 70%，相对而言工具使用情况并不均衡。在基础设施方面，主要提到了需要提升开源技术创新水平和生态建设等的词语，比如在《智能硬件产业创新发展专项行动（2016—2018 年）》中提到，"加强智能硬件核心关键技术创新"；在《信息产业发展指南》中提到，"要加强开源技术和产品创新"，类似的关于提升基础技术水平的描述较多，但未展开说明如何提升。相比之下，科技信息支持和人才教育培训方面的政策工具内容比较欠缺。前者主要是指政府收集整理国内外产业和技术信息，并通过建设信息网络、图书馆、资料库等信息基础设施，为技术创新活动提供公共信息服务，以减少开源软件技术创新过程中信息不对称的情况；后者强调政府多层面、多方位地鼓励开源软件技术人才，积极完善各种培训体系，为人才创立国际化交流渠道，提升中国开源软件建设的国际化水平。结合作者的实际调研和对开源行业的访谈，目前政府在这两方面的建设还存在提升空间。

第二，环境型政策工具和需求型政策工具相对较少，目标规划政策工具过溢，缺少更为细化落地的政策指导；而知识产权保护和法规管制研究及建设亟待加强，采购和外包需要继续强化。

环境型政策工具和需求型政策工具加起来不到总占比的一半，其中环境型政策工具占 19%，需求型政策工具仅为 11%。而在环境型政策工具中，目标规划就占到内部的 80%，这对于明确产业发展方向具有很好的指引作用，但对于具体如何操作和落地缺少细化的指导，不利于微观甚至是中观层面的政策分解。另外，关于开源的知识产权和法规管制说明比较欠缺，尽管开源的文化理念强调自由、开放，但随着产业进一步发展的需求，这方面的完善已成为必然。采购和外包是政府为减少市场不确定性的有效政策工具，能够在短时期内向市场发出信号，有利于稳定市场，提升企业创新的决心和信心，同时也有利于加强企业和政府之间的研发合作，可继续强化。需要补充说明的是，虽然政府在政策文本中未明确提到税收优惠等内容，但政府也以其他形式对开源软件项目进行了鼓励，如工信部下属的开源软件联盟每年会对国内优秀的开源软件项目进行评选和奖励。

10.5.2 政策建议

第一，基于信息不对称和专有软件垄断市场的行为，政府有必要对开源软件产业进行政策干预。政府作为开源软件的用户，需要从政策制定者的角度作出宏观决策，平衡开源软件与闭源软件的市场份额，制定科学的法律规章和知识产权制度，营造公平的竞争环境，以打造开放健康及可持续的开源软件生态环境。

第二，政策制定，应该在既不增加新的经济损耗，又不降低原本效用的情况下解决市场失灵。根据已有的政策分析，建议：①支持政府以科普宣传的形式，让更多人了解并使用开源；②支持政府、学校以及科研机构等使用开源软件；③反对政府直接对开源软件提供补贴；④支持政府继续强化对开源软件的研发力度，提升国产操作系统水平，提升信息安全和科技独立性。

第三，针对个人用户、企业用户和开发员，制定针对性的政策。在个人用户方面：①推广宣传活动，普及开源的文化和教育理念，扩大开源软件的用户基础，着力打击盗版软件。②在中小学以及高校推广使用开源软件，鼓励设置开源的在校教育课程，有效降低办公费用的同时，借助 Linux 充分挖掘学生技术创新的潜能。③在台式机或笔记本电脑中安装开源的套装软件，比如 Linux 操作系统，而非 Windows 操作系统，从而减免专有软件的许可费用。

　　在企业用户方面：①为企业决策者、政府等机构提供技术培训，使其了解并熟练应用开源。例如，提供 SPSS 的技术培训；推广使用 ProgeCAD 和 DoubleCAD 来替代 AutoCAD。②以赞助的形式支持企业员工接受培训，或对涉及开源研发的初创型企业提供支持。③鼓励政府购买开源软件，降低政府采购费用，提高政务信息安全。对于新软件，需基于开源实现可供关联的开放标准和开放许可。

　　在开发员方面：①为开发员构建有质量的基础设施，增强国内及国际的沟通和协作水平。②举办开源软件设计大赛，帮助推广开源及完善商业模式。③建立认可度较高的开源软件专家或技术团队数据库，提高技术支持的对接效率和专业化程度。④制定公正的法律法规，在打击盗版的同时，保护开源软件开发员的权益。

参 考 文 献

Abadi M., Barham P., Chen J., et al. TensorFlow: a system for Large-Scale machine learning[C]//12th USENIX symposium on operating systems design and implementation (OSDI 16). 2016: 265-283.

Aberdour M. Achieving quality in open-source software[J]. IEEE software, 2007, 24(1): 58-64.

Adler P. S., Kwon S. W. Social capital: Prospects for a new concept[J]. Academy of Management Review, 2002, 27(1): 17-40.

Agarwal N., Rathod U. Defining "success" for software projects: An exploratory revelation[J]. International Journal of Project Management, 2006, 24(4): 358-370.

Ågerfalk P. J., Fitzgerald B. Outsourcing to an unknown workforce: Exploring opensourcing as a global sourcing strategy[J]. MIS Quarterly, 2008: 385-409.

Ait A., Izquierdo J. L. C., Cabot J. An empirical study on the survival rate of GitHub projects[C]//Proceedings of the 19th International Conference on Mining Software Repositories. 2022: 365-375.

Aitkeni-turff F., Jackson N. A mixed motivation approach to lobbying: applying game theory to analyze the impact of co-operation and conflict on perceived lobbying success[J]. Journal of Public Affairs, 2006, 6(1): 84-101.

Aitken-Turff F., Jackson N. A mixed motive approach to lobbying: applying game theory to analyse the impact of co-operation and conflict on perceived lobbying success[J]. Journal of Public Affairs: An International Journal, 2006, 6(2): 84-101.

Ajmal M. M., Koskinen K. U. Knowledge transfer in project-based organizations: an organizational culture perspective[J]. Project Management Journal, 2008, 39(1): 7-15.

Aksoy-Yurdagul D., Rullani F., Rossi-Lamastra C. Designing shared spaces for firm-community collaborations for innovation: Formal policies and coordination in open source projects[J]. Creativity and Innovation Management, 2021, 30(1): 164-181.

Alam I. Removing the fuzziness from the fuzzy front-end of service innovations through customer interactions[J]. Industrial Marketing Management, 2006, 35(4): 468-480.

Alami A., Pardo R., Cohn M. L., et al. Pull request governance in open source communities. IEEE Transactions on Software Engineering, 2021, 48(12): 4838-4856.

Alavi M., Leidner D. E. Knowledge management and knowledge management systems: Conceptual foundations and research issues[J]. MIS Quarterly, 2001: 107-136.

Alexander Hars S. O. Working for free? Motivations for participating in open-source projects[J]. International Journal of Electronic Commerce, 2002, 6(3): 25-39.

Amit R., Zott C. Value creation in e-business[J]. Strategic Management Journal, 2001, 22(6-7): 493-520.

Androutsellis-Theotokis S., Spinellis D., Kechagia M., Gousios G. Open source software: a survey from 10000 feet[J]. Foundations and Trends® in Technology, Information and Operations Management, 2011, 4(3-4): 187-347.

Ardito L., Peruffo E., Natalicchio A. The relationships between the internationalization of alliance portfolio diversity, individual incentives, and innovation ambidexterity: A microfoundational approach[J]. Technological Forecasting and Social Change, 2019, 148: 119714.

Arthur J. B., Aiman-Smith L. Gainsharing and organizational learning: An analysis of employee suggestions over time[J]. Academy of Management Journal, 2001, 44(4): 737-754.

August T., Chen W. & Zhu K. Competition among proprietary and open-source software firms: the role of licensing in strategic contribution[J]. Management Science, 2021, 67(5): 3041-3066.

Awazu Y., Desouza K. C. Open knowledge management: Lessons from the open source revolution[J]. Journal of the American Society for Information Science and Technology, 2004, 55(11): 1016-1019.

Ayala C., Søensen C. F., Conradi R., et al. Open source collaboration for fostering off-the-shelf components selection[C]//Open Source Development, Adoption and Innovation: IFIP Working Group 2.13 on Open Source Software, June 11-14, 2007, Limerick, Ireland 3. Springer US, 2007: 17-30.

Bagozzi R. P., Dholakia U M. Open source software user communities: A study of participation in Linux user groups[J]. Management Science, 2006, 52(7): 1099-1115.

Baldwin C. Y., Von Hippel E. Modeling a paradigm shift: From producer innovation to user and open collaborative innovation[J]. Organization Science, 2011, 22(6): 1399-141.

Baldwin C., Hienerth C, Von Hippel E. How user innovations become commercial products: A theoretical investigation and case study[J]. Research Policy, 2006, 35(9): 1291-1313.

Barney J. B. Organizational culture: can it be a source of sustained competitive advantage?[J]. Academy of Management Review, 1986, 11(3): 656-665.

Barney J. B., Clark D. N. Resource-based theory: creating and sustaining competitive advantage[M]. Oxford University Press, Oxford, UK, 2007.

Barney J., Hesterly W. S. Strategic management and competitive advantage: concepts and cases, fifth ed[M]. Pearson Education, London, UK, 2015.

Barrett M., Cappleman S, Shoib G, et al. Learning in knowledge communities: Managing technology and context[J]. European Management Journal, 2004, 22(1): 1-11.

Barton D. L. Wellsprings of knowledge: Building and sustaining the sources of innovation[M]. Harvard Business School, 1995.

Basadur M., Gelade G. A. The role of knowledge management in the innovation process[J]. Creativity and Innovation Management, 2006, 15(1): 45-62.

Batson C. D. The altruism question: Toward a social-psychological answer[M]. Psychology Press, 2014.

Behfar S. K., Turkina E., Burger-Helmchen T. Knowledge management in OSS communities: Relationship between dense and sparse network structures[J]. International Journal of Information Management, 2018, 38(1): 167-174.

Benkler Y. Coase's Penguin, or Linux and the nature of the firm[J]. Yale Law Journal, 2002, 112(3), 369-447.

Bergquist M., Ljungberg J. The power of gifts: organizing social relationships in open source communities[J]. Information Systems Journal, 2001, 11(4): 305-320.

Berthon P. R., Pitt L. F., McCarthy I, et al. When customers get clever: Managerial approaches to dealing with creative consumers[J]. Business Horizons, 2007, 50(1): 39-47.

Bertot J. C., Jaegre P. T., Munson S., Glaisyer T. Social media technology and government transparency[J].Computer, 2010, 43(11): 53-59.

Bessen J., Evans D. S., Lessig L., et al. Government policy toward open source software. AER Brookings Joint Center for Regulatory Studies Books and Monographs December, 2002.

Bin G. A reasoned action perspective of user innovation: Model and empirical test[J]. Industrial Marketing Management, 2013, 42(4): 608-619.

Bitzer J. Commercial versus open source software: the role of product heterogeneity in competition[J]. Economic Systems, 2004, 28(4): 369-381.

Bitzer J., Schrettl W., Schröder P. J. H. Intrinsic motivation in open source software development[J]. Journal of Comparative Economics, 2007, 35(1): 160-169.

Bitzer J., Schröder P. J. H. The impact of entry and competition by open source software on innovation activity[M]//The economics of open source software development. Elsevier, 2006: 219-246.

Blau P. M. Inequality and heterogeneity: A primitive theory of social structure[M]. New York: Free Press, 1977.

Boadu F., Du Y., Xie Y., et al. Is the correlation between knowledge sharing and firm innovation performance contingent on network trust and hierarchical culture? Evidence from the Chinese high-tech sector[J]. International Journal of Technology Management, 2023, 92(3): 206-228.

Bock G. W., Kim Y. G. Breaking the myths of rewards: An exploratory study of attitudes about knowledge sharing[J]. Information Resources Management Journal, 2002, 15(2): 14-21.

Bock G. W., Zmud R. W., Kim Y. G., Lee J. N. Behavioral intention formation in knowledge sharing: Examining the role of extrinsic motivators, social-psychological forces, and organizational climate[J].MIS Quarterly, 2005, 29 (1): 87-111.

Bogers M., Afuah A., Bastian B. Users as innovators: A review, critique, and future research directions[J]. Journal of Management, 2010, 36(4): 857-875.

Bogers M., West J. Managing distributed innovation: strategic utilization of open and user innovation[J]. Creativity and Innovation Management, 2012, 21(1): 61-75.

Bonacci D.Towards quantitative tools for analysing qualitative properties of virtual communities[J]. Interdisciplinary Description of Complex Systems: INDECS, 2004, 2(2): 126-135.

Bonaccorsi A., Rossi C. Comparing motivations of individual programmers and firms to take part in the open source movement: From community to business[J].Knowledge, Technology and Policy, 2006, 18(4): 40-64.

Bonaccorsi A., Rossi C.Why open source software can succeed[J].Research Policy, 2003, 32(7): 1243-1258.

Booth D. R. Peer participation and software: what Mozilla has to teach government[M]. The MIT Press, 2010.

Bordia P., Irmer B. E., Abusah D. Differences in sharing knowledge interpersonally and via databases: The role of evaluation apprehension and perceived benefits[J]. European Journal of Work and Organizational Psychology, 2006, 15(3): 262-280.

Boud D., Middleton H. Learning from others at work: communities of practice and informal learning[J]. Journal of Workplace Learning, 2003, 15(5): 194-202.

Bouras C., Filopoulos A., Kokkinos V., Michalopoulos S., Papadopoulos D. & Tseliou G. Policy recommendations for public administrators on free and open source software usage[J]. Telematics and Informatics, 2014, 31(2): 237-252.

Brint S. Gemeinschaft revised: a critique and reconstruction of the community concept[J]. Sociological Theory, 2001, 19(1): 1-23.

Brixy U., Brunow S., D'Ambrosio A. The unlikely encounter: Is ethnic diversity in start-ups associated with innovation?[J]. Research Policy, 2020, 49(4): 103950.

Brockmann E. N., Anthony W. P. Tacit knowledge and strategic decision making[J]. Group & Organization Management, 2002, 27(4): 436-455.

Brown E. M., Osborne C., Cihon P., et al. Measuring software innovation with open source software development data[J]. arXiv Preprint arXiv: 2411.05087, 2024.

Brown J. S., Duguid P. Balancing act: how to capture knowledge without killing it[J]. Harvard Business Review, 2000, 78(3): 73-80.

Buchanan J. M. Public choice: the origins and development of a research program[J]. Champions of Freedom, 2003, 31: 13-32.

Burt R. S. The network structure of social capital[J]. Research in Organizational Behavior, 2000, 22: 345-423.

Butler S., Gamalielsson J., Lundell B., Brax C., Mattsson A., Gustavsson T., Lönroth E. Considerations and challenges for the adoption of open source components in software-intensive businesses[J]. Journal of Systems and Software, 2021, 111152.

Butler S., Gamalielsson J., Lundell B., et al. Considerations and challenges for the adoption of open source components in software-intensive businesses[J]. Journal of Systems and Software, 2022, 186: 111152.

Cabrera A., Collins W. C., Salgado J.F. Determinants of individual engagement in knowledge sharing[J]. International Journal of Human Resource Management, 2006, 17(2), 245-264.

Cabrera E. F., Cabrera A. Fostering knowledge sharing through people management practices[J]. International Journal of Human Resource Management, 2005, 16(5): 720-735.

Caloghirou Y., Kastelli I., Tsakanikas A. Internal capabilities and external knowledge sources: complements or substitutes for innovative performance[J]. Technovation, 2004, 24(1): 29-39.

Capra E., Francalanci C. & Merlo F. An empirical study on the relationship among software design quality, development effort, and governance in open source projects[J]. IEEE Transactions on the Software Engineering, 2008, 34(6): 765-782.

Carmona-Lavado A., Cuevas-Rodríguez G., Cabello-Medina C., et al. Does open innovation always work? The role of complementary assets[J]. Technological Forecasting and Social Change, 2021, 162: 120316.

Cassell M. Why governments innovate: adoption and implementation of open source software by four cities[J]. International Public Management Journal, 2008, 11(2): 193-213.

Chan J., Husted K. Dual allegiance and knowledge sharing in open source software firms[J]. Creativity and Innovation Management, 2010, 19(3): 314-326.

Chan Kim W., Mauborgne R. Procedural justice, strategic decision making, and the knowledge economy[J]. Strategic Management Journal, 1998, 19(4): 323-338.

Chang H. H., Chuang S. S. Social capital and individual motivations on knowledge sharing: Participant involvement as a moderator[J]. Information & Management, 2011, 48(1): 9-18.

Chen C. J., Hung S. W. To give or to receive? Factors influencing members' knowledge sharing and community promotion in professional virtual communities[J]. Information & Management, 2010, 47(4): 226-236.

Chen G. P., Wei J., Li T.Y. Open Source Community: Research Context, Knowledge Framework and Research Prospects [J].Foreign Economics & Management, 2021, 43(2): 84-102.

Chen I. Y. L. The factors influencing members' continuance intentions in professional virtual communities—A longitudinal study[J]. Journal of Information Science, 2007, 33(4): 451-467.

Chen X., Li X., Clark J. G., Dietrich G. B. Knowledge sharing in open source software project teams: a transactive memory system perspective[J]. International Journal of Information Management, 2013, 33(3): 553-563.

Chen Z., Jiang F., Chen J., et al. Phoenix: Democratizing chatgpt across languages[J]. arXiv Preprint arXiv: 2304.10453, 2023.

Cheng H. K., Liu Y. P. & Tang Q. The impact of network externalities on the competition between open source and proprietary software[J]. Journal of Management Information Systems, 2011, 27(4): 201-230.

Chesbrough H. W. Why companies should have open business models[J]. MIT Sloan Management Review, 2007, 48: 22-36.

Chesbrough H.W. Open innovation: the new imperative for creating and profiting from technology[M]. Harvard Business Press, 2003.

Chiu C. M., Hsu M. H., Wang E. T. G. Understanding knowledge sharing in virtual communities: an integration of social capital and social cognitive theories[J]. Decision Support Systems, 2006, 42(3): 1872-1888.

Choi N., Chengalur-Smith I., Whiemore A. Managing first impressions of new open source software projects[J]. IEEE software, 2010, 27(6): 73-77.

Chow C. W., Deng F. J., Ho J. L. The openness of knowledge sharing within organizations: A comparative study of the United States and the People's Republic of China[J]. Journal of Management Accounting Research, 2000, 12(1): 65-95.

Chowdhury S.The role of affect and cognition-based trust in complex knowledge sharing[J]. Journal of Managerial Issues, 2005, 17(3): 310-326.

Chun S. A., Shulam T., Sandoval R, Hovy E. Government 2.0: making connections between citizens, data and government[J]. Information Polity, 2010, 15(1-2): 1-9.

Church J., Gandal N. Systems competition, vertical merger, and foreclosure[J]. Journal of Economics & Management Strategy, 2000, 9(1): 25-51.

Coase R. H. The nature of the firm[J]. Economica, 1937, 4(16): 386-405.

Cohen W. M., Levinthal D. A. Absorptive capacity: a new perspective on learning and innovation[J]. Administrative Science Quarterly, 1990, 35(1): 128-156.

Cohendet P., Meyer-Krahmer F.The theoretical and policy implications of knowledge codification[J]. Research Policy, 2011, 30(9): 1563-1591.

Coleman E. G. Coding Freedom: The Ethics and Aesthetics of Hacking[M]. Princeton, NJ: Princeton University Press, 2013.

Comino S., Manenti F. M. Government policies supporting open source software for the mass market[J].Review of Industrial Organization, 2005, 26(2): 217-240.

Comino S., Manenti F. M., Parisi M. L.From planning to mature: On the success of open source projects[J].Research Policy, 2007, 36(10): 1575-86.

Comino S., Manenti F.M. Free/Open source vs closed source software: public policies in the software market[J]. Available at SSRN 469741, 2004.

Constant D., Kiesler S., Sproull L.What's mine is ours, or is it? A study of attitudes about information sharing[J]. Information Systems Research, 1994, 5(4): 400-421.

Cowan R., David P. A., Foray D. The explicit economics of knowledge codification and tacitness[J]. Industrial and Corporate Change, 2000, 9(2): 211-253.

Cross R., Cummings J. N. Tie and network correlates of individual performance in knowledge-intensive work[J]. Academy of Management Journal, 2004, 47(6): 928-937.

Crowston K. A taxonomy of organizational dependencies and coordination mechanisms[M]. In T. W. Malone, K. Crowston & G. Herman (Eds.), The Process Handbook(pp.85-108), Cambridge, MA: MIT Press.2003.

Crowston K., Wei K., Qing Li Q., Howison J. Core and periphery in free/libre and open source software team communications[C]. in System Sciences, 2006. HICSS' 06. Proceedings of the 39th Annual Hawaii International Conference on, Vol. 6, IEEE, 2006, pp.118a-118a.

Cummings J. N. Work groups, structural diversity, and knowledge sharing in a global organization[J]. Management Science, 2004, 50(3): 352-364.

Cummings J. N. Work groups, structural diversity and knowledge sharing in a global organization[J]. Management Science, 2004, 50(3): 352-364.

Curry A., Stancich L.The Intranet: An intrinsic component of strategic information management?[J]. International Journal of Information Management, 2000, 20 (4): 249-268.

Dahlander L., Magnusson M. G. Relationships between open source software companies and communities: Observations from Nordic firms[J]. Research Policy, 2005, 34(4): 481-493.

Dahlander L., Magnusson M. How do firms make use of open source communities?[J]. Long Range Planning, 2008, 41(6): 629-649.

Dahlander L., Wallin M. A man on the inside: unlocking communities as complementary assets[J]. Research Policy, 2006, 35(8): 1243-1259.

Dahlman C. J. The problem of externality[J]. The Journal of Law and Economics, 1979, 22: 141-62.

Dale R., Marshall-Pescini S., Range F. What matters for cooperation? The importance of social relationship over cognition[J]. Scientific Reports, 2020, 10(1): 11778.

Dalle J. M., David P. A. The allocation of software development resources in "open source" production mode[J]. SIEPR-Project NOSTRA Working Paper, (15th February)[Accepted for publication in Joe Feller, Brian Fitzgerald, Scott Hissam, Karim Lakhani, eds., Making Sense of the Bazaar, forthcoming from MIT Press in 2004], 2003, 3: 3.

Davenport T. H, Harris J. G., De Long D. W., et al. Data to knowledge to results: building an analytic capability[J]. California Management Review, 2001, 43(2): 117-138.

Davenport T.H. Prusak L. Working knowledge: how organizations manage what they know[J]. Harvard Business Press, 1998.

De Jong J. P. J., Von Hippel E. Transfers of user process innovations to process equipment producers: A study of Dutch high-tech firms[J]. Research Policy, 2009, 38(7): 1181-1191.

De Long D. W., Fahey L. Diagnosing cultural barriers to knowledge management[J]. Academy of Management Perspectives, 2000, 14(4): 113-127.

De Vries R. E., Van den Hooff B., De Ridder J. A. Explaining knowledge sharing: The role of team communication styles, job satisfaction, and performance beliefs[J]. Communication

Research, 2006, 33(2): 115-135.

Deci E. L., Ryan R. M. Intrinsic motivation and self-determination in human behavior[M]. Berlin: Springer Science & Business Media, 1985.

Deci E. L., Ryan R. M. The general causality orientations scale: self-determination in personality[J]. Journal of Research in Personality, 1985, 19(2): 109-134.

Deek F.P., McHugh J.A.M. Open source, technology and policy[M].Cambridge University Press, 2008.

DeLone W. H., McLean E. R. The DeLone and McLean model of information systems success: a ten-year update[J]. Journal of Management Information Systems, 2003, 19(4): 9-30.

Denzin N. K., Lincoln Y. S. Handbook of Qualitative Research[M]. Thousand Oaks, CA: Sage. 1994.

Di Tullio D., Staples D. S. The governance and control of open source software projects[J]. Journal of Management Information Systems, 2013, 30(3): 49-80.

DiMaggio P. J., Powell W. W. The iron cage revisited: Institutional isomorphism and collective rationality in organizational fields[J]. American Sociological Review, 1983, 147-160.

Ding W., Liang P., Tang A., Vliet H. Van. Knowledge-based approaches in software documentation: a systematic literature review[J]. Information and Software Technology, 2014, 56(6): 545-567.

Ding Z., Ng F., Cal Q. Personal constructs affecting interpersonal trust and willingness to share knowledge between architects in project design teams[J]. Construction Management and Economics, 2007, 25(9): 937-950.

Drahos P., Braithwaite J. Information feudalism: who owns the knowledge economy?[M]. London: Earthscan Publications Ltd, 2002.

Duc N A., Cruzes D. S., Hanssen G K., et al. Coopetition of software firms in open source software ecosystems[C]. International Conference of Software Business. Springer, Cham, 2017, 146-160.

Duparc C., Moeller F., Jussen I., Stachon M., Algac S., & Otto B. Archetypes of open-source business models[J]. Electronic Markets, 2022, 32(2): 727-745.

Dutton W. H., Blank G. Next generation users: the internet in Britain[M]. Oxford Internet Survey, 2011.

Dyer Jr W. G., Wilkins A. L. Better stories, Not better constructs, to generate better theory: A Rejoinder to Eisenhardt[J]. Academy of Management Review, 1991, 16(3): 613-619.

Economides N., Katsamakas E. Two-sided competition of proprietary vs. open source technology platforms and the implications for the software industry[J]. Management Science, 2006, 52(7): 1057-1071.

Edison H., Bin Ali N., Torkar R. Towards innovation measurement in the software industry[J]. Journal of Systems and Software, 2013, 86(5): 1390-1407.

Eiroa-Lledo E., Ali R. H., Pinto G., et al. Large-Scale Identification and Analysis of Factors Impacting Simple Bug Resolution Times in Open Source Software Repositories[J]. Applied Sciences, 2023, 13(5): 3150.

Eisenhardt K. M. Building theories from case study research[J]. Academy of Management Review, 1989, 14(4): 532-550.

Eisenhardt K. M., Tabrizi B. N. Accelerating adaptive processes: Product innovation in the global computer industry[J]. Administrative Science Quarterly, 1995, 40(1): 84-110.

Eisenhardt K.M. Better stories and better constructs: The case for rigor and comparative logic[J]. Academy of Management Review, 1991, 16(3): 620-627.

Endres M. L., Endres S. P., Chowdhury S. K., Alam I. Tacit knowledge sharing, self-efficacy theory, and application to the open source community[J]. Journal of Knowledge Management, 2007, 11(3): 92-103.

Engelhardt S., Freytag A. Institutions, culture, and open source[J]. Journal of Economic Behavior & Organization, 2013, 95: 90-110.

Enkel E., Gassmann O., Chesbrough H. Open R&D and open innovation: exploring the phenomenon[J]. R&D Management, 2009, 39(4): 311-316.

Eseryel U. Y., Wei K. N. & Crowston K. Decision-making processes in community-based free/liber open source software-development teams with internal governance: an extension to decision-making theory[J]. Communications of the Association for Information Systems, 2020, 46: 484-510.

Etgar M. A descriptive model of the consumer co-production process[J]. Journal of the Academy of Marketing Science, 2008, 36(1): 97-108.

Evans D. S., Reddy B. J. Government preferences for propmoting open-source software: a solution in search of a problem[J]. Michigan Telecommunications and Technology Law Review, 2003, 9(2): 313-393.

Evans D.S. Politics and programming: government preference for promoting open source software[J]. Government Policy toward Open Source Software, 2002: 34-49.

Fang E., Lee J., Palmatier R., et al. If it takes a village to foster innovation, success depends on the neighbors: the effects of global and ego networks on new product launches[J]. Journal of Marketing Research, 2016, 53(3): 319-337.

Fang H., Hersleb J., Vasilescu B. Novelty begets long-term popularity, but curbs participation: A macroscopic view of the python open-source ecosystem[C]//2024 IEEE/ACM 46th International Conference on Software Engineering, 2024: 1-11.

Fang Y., Neufeld D. Understanding sustained participation in open source software projects[J]. Journal of Management Information Systems, 2009, 25(4): 9-50.

Feller J. Thoughts on Studying Open Source Software Communities[M]//Realigning research and practice in information systems development: The social and organizational perspective. Boston, MA: Springer US, 2001: 379-386.

Feller J., Fitzgerald B. Understanding open source software development[M].London, Addison-Wesley, 2002.

Fershtman C., Gandal N. Direct and indirect knowledge spillovers: the "social network" of open-source projects[J]. The Rand Journal of Economics, 2011, 42(1): 70-91.

Fershtman C., Gandal N. Open source software: motivation and restrictive licensing[J]. International Economics and Economic Policy, 2007, 4(2): 209-225.

Fitzgerald B. The Transformation of Open Source Software[J]. MIS Quarterly, 2006, 30(3): 587-598.

Forge S.The rain forest and the rock garden: the economic impacts of open source software[J]. Info, 2006, 8(3): 12-31.

Foss N. J., Frederiksen L., Rullani F. Problem-formulation and problem-solving in self-organized communities: How modes of communication shape project behaviors in the free open-source software community[J]. Strategic Management Journal, 2016, 37(13):

2589-2610.

Franke N., Shah S. How communities support innovative activites: an exploration of assistance and sharing among end-users[J]. Research Policy, 2003, 32(1): 157-178.

Franke N., Von Hippel E. Satisfying heterogeneous user needs via innovation toolkits: the case of Apache security software[J]. Research Policy, 2003, 32(7): 1199-1215.

Franke N., Von Hippel E., Schreier M. Finding commercially attractive user innovations: A test of lead-user theory[J]. Journal of Product Innovation Management, 2006, 23(4): 301-315.

Frey B. S., Jegen R. Motivation crowding theory[J]. Journal of Economic Surveys, 2001, 15(5): 589-611.

Friesl M., Sackmann S. A., Kremser S. Knowledge sharing in new organizational entities: The impact of hierarchy, organizational context, micro-politics and suspicion[J]. Cross Cultural Management: An International Journal, 2011, 18(1), 71-86.

Füller J., Bartl M., Ernst H., Mühlbacher H. Community-based innovation: How to integrate members of virtual communities into new product development[J]. Electronic Commerce Research, 2006, 6: 57-73.

Füller J., Jawecki G., Mühlbacher H. Innovation creation by online basketball communities[J]. Journal of Business Research, 2007, 60(1): 60-71.

Fung A., Graham M., Weil D. Full disclosure: the perils and promise of transparency[M]. Cambridge University Press, 2007.

Funk R. J. Making the most of where you are: Geography, networks, and innovation in organizations[J]. Academy of Management Journal, 2014, 57(1): 193-222.

Gaeck C., Arief B. The many meanings of open source[J]. IEEE Software, 2004, 21 (1): 34-40.

Gagné M., Deci E. L. Self-determination theory and work motivation[J]. Journal of Organizational Behavior, 2005, 26(4): 331-362.

Gaikovina Kula R., Hata H., Matsumoto K. FLOSS!= GitHub: A Case Study of Linux/BSD Perceptions from Microsoft's Acquisition of GitHub[J]. arXiv e-prints, 2021: arXiv: 2102. 01325.

Gallagher R. J., Young J. G., Welles B. F. A clarified typology of core-periphery structure in networks[J]. Science Advances, 2021, 7(12): eabc9800.

Garcia R., Calantone R. A critical look at technology innovation typology and innovativeness terminology: a literature review[J]. Journal of Product Innovation Management: An International Publication of the Product Development & Management Association, 2002, 19(2): 110-132.

Garriga H., Aksuyek E., Hacklin F., Von Krogh G. Exploring social preferences in private-collective innovation[J].Technology Analysis & Strategic Management, 2012, 24(2): 113-127.

Garud R., Jain J. & Kumaraswamy A. Institutional entrepreneurship in the sponsorship of common technological standards: The case of Sun Microsystems and Java[J]. Academy of Management Journal, 2002, 45 (1): 196-214.

Gawer A., Cusumano M. A. Industry platforms and ecosystem innovation[J]. Journal of Product Innovation Management, 2014, 31(3): 417-433.

German D. M. The GNOME project: a case study of open source, global software development[J]. Software Process: Improvement and Practice, 2003, 8(4): 201-215.

Germonprez M., Kendall J. E., Kendall K. E., et al. A theory of responsive design: A field study of corporate engagement with open source communities[J]. Information Systems Research, 2017, 28(1): 64-83.

Ghobadi S., Amabr J. D. Modeling high-quality knowledge sharing in cross-functional software development teams[J]. Information Processing and Management, 2013, 49(1): 138-157.

Ghosh R. A. Understanding free software developers: Findings from the FLOSS study[J]. Perspectives on Free and Open Source Software, 2005, 28: 23-47.

Ghosh R. A.Understanding free software developers: Findings from the FLOSS study[M].The MIT Press, 2005.

Glaser B. G., Strauss A. L. The Discovery of Grounded Theory: Strategies for Qualitative Research Aldins[J]. New York, 1967.

Goerzen A., Beamish P. W. The effect of alliance network diversity on multinational enterprise performance[J]. Strategic Management Journal, 2005, 26(4): 333-354.

Granovetter M. S. The strength of weak ties[J]. American Journal of Sociology, 1973, 78(6): 1360-1380.

Grewal R., Lilien G.L., Mallapragada G. Location, Location, location: how network embeddedness affects project success in open source systems[J]. Management Science, 2006, 52 (7): 1043-1056.

Gruber M., Henkel J. New ventures based on open innovation-an empirical analysis of start-up firms in embedded Linux[J].International Journal of Technology Management, 2006, 33(4): 356-372.

Guan J., Zhang J., Yan Y. The impact of multilevel networks on innovation[J]. Research Policy, 2015, 44(3): 545-559.

Gulati R., Nohria N., Zaheer A. Strategic networks[J]. Strategic Management Journal, Special Issue, 2000, 21(3): 203-215.

Gupta S., Kim H. W. Enhancing the commitment to virtual community: a brief and feeling based approach[C].International Conference on Information Systems 2004 Proceeding, 2004, 9: 101-113.

Gupta V. K., Huang R., Yayla A. A. Social capital, collective transformational leadership, and performance: A resource-based view of self-managed teams[J]. Journal of Managerial Issues, 2011, 23(1): 31-45.

Haefliger S., Von Krogh G., Spaeth S. Code reuse in open source software[J]. Management Science, 2008, 54(1): 180-193.

Hansen M. T. Knowledge networks: Explaining effective knowledge sharing in multiunit companies[J]. Organization Science, 2002, 13(3): 232-248.

Hansen M. T. The search-transfer problem: The role of weak ties in sharing knowledge across organization subunits[J]. Administrative Science Quarterly, 1999, 44(1): 82-111.

Hardin G. The tragedy of the commons[J]. Science, New Series, 1968, 162(3859): 1243-1248.

Harhoff D., Henkel J., Von Hippel E. Profiting from voluntary information spillovers: How users benefit by freely revealing their innovations[J]. Research Policy, 2003, 32(10): 1753-1769.

Hars A., Ou S. Working for free? Motivations for participating in open-source projects[J]. International Journal of Electronic Commerce, 2002, 6(3): 25-39.

Hawley A. Human Ecology[J], in D.L. Stills (ed.) International Encyclopaedia of the Social Sciences, New York: Macmillan, 1968, 328-337.

He Y., Yang W., Pan M., et al. Understanding and Enhancing Issue Prioritization in GitHub[C]//

2023 38th IEEE/ACM International Conference on Automated Software Engineering (ASE). IEEE, 2023: 813-824.

Heikinheimo H., Kuusisto T. The Use of Embedded Open Source Software in Commercial Products[J]. European Conference on Information Systems, ECIS Proceedings.2004: 65.

Hemetsberger A., Reinhard C. Learning and knowledge-building in open-source communities: A social experiential approach[J]. Management Learning, 2006, 37(2): 187-214.

Hemetsberger A., Reinhardt C. Sharing and creating knowledge in open-source communities: The case of kde[C]//Paper for Fifth European Conference on Organizational Knowledge, Learning, and Capabilities, Innsbruck. 2004.

Hertel G., Niedner S., Hermann S. Motivation of software developers in open source projects: An internet-based survey of contributors to the Linux kernel[J]. Research Policy, 2003, 32(7): 1159-1177.

Hienerth C. The commercialization of user innovations: The development of the rodeo kayaking industry[J]. R&D Management, 2006, 36(3): 273-294.

Hilgers D., Christoph I. H. L. Citizensourcing: applying the concept of open innovation to the public sector[J]. International Journal of Public Participation, 2010, 4(1): 67-88.

Holste J. S., Fields D.Trust and tacit knowledge sharing and use[J]. Journal of Knowledge Management, 2010, 14(1): 128-140.

Hope J. Biobazaar: the open source revolution and biotechnology[M]. Harvard University Press, 2008.

Howison J., Crowston K. Collaboration through open superposition: A theory of the open source way[J]. MIS Quarterly, 2014, 38(1): 29-50.

Hsu M. H., Chang C. M., Yen C. H. Exploring the antecedents of trust in virtual communities[J]. Behaviour & Information Technology, 2011, 30(5): 587-601.

Hsu M. H., Ju T. L., Yen C. H., Chang C. M. Knowledge sharing behavior in virtual communities: The relationship between trust, self-efficacy, and outcome expectations[J]. International Journal of Human Computer Studies, 2007, 65(2): 153-169.

Hu L., Randel A. E. Knowledge sharing in teams: social capital, extrinsic incentives and team innovation[J]. Group & Organization Management, 2014, 39(2): 213-243.

Hua L., Yang Z., Shao J. Impact of network density on the efficiency of innovation networks: An agent-based simulation study[J]. PloS One, 2022, 17(6): e0270087.

Huang H. C., Shih H. Y., Hsu S. C. Team structure to accelerate knowledge diffusion: A case study in computer software developer[C]//2010 IEEE International Conference on Management of Innovation & Technology. IEEE, 2010: 928-933.

Hulland J, Wade M., Antia K. The impact of capabilities and prior investments on online channel commitment and performance[J]. Journal of Management Information Systems, 2007, 23 (4): 109-142.

Hutchings K., Michailova S. Facilitating knowledge sharing in Russian and Chinese subsidiaries: the role of personal networks and group membership[J]. Journal of Knowledge Management, 2004, 8(2): 84-94.

Huysman M., De Wit D. Practices of managing knowledge sharing: towards a second wave of knowledge management[J]. Knowledge and Process Management, 2004, 11(2): 81-92.

Huysman M., Wulf V. IT to support knowledge sharing in communities, towards a social capital analysis[J]. Journal of Information Technology, 2006, 21(1): 40-51.

Hyysalo S. User innovation and everyday practices: Micro-innovation in sports industry development[J]. R&D Management, 2009, 39(3): 247-258.

Iivari N., Molin-Juustila T. "Listening to the Voices of the Users" in Product Based Software Development[J]. International Journal of Technology and Human Interaction, 2009, 5(3): 54-77.

Inkpen A. C., Tsang E. W. K. Social capital, networks, and knowledge transfer[J]. Academy of Management Review, 2005, 30(1): 146-165.

Iskoujina Z., Roberts J. Knowledge sharing in open source software communities: motivations and management[J]. Journal of Knowledge Management, 2015, 19(4): 791-813.

Janowicz-Panjaitan M., Noorderhaven N. G.Trust, calculation and interorganization learning of tacit knowledge: An organizational roles perspective[J]. Organization Studies, 2009, 30(10): 1021-1044.

Janzik L., Herstatt C. Innovation communities: Motivation and incentives for community members to contribute[C]//2008 4th IEEE International Conference on Management of Innovation and Technology. IEEE, 2008: 350-355.

Jarvenpaa S. L., Staples D. S.The use of collaborative electronic media for information sharing: An exploratory study of determinants[J]. The Journal of Strategic Information Systems, 2000, 9(2-3): 129-154.

Jasimuddin S. M., Klein J. H., Connell C. The paradox of using tacit and explicit knowledge: strategies to face dilemmas[J]. Management Decision, 2005, 43(1): 102-112.

Jennex M. E. Case studies in knowledge management[M]. Idea Group Inc, 2005.

Jeppesen L. B., Frederiksen L. Why do users contribute to firm-hosted user communities? The case of computer-controlled music instruments[J].Organization Science, 2006, 17(1): 45-63.

Jergensen C., Sarma A., Wagstrom P. The onion patch: migration in open source ecosystems[C]// Proceedings of the 19th ACM SIGSOFT symposium and the 13th European conference on Foundations of software engineering. 2011: 70-80.

Johnson J. P. Open source software: Private provision of a public good[J]. Journal of Economics & Management Strategy, 2002, 11(4): 637-662.

Kala' Padang F. I., Daromes F. E. Participation Decision Making, Psychological Empowerment, Job Relevant Information and Managerial Performance[J]. Dinamika Akuntansi Keuangan dan Perbankan, 2023, 12(2): 104-119.

Kankanhalli A., Tan B. C. Y., Wei K. K.Contributing knowledge to electronic knowledge repositories: An empirical investigation[J]. MIS Quarterly, 2005, 29(1): 113-143.

Karlsson M. Rituals of transparency: evaluating online news outlets' uses of transparency rituals in the United States, United Kingdom and Sweden[J]. Journalism Studies, 2010, 11(4): 535-545.

Kaše R., Paauwe J., Zupan N. HR practices, interpersonal relations, and intrafirm knowledge transfer in knowledge-intensive firms: a social network perspective[J]. Human Resource Management: Published in Cooperation with the School of Business Administration, The University of Michigan and in alliance with the Society of Human Resources Management, 2009, 48(4): 615-639.

Keil M., Rai A., Liu S. How user risk and requirements risk moderate the effects of formal and informal control on the process performance of IT projects[J]. European Journal of Information Systems, 2013, 22(6): 650-672.

Kelty C. M. Two Bits: The Cultural Significance of Free Software[M]. Durham, NC: Duke University Press, 2008.

Kendall J. E., Kendall K. E., Germonprez M. Game theory and open source contribution: Rationale behind corporate participation in open source software development[J]. Journal of Organizational Computing and Electronic Commerce, 2016, 26(4): 323-343.

Khalifa M., Yan Yu A., Ning Shen K. Knowledge management systems success: a contingency perspective[J]. Journal of Knowledge Management, 2008, 12(1): 119-132.

Kim E. E. An introduction to open source communities[J]. Retrieved May, 2003, 1: 2003.

Kim S., Lee H. The impact of organizational context and information technology on employee knowledge-sharing capabilities[J]. Public Administration Review, 2006, 66(3): 370-385.

Kochhar P. S., Kalliamvakou E., Nagappan N., et al. Moving from closed to open source: Observations from six transitioned projects to GitHub[J]. IEEE Transactions on Software Engineering, 2019, 47(9): 1838-1856.

Kogut B., & Metiu A. Open-source software development and distributed innovation[J]. Oxford Review of Economic Policy, 2021, 17(2), 248-264.

Kogut B., Metiu A. Open source software development and distributed innovation[J].Oxford Review of Economic Policy, 2001, 17(2): 248-264.

Kogut B., Zander U. Knowledge of the firm, combinative capabilities, and the replication of technology[J]. Organization Science, 1992, 3(3): 383-397.

Kolekofski Jr. K. E., Heminger A. R. Beliefs and attitudes affecting intentions to share information in an organizational setting[J]. Information & Management, 2003, 40(6): 521-532.

Koo H M, Ko I Y. An analysis of problem-solving patterns in open source software[J]. International Journal of Software Engineering and Knowledge Engineering, 2015, 25(06): 1077-1103.

Kostova T., Roth K., Dacin M. T.Institutional theory in the study of multinational corporations: A critique and new directions[J]. Academy of Management Review, 2008, 33(4): 994-1006.

Krishnamurthy S. Cave or community? An empirical examination of 100 mature open source projects (originally published in Volume 7, Number 6, June 2002)[J]. First Monday, 2005.

Kroah-Hartman A. G., Corbet J. Who writes linux: How fast it is going, who is doing it, what they are doing, and who is sponsoring it: An august 2009 update[R]. Technical report, Linux Foundation, 2009.

Kuk G. Strategic interaction and knowledge sharing in the KDE developer mailing list[J]. Management Science, 2006, 52(7): 1031-1042.

Kulkarni U. R., Ravindran S., Freeze R. A knowledge management success model: Theoretical development and empirical validation[J]. Journal of Management Information Systems, 2006, 23(3): 309-347.

Laat P. B. D. Governance of open source software: state of the art[J]. Journal of Management & Governance, 2007, 11(2): 165-177.

Lakhani K. C., Von Hippel E. How open source software works: "Free" user-to-user assistance[J]. Research Policy, 2003, 32(6): 923-943.

Lakhani K. R., Wolf R. G.Why hackers do what they do: Understanding motivation and effort in free/open source software projects. In J. Feller, B. Fitzgerald, S. Hissam and K.R. Lakhani, eds., Perspectives on Free and Open Source Software[M]. The MIT Press, 2005.

Lakhani K.R., Von Hippel E. How open source software works: "free" use-to-user assistance[J].

Research Policy, 2003, 32(6): 923-943.

Lanzara G. F., Morner M. Artifacts rule! How organizing happens in opens source software projects[M]//Actor-network theory and organizing. Copenhagen Business School Press, 2005: 67-90.

Laursen K., Salter A. Open for innovation: the role of openness in explaining innovation performance among UK manufacturing firms[J]. Strategic Management Journal, 2006, 27(2): 131-150.

Lea G. Digital millennium or digital dominion? The effect of IPRs in software on developing countries[M]//Global Intellectual Property Rights: Knowledge, Access and Development. London: Palgrave Macmillan UK, 2002: 144-158.

Leana III C. R., Van Buren H. J. Organizational social capital and employment practices[J]. Academy of Management Review, 1999, 24(3): 538-555.

Lee J. A. Government policy toward open source software: the puzzles of neutrality and competition[J]. Knowledge, Technology and Policy, 2006, 18(4): 113-141.

Lee S., Baek H. & Jahng J. Governance strategies for open collaboration: focusing on resource allocation in open source software development organizations[J]. International Journal of Information Management, 2017, 37(5): 431-437.

Lehtinen T. O. A., Mantyla M.V., Vanhanen J., Itkonen J., Lassenius C. Perceived Causes of Software Project Failures—An Analysis of their Relationships[J]. Information and Software Technology, 2014, 56(6): 623-643.

Leonard D., Sensiper S. The role of tacit knowledge in group innovation[J]. California Management Review, 1998, 40(3): 112-132.

Lerner J., Tirole J. Economic perspectives on open source[M]//Intellectual Property and Entrepreneurship. Emerald Group Publishing Limited, 2004: 33-69.

Lerner J., Tirole J. Some simple economics of open source[J]. The Journal of Industrial Economics, 2002, 50(2): 197-234.

Lerner J., Tirole J. The scope of open source licensing[J]. Journal of Law, Economics, and Organization, 2005, 21 (1): 20-56.

Lessig L. How big media uses technology and the law to lock down culture and control creativity[J]. Retrieved December, 2004, 5: 2004.

Lessig L. Open source baselines: Compared to what[J]. Government Policy toward Open Source Software. Washington, DC: AEI-Brooking Joint Center for Regulatory Studies, 2002, 1: 69-86.

Lettl C. User involvement competence for radical innovation[J]. Journal of Engineering and Technology Management, 2007, 24(1-2): 53-75.

Levin D. Z., Cross R. The strength of weak ties you can trust: the mediating role of trust in effective knowledge transfer[J]. Management Science, 2004, 50(11): 1477-1490.

Levine S. S, Prietula M. J. Open collaboration for innovation: Principles and performance[J]. Organization Science, 2014, 25(5): 1414-1433.

Levy M., Hazzan O. Knowledge management in practice: The case of agile software development[C]//2009 ICSE Workshop on Cooperative and Human Aspects on Software Engineering. IEEE, 2009, 60-65.

Lewis S. C., Usher N. Open source and journalism: toward new frameworks for imagining news innovation[J]. Media, Culture & Society, 2013, 35(5): 602-619.

Li J. P., Chen R., Lee J. K., et al. A case study of private-public collaboration for humanitarian free and open source disaster management software deployment[J]. Decision Support Systems, 2013, 55(1): 1-11.

Li Y., Shepherd M., Liu J. Y. C., et al. Enhancing development team flexibility in IS projects[J]. Information Technology and Management, 2017, 18: 83-96.

Liao L.F. Impact of manager's social power on R&D employees' knowledge-sharing behaviour[J]. International Journal of Technology Management, 2008, 41(1-2): 169-182.

Liao T., Xu K. A process approach to understanding multiple open source innovation contests-Assessing the contest structures, execution, and participant responses in the android developer challenges[J]. Information and Organization, 2020, 30(2): 100300.

Lin C. P. To share or not to share: Modeling knowledge sharing using exchange ideology as a moderator[J]. Personnel Review, 2007, 36(3): 457-475.

Lin H. F. Antecedents of the stage-based knowledge management evolution[J].Journal of Knowledge Management, 2011, 15(1): 136-155.

Lin H. F. Effects of extrinsic and intrinsic motivation on employee knowledge sharing intentions[J]. Journal of Information Science, 2007, 33(2): 135-149.

Lin L. H. Impact of user skills and network effects on the competition between open source and proprietary software[J]. Electronic Commerce Research and Applications, 2008, 7(1): 68-81.

Lin N. Social networks and status attainment[J]. Annual Review of Sociology, 1999, 25(1): 467-487.

Lin Y. K., Maruping L. M. Open source collaboration in digital entrepreneurship[J]. Organization Science, 2022, 33(1): 212-230.

Lindvall M., Rus I. Knowledge management for software organizations[J]. Managing Software Engineering Knowledge, 2003: 73-94.

Liu A. Q., Besser T. L. Social capital and participation in community improvement activities by the elderly in small towns and rural communities[J]. Rural Sociology, 2003, 68(3): 343-365.

Livari N. Discursive construction of "user innovations" in the open source software development context[J]. Information and Organization, 2010, 20(2): 111-132.

Loebecke C., Fenema P. C. V. & Powell P.Co-petition and knowledge transfer[J]. ACM SIGMIs Database: the DATABASE for Advances in Information Systems, 1999, 30(2): 14-25.

Lu J. W, Beamish P. W. Partnering strategies and performance of SMEs' international joint ventures[J]. Journal of Business Venturing, 2006, 21(4): 461-486.

Lukensmeyer C. J., Torres L. H. Citizen Participation in a Networked Nation[J]. Civic Engagement in a Network Society, 2008: 207.

Luthiger B., Jungeirth C.Pervasive fun[J]. First Monday, Peer-Reviewed Journal on the Internet, 2007, 12(1): 1.

Lüthj C. Characteristics of innovating users in a consumer goods field: An empirical study of sport-related product consumers[J]. Technovation, 2004, 24(9), 683-695.

Lüthje C., Herstatt C., Von Hippel E. User-innovators and "local" information: The case of mountain biking[J]. Research Policy, 2005, 34(6): 951-965.

Ma M., Agarwal R. Through a glass darkly: Information technology design, identity verification, and knowledge contribution in online communities[J]. Information Systems Research, 2007, 18 (1): 42-67.

Martinez-Romo J., Robles G., Gonzalez-Barahona J. M., et al. Using social network analysis techniques to study collaboration between a FLOSS community and a company[C]//Ifip international conference on open source systems. Boston, MA: Springer US, 2008: 171-186.

Martínez-Torres M. R. A genetic search of patterns of behaviour in OSS communities[J]. Expert Systems with Applications, 2012, 39(18): 13182-13192.

Martínez-Torres M. R. Application of evolutionary computation techniques for the identification of innovators in open innovation communities[J]. Expert Systems with Applications, 2013, 40(7): 2503-2510.

Martinez-Torres M. R., Diaz-Fernandez M. C. Current issues and research trends on open-source software communities[J]. Technology Analysis and Strategic Management, 2014, 26(1): 55-68.

Martinez-Torres M. R., Toral S. L., Barrero F., Cortes F. The role of Internet in the development of future software projects[J]. Internet Research, 2010, 20(1): 72-86.

Maurer I. How to build trust in inter-organizational projects: The impact of project staffing and project rewards on the formation of trust, knowledge acquisition and product innovation[J]. International Journal of Project Management, 2010, 28(7): 629-637.

McCarthy S., O'Raghallaigh P., Li Y., et al. Control enactment in context: Understanding the interaction of controlee and controller perceptions in inter-organisational project teams[J]. Information Systems Journal, 2023, 33(5): 1029-1084.

Mcgowan D. Legal implications of open source[J]. University of Illinois Law Review, 2001, 1: 241-304.

McLeod L., MacDonell S. G. Factors that affect software systems development project outcomes: A survey of research[J]. ACM Computing Surveys (CSUR), 2011, 43(4): 1-56.

Meetoo-Appavoo A., Chutoo A, Appavoo P, et al. Open source ICT framework for developing countries[J]. IEEE Technology and Society Magazine, 2013, 32(3): 39-47.

Mesmer-Magnus J. R., DeChurch L. A., Jimenez-Rodriguez M., Wildman J., Shuffler M. A meta-analytic investigation of virtuality and information sharing in teams[J]. Organizational Behavior and Human Decision Process, 2011, 115(2): 214-225.

Messerschmitt D. G., Szyperski C. Industrial and economic properties of software technology, process and value[R]. University of California Berkeley Computer Science Division Technical Report UCB//CSD-01-1130 and Microsoft Corporation Technical Report MSR-TR-2001-11.

Midha V., Palvia P. Factors affecting the success of Open Source Software[J]. Journal of Systems and Software, 2012, 85(4): 895-905.

Mockus A., Fielding R T. & Herbsleb J D. Two case studies of open source software development: Apache and Mozilla[J]. ACM Transactions on Software Engineering and Methodology, 2002, 11(3): 309-346.

Monday F. First Monday Interview with Linus Torvalds: What Motivates Free Software Developers?[J]. First Monday, 1998.

Monteiro F. R., Pereira P. A., Cordeiro L. C., et al. Complementary training programme for electrical and computer engineering students through an industrial-academic collaboration[C]// 2016 IEEE Frontiers in Education Conference (FIE). IEEE, 2016: 1-9.

Mooi E. A., Wathne K. H., Kayande U. Openness and innovation performance revisited[J]. Journal of Marketing Behavior, 2016, 2(1): 69-76.

Mooradian T., Renzl B., Matzler K. Who trusts? Personality, trust and knowledge sharing[J].

Management Learning, 2006, 37(4), 523-540.

Morgan L., & Finnegan P. Beyond free software: An exploration of the business value of strategic open source[J]. The Journal of Strategic Information Systems, 2014, 23(3), 226-238.

Morgan L., Finnegan P. Open innovation in secondary software firms: an exploration of managers' perceptions of open source software[J]. ACM SIGMIS Database: the DATABASE for Advances in Information Systems, 2010, 41(1): 76-95.

Morner M., Von Krogh G. A note on knowledge creation in open-source software projects: what can we learn from Luhmann's theory of social systems?[J]. Systemic Practice and Action Research, 2009, 22: 431-443.

Morrison P. D., Roberts J. H., Von Hippel E. Determinants of user innovation and innovation sharing in a local market[J]. Management Science, 2000, 46(12): 1513-1527.

Mueller J., Hutter K., Fueller J., Matzler K. Virtual worlds as knowledge management platform-a practice-perspective[J]. Information System Journal, 2011, 21(6): 479-501.

Murray F., O'Mahony S. Exploring the foundations of cumulative innovation: Implications for organization science[J]. Organization Science, 2007, 18(6): 1006-1021.

Nagle F.Open source software and firm productivity[J]. Management Science, 2019, 65: 1191-1215.

Nahapiet J., Ghoshal S. Social capital, intellectual capital and the organizational advantage[J]. Academy of Management Review, 1998, 23(2): 242-266.

Nakakoji K., Yamamoto Y., Nishinaka Y., et al. Evolution patterns of open-source software systems and communities[C]//Proceedings of the international workshop on Principles of software evolution. 2002: 76-85.

Nonaka I. A dynamic theory of organizational knowledge creation[J]. Organization Science, 1994, 5(1): 14-37.

Nonaka I., Takeuchi H. The knowledge-creating company: How Japanese companies create the dynamics of innovation[M]. New York: Oxford University Press, 1995.

Noni I. D., Ganzaroli A. & Orsi L. The evolution of OSS governance: a dimensional comparative analysis[J]. Scandinavian Journal of Management, 2013, 29(3): 247-263.

Noubel J. F. Collective Intelligence, the invisible revolution[J].The Transitioner, 2004.

Nov O. What motivates Wikipedians?[J]. Communications of the ACM, 2007, 50(11): 60-64.

Noveck B. S. Peer to patent: Collective intelligence, open review, and patent reform[J]. Harvard Journal of Law & Technology, 2006, 20(1): 123-162.

Obama B. Digital government. Building a 21st century platform to better serve the American people[J]. Washington, DC: Executive Office of the President, 2012.

Ojha A. K. Impact of team demography on knowledge sharing in software project teams[J]. South Asian Journal of Management, 2005, 12(3), 67-78.

Olson M. The logic of collective action: public goods and the theory of groups[M]. Harvard University Press, 1965.

O'mahony S., Ferraro F. The emergence of governance in an open source community[J]. Academy of Management Journal, 2007, 50(5): 1079-1106.

Open source, open standard and re-use: government action plan[J]. UK Cabinet Office, 2010.

Oreg S., Nov O. Exploring motivations for contributing to open source initiatives: The roles of contribution context and personal values[J]. Computers in Human Behavior, 2008, 24(5):

2055-2073.

Osterloh M., Frost J. & Frey B. S. The dynamics of motivation in new organizational forms[J]. International Journal of the Economics of Business, 2002, 9(1): 61-77.

Osterloh M., Rota S. Open source software development: Just another case of collective invention?[J]. Research Policy, 2007, 36(2): 157-171.

Pai J. C. An empirical study of the relationship between knowledge sharing and IS/IT strategic planning(ISSP)[J]. Management Decision, 2006, 44(1): 105-122.

Palazzi M. J., Cabot J., Canovas Izquierdo J. L., et al. Online division of labour: emergent structures in open source software[J]. Scientific Reports, 2019, 9(1): 13890.

Panchal J. H., Fathianathan M. Product realization in the age of mass collaboration[C]// International Design Engineering Technical Conferences and Computers and Information in Engineering Conference. 2008, 43253: 219-229.

Papadopoulos T., Stamati T., Nikolaidou M., Anagnostopoulos D. From open source to open innovation practices: a case in the Greek context in light of the debt crisis[J]. Technological Forecasting and Social Change, 2013, 80(6): 1232-1246.

Parmentier G. How to innovate with a brand community[J]. Journal of Engineering and Technology Management, 2015, 37: 78-89.

Perens B. The open source definition[J]. Open Sources: Voices from the Open Source Revolution. O'Reilly Media, 1999.

Perens B. The open source definition[J]. Open Sources: Voices from the Open Source Revolution, 1999, 1: 171-188.

Petrov, D., Obwegeser, N. Adoption barriers of open source software: A systematic review[J]. Available at SSRN 3138085.2018.

Phillips K. W., Mannix E. A., Neale M. A., Gruenfeld D. H. Diverse groups and information sharing: The effects of congruent ties[J]. Journal of Experimental Social Psychology, 2004, 40(4): 497-510.

Pisano G. Profiting from innovation and the intellectual property revolution[J]. Research Policy, 2006, 35(8): 1122-1130.

Polanyi M. Personal Knowledge: Towards a post-critical philosophy[M]. Chicago, IL: University of Chicago, 1962.

Polanyi M.The tacit dimension[M]. London: Routledge & Kegan Paul, 1966.

Porter M. E. Technology and competitive advantage[J]. Journal of Business Strategy, 1985, 5(3): 60-78.

Preece J. Sociability and usability in online communities: Determining and measuring success[J]. Behaviour & Information Technology, 2001, 20(5): 347-356.

Procaccino J. D., Verner J. M., Shelfer K. M., Gefen D.What do software practitioners really think about project success: an exploratory study[J].Journal of Systems and Software, 2005, 78(2): 194-203.

Qian F., Hong J., Fang T., et al. Global value chain embeddedness and innovation efficiency in China[J]. Technology Analysis & Strategic Management, 2022, 34(9): 1050-1064.

Quigley N. R., Tesluk P. E., Bartol K. M. A multilevel investigation of the motivational mechanisms underlying knowledge sharing and performance[J]. Organization Science, 2007, 18(1): 71-88.

Raasch C., Lee V., Spaeth S., Herstatt C. The rise and fall of interdisciplinary research: the case of open source innovation[J]. Research Policy, 2013, 42(5): 1138-1151.

Raban D. R., Rafaeli S. Investigating ownership and the willingness to share information online[J]. Computers in Human Behavior, 2007, 23(5): 2367-2382.

Racero F. J., Bueno S. & Gallego M. D. The impact of leadership styles and motivations: lesions from open source software projects for educational organizations[J]. Technology Analysis & Strategic Management, 2002, 34(12): 1449-1463.

Rajala R., Westerlund M., & Moller K. Strategic flexibility in open innovation-designing business models for open source software[J]. European Journal of Marketing, 2012, 46(10): 1368-1388.

Rajanen M., Livari N. Traditional Usability Costs and Benefits: Fitting them into Open Source Software Development[C]. 18th European Conference on Information Systems 2010 Proceedings, 2010.

Ramos M., Piper P. S. Letting the grass grow: grassroots information on blogs and wikis[J]. Reference Services Review, 2006, 34(4): 570-574.

Ratten V. The effect of cybercrime on open innovation policies in technology firms[J]. Information Technology & People, 2019, 32(5): 1301-1317.

Rayna T., Striukova L.Large-scale open innovation: open source vs. patent pools[J]. International Journal of Technology Management, 2010, 52(3/4): 477-496.

Reagans R., McEvily B. B. Network structure and knowledge transfer: The effects of cohesion and range[J]. Administrative Science Quarterly, 2003, 48(2): 240-267.

Reagans R., McEvily B. Contradictory or compatible? Reconsidering the "trade-off" between brokerage and closure on knowledge sharing[M]//Network strategy. Emerald Group Publishing Limited, 2008: 275-313.

Reagans R., McEvily B. Network structure and knowledge transfer: The effects of cohesion and range[J]. Administrative Science Quarterly, 2003, 48(2): 240-267.

Ren Y., Chen J., Riedl J. The impact and evolution of group diversity in online open collaboration[J]. Management Science, 2016, 62(6): 1668-1686.https: //octoverse.github.com/.

Renzl B.Trust in management and knowledge sharing: The mediating effects of fear and knowledge documentation[J]. Omega, 2008, 36(2): 206-220.

Restubog S. L. D., Bordia P., Tang R. L. Effects of psychological contract breach on performane of IT employees: the mediating role of affective commitment[J]. Journal of Occupational and Organizational Psychology, 2006, 79(2): 299-306.

Riehle D. The economic motivation of open source software: Stakeholder perspective[J]. Computer, 2007, 40(4): 25-32.

Riehle D., Ellenberger J, Menahem T, et al. Open collaboration within corporations using software forges[J]. IEEE Software, 2009, 26(2): 52-58.

Riggs W., Von Hippel E. Incentives to innovate and the sources of innovation: the case of scientific instruments[J]. Research Policy, 1998: 23(4): 459-469.

Robert W.H. Government Policy toward Open Source Software[M]. Brookings Institution Press, 2002.

Roberts J. A., Hann I. H. & Slaughter S. A. Understanding the motivations, participation, and performance of open source software developers: A longitudinal study of the Apache projects[J]. Management Science, 2006, 52(7): 984-999.

Robillard P. N. The role of knowledge in software development[J]. Communications of the ACM,

1999, 42(1): 87-92.

Robillard P. N., Robillard M.P. Types of collaborative work in software engineering[J]. Journal of Systems and Software, 2000, 53(3): 219-224.

Rohrbeck R., Steinhoff F., Perder F. Sourcing innovation from your customer: How multinational enterprises use Web platforms for virtual customer integration[J]. Technology Analysis & Strategic Management, 2010, 22(2): 117-131.

Rose C. The Comedy of the Commons: Commerce, Custom, and Inherently Public Property[J]. The University of Chicago Law Review, 1986, 53(3): 711-781.

Rosen L. Open source licensing[J]. Software Freedom and Intellectual Property Law, 2005.

Rothwell R., Zegveld W. Reindusdalization and Technology[M]. Logman Group Limited, 1985.

Rus I., Lindvall M., Sinha S. Knowledge management in software engineering[J]. IEEE Software, 2002, 19(3): 26-38.

Rushkoff D. Open source democracy: How online communication is changing offline politics[M]. Demos, 2003.

Sacks M. Competition between open source and proprietary software: strategies for survival[J]. Journal of Management Information Systems, 2015, 32(3): 268-295.

Sæbø Ø., Rose J., Nyvang T. The role of social networking services in eParticipation[C]// Electronic Participation: First International Conference, ePart 2009 Linz, Austria, September 1-3, 2009 Proceedings 1. Springer Berlin Heidelberg, 2009: 46-55.

Safadi H., Johnson S. L., Faraj S. Who contributes knowledge? Core-periphery tension in online innovation communities[J]. Organization Science, 2021, 32(3): 752-775.

Samuelson P. A. The pure theory of public expenditure[J]. The Review of Economics and Statistics, 1954, 36(4): 387-389.

Sawhney M., Prandelli E. Communities of creation: managing distributed innovation in turbulent markets[J]. Carlifornia Management Review, 2000, 42(4): 24-54.

Scacchi W. Free/open source software development[C]//Proceedings of the the the 6th joint meeting of the European software engineering conference and the ACM SIGSOFT symposium on The foundations of software engineering. 2007: 459-468.

Schaarschmidt M., Walsh G. & Von Kortzfleisch H. F. O. How do firms influence open source software communities? A framework and empirical analysis of different governance modes[J]. Information and Organization, 2015, 25(2): 99-114.

Schenk E., Guittard C. Crowdsourcing: What can be Outsourced to the Crowd, and Why[C]//Workshop on open source innovation, Strasbourg, France, 2009, 72(3).

Schmidt K. M., Schnitzer M. Public subsidies for open source? Some economic public issues of the software market[J]. Harvard Journal of Law & Technology, 2003, 16(2): 473-506.

Scully J. W., Buttigieg S. C., Fullard A., Shaw D., Gregson M. The role of SHRM in turning tacit knowledge into explicit knowledge: a cross-national study of the UK and Malta[J].The International Journal of Human Resource Management, 2013, 24(12): 2299-2320.

Segaran T. Programming collective intelligence: building smart web 2.0 applications[M]. O'Reilly Media, Inc., 2007.

Segarra-Blasco A., Arauzo-Carod J. M. Sources of innovation and industry-university interaction: Evidence from Spanish firms[J]. Research Policy, 2008, 37(8): 1283-1295.

Sen R., Singh S. S., Borle S. Open source software success: measures and analysis[J]. Decision Support Systems, 2012, 52(2): 364-372.

Sen R., Subramaniam C., Nelson M. L. Determinants of the choice of open source software license[J]. Journal of Management Information Systems, 2008, 25(3): 207-239.

Shah S. K. Motivation, governance, and the viability of hybrid forms in open source software development[J]. Management Science, 2006, 52(7): 1000-1014.

Shaikh M., Levina N. Selecting an open innovation community as an alliance partner: Looking for healthy communities and ecosystems[J]. Research Policy, 2019, 48(8): 103766.

Siemsen E., Balasubramanian S., Roth A. V. Incentives that induce task-related effort, helping, and knowledge sharing in workgroups[J]. Management Science, 2007, 53(10): 1533-1550.

Sik-wah Fong P., Chu L. Exploratory study of knowledge sharing in contracting companies: A sociotechnical perspective[J]. Journal of Construction Engineering and Management, 2006, 132(9): 928-939.

Silke F. Sebastian E. Germany: Copyright laws and regulations[M]. Boehmert & Boehmert, 2020.

Singh P. V. The small-world effect: The influence of macro-level properties of developer collaboration networks on open-source project success[J]. ACM Transactions on Software Engineering and Methodology (TOSEM), 2010, 20(2): 1-27.

Smith B. L. The future of software: Enabling the marketplace to decide[J]. How Open is the Future?, 2005: 461.

Søndergaard S., Kerr M., Clegg C. Sharing knowledge: contextualising socio-technical thinking and practice[J]. The Learning Organization, 2007, 14(5): 423-435.

Sonpar K., Handelman J. M., Dastmalchian A. Implementing new institutional logics in pioneering organizations: The burden of justifying ethical appropriateness and rustworthiness[J]. Journal of Business Ethics, 2009, 90(3): 345-359.

Spaeth S., Haefliger S., von Krogh G., Renzl B. Communal resources in open source software development[J]. Information Research: An International Electronic Journal, 2008, 13(1): 1-24.

Spaeth S., Von Krogh G. & He. F. Perceived firm attributes and intrinsic motivation in sponsored open source software projects[J]. Information Systems Research, 2015, 26(1): 224-237.

Spinellis D. Open source and professional advancement[J]. IEEE Software, 2006, 23(5): 70-71.

Stallman R. M. The free software foundation management[J]. Free Software Foundation, 2011.

Stewart K. J., Ammeter A. P., Maruping L. M. A preliminary analysis of the influences of licensing and organizational sponsorship on success in open source projects[C]//Proceedings of the 38th Annual Hawaii International Conference on System Sciences. IEEE, 2005: 197c-197c.

Stewart K. J., Ammeter A. P., Maruping L. M. Impact of license choice and organizational sponsorship on success in open source software development projects[J]. Information System Research, 2006, 17(2): 126-144.

Stewart K. J., Gosain S.The impact of ideology on effectiveness in open source software development teams[J]. MIS Quarterly, 2006, 30(2): 291-314.

Subramaniam C., Sen R., Nelson M. L. Determinants of open source software project success: a longitudinal study[J]. Decision Support Systems, 2009, 46(2): 576-585.

Tagliaventi M. R., Mattarelli E.The role of networks of practice, value sharing, and operational proximity in knowledge flows between professional groups[J]. Human Relations, 2006, 59(3), 291-319.

Tang C. P., Lee P. P. C., Wong T. Y. Tunable Version Control System for Virtual Machines in an Open-Source Cloud[J]. IEEE Transactions on Services Computing, 2013, 8(1): 155-168.

Tang T. Y., Fisher G. J., Qualls W. J. The effects of inbound open innovation, outbound open innovation, and team role diversity on open source software project performance[J]. Industrial Marketing Management, 2021, 94: 216-228.

Tapscott D., Williams A. D. Wikinomics: How mass collaboration changes everything[M]. Penguin, 2008.

Teece D. J. Profiting from technological innovation: Implications for integration, collaboration, licensing and public policy[J]. Research Policy, 1986, 15(6): 285-305.

Thomas-Hunt M. C., Ogden T. Y., Neale M. A. Who's really sharing? Effects of social and expert status on knowledge exchange within groups[J]. Management Science, 2003, 49(4): 464-477.

Tiwana A., Keil M. Does peripheral knowledge complement control? An empirical test in technology outsourcing alliances[J]. Strategic Management Journal, 2007, 28(6): 623-634.

Tiwari R., Herstatt C. Assessing India's lead market potential for cost-effective innovations[J]. Journal of Indian Business Research, 2012, 4(2): 97-115.

Tkacz N. From open source to open government: a critique of open politics[J]. Ephemera: Theory and Politics in Organization, 2012, 12(4): 386-405.

Toral S. L., Martínez-Torres M. R., Barrero F. Analysis of virtual communities supporting OSS projects using social network analysis[J]. Information and Software Technology, 2010, 52(3): 296-303.

Torvalds L. The Linux edge. Open Sources: Voices from the Open Source Revolution.O'Reilly, 1999.

Torvalds L., Diamond D. Just for Fun: The Story of an Accidental Revolutionary[M]. Harper Audio, 2001.

Tsai W. Social structure of "coopetiton" within a multi unit organization: Coordination, competition, and intro organizational knowledge sharing[J]. Organization Science, 2002, 13(2): 179-190.

Tsai W., Ghoshal S. Social capital and value creation: The role of intrafirm networks[J]. Academy of Management Journal, 1998, 41(4): 464-476.

Tsou H. T., Hsu S. H. Y. Performance effects of technology-organization-environment openness, service co-production, and digital-resource readiness: The case of the IT industry[J]. International Journal of Information Management, 2015, 35(1): 1-14.

Tung R. L. Managing cross-national and intra-national diversity[J]. Human Resource Management, 1993, 32(4): 61-477.

Urban G., Von Hippel E. Lead user analyses for the development of new industrial products[J]. Management Science, 1988, 34(5): 569-582.

Valverde S., Theraulaz G., Gautrais J., Fourcassie V., Sole R. Self-organization patterns in wasp and open source communities[J]. IEEE Intelligent Systems, 2006, 21(2): 36-40.

Varian H. R., Shapiro C. Linux adoption in the public sector: An economic analysis[J]. Manuscript. University of California, Berkeley, 2003.

Veugelers R., Cassiman B. R&D cooperation between firms and universities. Some empirical evidence from Belgian manufacturing[J]. International Journal of Industrial Organization, 2005, 23(5-6): 355-379.

Von Hippel E. Democratizing innovation[M]. The MIT Press, 2006.

Von Hippel E. Innovation by user communities: Learning from open-source software[J]. MIT Sloan Management Review, 2001, 42: 82-86.

Von Hippel E. Lead users: A source of novel product concepts[J]. Management Science, 1986, 32(7): 791-805.

Von Hippel E. The dominant role of users in the scientific instrument innovation process[J]. Research Policy, 1976, 5(3): 212-239.

Von Hippel E. The sources of innovation[M]. Gabler, 2007.

Von Hippel E., Katz R. Shifting innovation to users via toolkits[J]. Management Science, 2002, 48(7): 821-834.

Von Hippel E., Von Krogh G. Open source software and the "private-collective" innovation model: issues for organization science[J].Organization Science, 2003, 14(2): 209-223.

Von Krogh G. Open-source software development[J]. MIT Sloan Management Review, 2003, 44, 14-18.

von Krogh G., Spaeth S., & Lakhani K. R. Community, joining, and specialization in open source software innovation: A case study[J].Research Policy, 2003, 32(7), 1217-1241.

Von Krogh G., Von Hippel E. The promise of research on open source software[J]. Management Science, 2006, 52(7): 975-983.

Wachs J., Nitecki M., Schueller W, et al. The geography of open source software: evidence from github[J]. Technological Forecasting and Social Change, 2022, 176: 121478.

Wagner R. K., Sternberg R. J. Practical intelligence in real-world pursuits: The role of tacit knowledge[J]. Journal of Personality and Social Psychology, 1985, 49(2): 436.

Wang C., Brunswicker S., Majchrzak A. Knowledge search breadth and depth and OI projects performance: a moderated mediation model of control mechanism[J]. Journal of Knowledge Management, 2021, 25(4): 847-870.

Wang C., Chin T., Chiew Y. Y., et al. How geographic diversity and collaborative breadth prevent knowledge leakage during open innovation processes[J]. Journal of Knowledge Management, 2024, 28(3): 743-762.

Wang H., Ji H. Evolution Model of Open-Source Software Projects in GitHub[C]//2022 IEEE 2nd International Conference on Software Engineering and Artificial Intelligence (SEAI). IEEE, 2022: 135-145.

Wang S., Noe R. A. Knowledge sharing: a review and directions for future research[J]. Human Resource Management Review, 2010, 20(2): 115-131.

Wang Y., Chen Y., Koo B. Open to your rival: Competition between open source and proprietary software under indirect network effects[J]. Journal of Management Information Systems, 2020, 37(4): 1128-1154.

Wasko M. M., Faraj S. Why should I share? Examinations social capital and knowledge contribution in electronic networks of practice[J]. MIS Quarterly, 2005, 29(1): 35-57.

Weber S. The success of open source[M]. Harvard University Press, 2004.

Wen W., Ceccagnoli M. & Forman C. Opening up intellectual property strategy: implications for open source software entry by start-up firms[J]. Management Science, 2016, 62: 2668-2691.

West J., & Gallagher S. Challenges of open innovation: the paradox of firm investment in open-source software[J]. R&D Management, 2006, 36(3), 319-331.

West J., Gallagher S. Patterns of open innovation in open source software[M].Open Innovation:

Researching a New Paradigm, Oxford University Press, 2006.

West J., Lakhani K. R. Getting clear about communities in open innovation[J]. Industry &Innovation, 2008, 15(2): 223-261.

West J., O'mahony S. The role of participation architecture in growing sponsored open source communities[J]. Industry and Innovation, 2008, 15(2): 145-168.

Williamson O. E. Markets and hierarchies: Analysis and antitrust implications[J]. New York: Free Press, 1975.

Wilson G. Is the open-source community setting a bad example?[J]. IEEE Software, 1999, 16(1): 23-25.

Wilson S. C., Linders D. The open government directive: a preliminary assessment[M]//Proceedings of the 2011 iConference. 2011: 387-394.

Wu C. G., Gerlach J. H. & Young C. E.An empirical analysis of open source software developers'motivations and continuance intentions[J]. Information & Management, 2007, 44(3): 253-262.

Wu W. L., Hsu B. F., Yeh R. S. Fostering the determinants of knowledge transfer: A team-level analysis[J]. Journal of Information Science, 2007, 33(3): 326-339.

Wusteman J. OJAX: a case study in agile Web 2.0 open source development[C]//Aslib Proceedings. Emerald Group Publishing Limited, 2009, 61(3): 212-231.

Xu B., Jones D. R. Volunteers' participation in open source software development: a study from the social-relational perspective[J]. ACM SIGMIS Database: the DATABASE for Advances in Information Systems, 2010, 41(3): 69-84.

Xu B., Lin Z., Xu Y. A study of open source software development from control perspective[J]. Journal of Database Management (JDM), 2011, 22(1): 26-42.

Xu S., Gao Y., Fan L., et al. Lidetector: License incompatibility detection for open source software[J]. ACM Transactions on Software Engineering and Methodology, 2023, 32(1): 1-28.

Yang C., Chen L. C. Can organizational knowledge capabilities affect knowledge sharing behavior?[J]. Journal of Information Science, 2007, 33(1): 95-109.

Yang H. L., Wu T. C. T. Knowledge sharing in an organization[J]. Technological Forecasting and Social Change, 2008, 75(8): 1128-1156.

Yang Y., Konrad A. M. Understanding diversity management practices: Implications of institutional theory and resource-based theory[J]. Group & Organization Management, 2011, 36(1): 6-38.

Ye Y., Kishida K. Toward an understanding of the motivation of open source software developers[C]//25th International Conference on Software Engineering, 2003. Proceedings. IEEE, 2003: 419-429.

Yin R. K. Applications of case study research[M]. Sage publications, 2011.

Yin R. K. The case study as a serious research strategy[J]. Knowledge, 1981, 3(1): 97-114.

Yoo H. S., Jung Y. L., Jun S. P. The effects of SMEs' R&D team diversity on project-level performances: evidence from South Korea's R&D subsidy program[J]. R&D Management, 2023, 53(3): 391-407.

Zeitlyn D. Gift economies in the development of open source software: Anthropological reflections[J]. Research Policy, 2003, 32(7): 1287-1291.

Zhang N., Zhao W., Pang Z., et al. Leveraging user ideas for product innovation in open innovation communities: a study of two stages of the idea adoption[J]. Journal of Global Information Management (JGIM), 2023, 31(9): 1-30.

Zhang X., Lei S., Sun J., et al. Robustness of Multi-Project Knowledge Collaboration Network in Open Source Community[J]. Entropy, 2023, 25(1): 108.

Zhang X., Zhu F. Group size and incentives to contribute: A natural experiment at Chinese Wikipedia[J]. American Economic Review, 2011, 101(4): 1601-1615.

Zhao L., Deek F. P. Exploratory inspection: a learning model for improving open source software usability[C]//CHI'06 extended abstracts on Human factors in computing systems, 2006: 1589-1594.

Zhao R., Zhang H., Zhang M. Y., et al. Competitor-weighted centrality and small-world clusters in competition networks on firms' innovation ambidexterity: Evidence from the wind energy industry[J]. International Journal of Environmental Research and Public Health, 2023, 20(4): 3339.

Zhao S., Li J. Impact of innovation network on regional innovation performance: do network density, network openness and network strength have any influence?[J]. Journal of Science and Technology Policy Management, 2022, 14(5): 982-999.

Zhou T., Yuan Q. Examining users' contribution in open source software communities[J]. Journal of Computer Information Systems, 2023, 63(6): 1382-1393.

Zhu K. X., Zhou Z. Z. Lock-in strategy in software competition: open-source software vs. proprietary software[J]. Information Systems Research, 2012, 23(2): 536-545.

Alan Cooper. 刘瑞挺, 程岩, 刘强译. 软件创新之路: 冲破高技术营造的牢笼[M]. 北京: 电子工业出版社, 2001.

Johanna Rothmann, Esther Derby 著. 于梦瑄译. 后门的秘密: 卓越管理的故事[M]. 北京: 人民邮电出版社, 2011.

埃莉诺·奥斯特罗姆. 公共事务的治理之道[M]. 上海: 上海三联书店, 2000.

蔡俊杰. 开源软件之道[M]. 北京: 电子工业出版社, 2010.

陈光沛, 魏江, 李拓宇. 开源社区: 研究脉络、知识框架和研究展望[J]. 外国经济与管理, 2021, 43(2), 84-102.

陈晓红, 周源, 苏竣. 分布式创新、知识共享与开源软件项目绩效的关系研究[J]. 科学学研究, 2016, 34(2): 228-235+245.

陈晓红, 周源, 苏竣. 开源软件项目内成员间知识共享案例研究[J]. 科技进步与对策, 2015, 32(19): 130-135.

陈晓红, 周源. 基于合作与竞争视角下的开源软件创新合作本质和理论演进研究[J]. 科学学与科学技术管理, 2024, 45(12): 13-30.

陈晓红, 周源. 基于扎根理论的开源软件项目成员间知识共享模式质性研究[J]. 管理学报, 2022, 19(6): 901-909.

陈晓红, 周源. 数字经济时代下的开源软件科技创新政策及治理研究[J]. 科学管理研究, 2022, 40(4): 16-23.

崔之元. "知识经济"与"永恒的三角形"[J]. 读书, 1999(4): 71-75.

郭迅华, 张楠, 黄彦. 开源软件的采纳与应用: 政府组织环境中的案例实证[J]. 管理科学学报, 2010, 13(11): 65-76.

胡丰, 吴景海. 开源软件协议的发展对知识管理过程的若干启示[J]. 情报探索, 2009(9): 33-36.

黄萃, 苏竣, 施丽萍, 程啸天. 政策工具视角的中国风能政策文本量化研究[J]. 科学学研究, 2011, 29(6): 876-889.

江小涓. 以开源开放为抓手形成科技与产业新优势[EB/OL]. 教育部机关服务中心, 2021. http://www.moe.gov.cn/s78/A01/s4561/jgfwzx_xxtd/202108/t20210831_556624.html.

江彦. 开源是中国的战略选择——访中国开放源代码软件(OSS)推进联盟主席陆首群[J]. 中国制造业信息化, 2009, 38(2): 48-52.

焦豪, 杨季枫. 数字技术开源社区的治理机制: 基于悖论视角的双案例研究[J]. 管理世界, 2022, 38(11): 207-232.

李英姿, 张硕, 张晓东. 面向开源设计演化过程的关键影响因素综述[J]. 科研管理, 2020, 41(8): 13-22.

罗伯特·阿克塞尔罗德著, 吴忠坚译. 合作的进化[M]. 上海: 上海世纪出版集团, 2007.

倪光南. 开源软件推动自主创新[J]. 软件世界, 2007(09): 43.

聂盛. 私有产权 Vs 共有产权: 软件的生产及产权配置[J]. 工业技术经济, 2009, 28(12): 96-98.

祁荷香, 马民虎. 浅析政府部门采购开源软件的必要性和问题[J]. 科技管理研究, 2005(12): 57-59.

史蒂文·韦伯著, 李维章译. 开源的成功之路[M]. 北京: 外语教学与研究出版社, 2007.

束克东, 施洪昊, 辛昌茂. 网络化社会中开源创新的激励机制研究[J]. 会计与经济研究, 2022, 36(6): 114-126.

宋刚, 孟庆国. 政府 2.0: 创新 2.0 视野下的政府创新[J]. 电子政务, 2012(Z1): 53-61.

王杨, 肖旭. 软件产业发展模式研究[M]. 北京: 科学出版社, 2009.

亚当·斯密. 国富论[M]. 商务印书馆, 1776.

余江, 丁禹民, 刘嘉琪, 等. 深度数字化背景下开源创新的开放机理、治理机制与启示分析[J]. 创新科技, 2021, 21(11): 13-20.

张佳佳, 王新新. 开源合作生产: 研究述评与展望[J]. 外国经济与管理, 2018, 40(5), 141-152.

张平, 马骁. 共享智慧: 开源软件知识产权问题解析[M]. 北京: 北京大学出版社, 2005.

赵时亮, 陈通. 公共产品的私人供给——以开放源代码软件开发为例[J]. 经济学家, 2006(2): 77-83.

赵筱媛, 苏竣. 基于政策工具的公共科技政策分析框架研究[J]. 科学学研究, 2007, 1: 52-56.